Théâtre québécois II

Jean-Cléo Godin
Laurent Mailhot

Théâtre québécois II
Nouveaux auteurs, autres spectacles

Nouvelle édition
Présentation d'Alonzo Leblanc

BIBLIOTHÈQUE QUÉBÉCOISE

Bibliothèque québécoise inc. est une société d'édition administrée conjointement par la Corporation des éditions Fides, les Éditions Hurtubise HMH ltée et Leméac éditeur.

Éditeur délégué

Jean Yves Colette

Direction littéraire

Aurélien Boivin

DÉPÔT LÉGAL : QUATRIÈME TRIMESTRE 1988
BIBLIOTHÈQUE NATIONALE DU QUÉBEC

© Hurtubise HMH, 1988

ISBN : 2-89406-010-6

Le théâtre québécois contemporain ou comment devenir classique en une génération

La petite fille fait des grimaces à son père. Encore assise dans sa chaise haute, au bout de la table, elle donne une représentation familiale. Sans le savoir, elle pratique la mimésis: elle a vu faire sa grande sœur, elle sait que l'effet sera atteint. Un effet déjà polyvalent et polymorphe: le père garde un visage froid, se sachant désormais objet de risée; la fille aînée de bon cœur, déjà complice de sa petite sœur; la mère, prise entre ces deux appartenances, aura le goût de sourire ou de réprimander, selon qu'elle sera complice de ses filles ou de son époux. Ce jeu de mimésis, vieux comme le monde, se renouvelle de génération en génération.

Le théâtre québécois a mis beaucoup de temps à prendre naissance, à trouver sa forme et son épanouissement. Le premier chapitre du *Théâtre québécois I*, «350 ou 25 ans de théâtre?», évoque en dix pages les principales œuvres théâtrales québécoises produites de 1606 à 1838. La mimésis ou représentation des petites filles et des petits garçons n'osait pas franchir le seuil familial et monter sur les tréteaux: toutes les planches propres au spectacle étaient mobilisées pour les sanctuaires des curés et les *hustings* des politiciens! Hegel fournirait ici une autre explication à ce retard: «Le drame est le produit d'une vie nationale déjà très développée». Opérant une synthèse entre deux formes de conscience poétique, le théâtre suppose une «prise de conscience complète des buts, des complications, des destinées de l'homme», et cet éveil, selon ce philosophe, ne peut se produire qu'aux «phases moyennes et avancées de la vie nationale». (Hegel, *la Poésie*, Paris, éditions Aubier-Montaigne, 1965, tome II, p. 322-323).

C'est en 1948, avec la création de *Tit-Coq* de Gratien Gélinas, que les auteurs Godin et Mailhot situent la naissance au Québec d'un théâtre authentiquement national. (Cette même année, le Québec se dota d'un drapeau, le fleurdelysé: coïncidence?) Le premier volume du *Théâtre québécois*, publié en 1970, donne forme à une série de cours universitaires radiodiffusés en 1969-1970. En onze chapitres qu'ils signent alternativement, ils étudient les œuvres de dix auteurs considérés comme les plus marquants du théâtre québécois des années 1940-1970: Gratien Gélinas, Éloi de Grandmont, Yves Thériault, Marcel Dubé, Françoise Loranger, Anne Hébert, Jacques Ferron, Jacques Languirand, Michel Tremblay et Réjean Ducharme. Le deuxième volume, publié en 1980, reprend substantiellement la même formule des onze chapitres alternatifs, consacrée cette fois à une quinzaine de dramaturges québécois des années 1970-1980, où aux noms de Loranger et de Tremblay, qui y reviennent à juste titre, s'ajoutent ceux de Jean Morin, Roger Dumas, Jacques Duchesne, Yvan Boucher, Roland Lepage, Jean-Robert Rémillard, Yves Hébert dit Sauvageau, Claude Levac, Jean Barbeau, Robert Gurik, Jean-Claude Germain, Antonine Maillet et Michel Garneau. Le chapitre cinq est consacré au phénomène exceptionnel du Grand Cirque Ordinaire dont la production s'étend de 1969 à 1976.

Les auteurs reconnaissent que leur travail ne rend pas compte de tout le répertoire théâtral québécois: «Nous n'avons pas voulu établir un catalogue ou un palmarès, mais dessiner un parcours, repérer des sites, suggérer des stations et des actions», précisent-ils dans l'introduction de leur deuxième série d'études. Ils ont dû négliger, entre autres, des dramaturges tels que Claude Gauvreau, Roch Carrier,

André Ricard et d'autres absents notables, individuels ou collectifs.

Les représentations passent, les textes demeurent. Jean-Cléo Godin et Laurent Mailhot, même s'ils doivent se livrer avant tout à des analyses thématiques, à partir des textes des pièces, ont le double mérite d'avoir observé le théâtre québécois en représentation et en partition. En face des praticiens qui ont fait ce théâtre, ils ont été des récepteurs privilégiés, le plus souvent spectateurs avant d'être lecteurs, descripteurs et «décrypteurs» universitaires. Leur démarche n'est pas celle de critiques «littéraires» au sens restreint du terme, observant des œuvres dans un monde clos et séparé de leur lieu de production, mais celle d'amateurs de théâtre eux-mêmes «accrochés» ou entraînés par le mouvement théâtral québécois contemporain. Leurs études ne seraient pas ce qu'elles sont, extrêmement vivantes, exactes et nuancées, si elles n'avaient pas couronné de longues soirées de présence personnelle aux spectacles produits pendant ces quelque vingt-cinq ou trente années de vie théâtrale montréalaise et québécoise. En somme, une identification constante à la vie théâtrale précède ici l'identification des diverses formes ou œuvres théâtrales analysées.

Le principe de l'alternance des auteurs qui signent, tour à tour, un ou plusieurs chapitres consécutifs, donne à ces pages une forme limitée de variété qui rendrait difficile, sans leurs signatures respectives, la reconnaissance du style de chacun. Disons (sans insister davantage!) que Mailhot apparaît plus incisif et plus expéditif, et que Godin est plus analytique et plus attiré par la psychologie des personnages. Si voisins soient-ils, ils ont une pénétration du regard qui leur est propre et qui leur permet d'échapper à la manie du *surf* intellectuel qui se tient toujours sur la crête de la dernière vague. C'est pourquoi leurs analyses des pièces conservent toutes leur valeur: ils ont su déjà décanter l'essentiel de l'éphémère.

Ils avouent eux-mêmes au début du deuxième volume que leur méthode se trouve «dans un aller-retour constant, sinon explicite, du pôle société (ou situation historique) au pôle texte (ou signification littérale, littéraire, scénique)», aller-retour qui irait de l'axe Duvignaud à l'axe Ubersfeld. De cette façon, ils contribuent non pas à figer par des évaluations qualitatives les limites ou les mérites respectifs des diverses pièces qu'ils étudient, mais à rendre compte du mouvement théâtral lui-même, de ses «stations», de son évolution, de ses caractéristiques fondamentales.

La plus immédiatement perceptible de ces caractéristiques, c'est l'inspiration populaire qui sous-tend toute cette production théâtrale québécoise des trente dernières années. Si nous pouvions représenter en un même tableau, qui serait suite chronologique et mise en scène continues, les principaux moments de cette évolution, nous serions en présence d'une véritable fresque sonore, visuelle, verbale et scénique, fresque théâtrale gigantesque où Fridolin, en tête de ligne, ouvrirait la marche à des héros aussi représentatifs que Tit-Coq et Bousille de Gratien Gélinas, le simple soldat de Marcel Dubé, la Gertrude d'*Encore cinq minutes* de Françoise Loranger, la Marie-Lou de Michel Tremblay, la Solange de Jean Barbeau, la Sagouine d'Antonine Maillet et ainsi de suite. Ces pièces, parmi d'autres, sont devenues nos «classiques», c'est-à-dire des ouvrages qu'on étudie dans les classes et dont la prétention n'est pas de faire ombrage aux géants «universels» du théâtre, mais de s'inscrire à leur place comme des interrogations adressées à la société québécoise elle-même. Dans plusieurs cas, ces interrogations tragiques de l'existence chez des personnages québécois ont atteint une audience universelle.

Le *Théâtre québécois I* reflète étroitement l'évolution de la société, comme en témoigne la «contemporanéité» de la plupart des pièces, qui se réfèrent à des situations familiales connues, à des événements précis, historiques ou politiques, à un héritage culturel ou religieux bien identifié. Aussi le fait d'assumer ces pièces permet au lecteur de revivre l'incroyable chemin parcouru par le Québec depuis les années 1950 et 1960.

Les pages les plus révélatrices de ce livre sont, d'une part, la mise en lumière du contenu objectif ou du sens le plus obvie des œuvres étudiées et, d'autre part, ces paragraphes de synthèse, en particulier à la fin de chaque chapitre, où les auteurs font des rapprochements entre des œuvres en apparence fort différentes, mais appartenant à un même courant culturel. Ainsi sont considérées en synchornie des pièces à contenu politique explicite chez Ferron, Lepage, Gurik, Loranger et Levac. Ou encore des pièces ou des groupes tels que le Grand Cirque Ordinaire, qui font éclater les règles de la dramaturgie traditionnelle. Des courants esthétiques contemporains traversent nombre de pièces qui innovent sur le plan de la théâtralité, le plus souvent influencées par Brecht ou par Grotowski, où l'illusion théâtrale est bientôt niée ou dénoncée comme illusoire, où l'on remet en cause le rapport entre la scène et la salle, entre les comédiens et les spectateurs.

La recherche d'un lieu politique propre et «national» coïncide ici avec des recherches esthétiques parfois audacieuses: comme si l'appartenance et l'identité même des êtres représentés étaient un rêve vécu dans un *no man's land*. L'une des constantes du théâtre québécois contemporain est la dualité (et souvent la pluralité) des espaces représentés, à laquelle correspond l'ambiguïté des personnages principaux. Ceux-ci sont plus souvent des anti-héros que des héros puissants et parfaitement démoniaques. Comme si l'inachèvement d'une collectivité tourmentée et l'incertitude de son destin collectif se réflétaient dans la conception même des personnages et dans leur projection sur scène.

Aussi plusieurs pièces se caractérisent par l'anarchie quasi totale de leur inspiration et de leur construction. Dans le rejet des valeurs de la société traditionnelle, la parodie occupe une place de choix: inversion, subversion ou transposition burlesque des formes culturelles reçues, cléricales, médiatiques, politiques, sportives et autres (*v.g.* chez Ducharme, Sauvageau, Germain, Garneau). Certaines productions où l'on a tenté de faire fi du spectateur se sont avérées des échecs, parce qu'on oubliait la nécessaire connivence entre la scène et la salle. Alors que plusieurs pionniers du théâtre québécois contemporain (Yves Thériault, Jacques Ferron, Anne Hébert) furent des artistes de l'écriture, qui trouvèrent leur principale voie dans le roman, les dramaturges plus récents apparaissent comme de véritables «écrivains scéniques», hommes de scène et praticiens euxmême du métier théâtral. Alors se manifeste une créativité innovatrice. Refusant la «dictée» et même l'intonation de textes «reçus», ces jeunes dramaturges, en accord avec les praticiens, choisissent de rendre présents sur scène d'abord les milieux et les réalités populaires, ce qui les conduit à adopter aussi, pour leurs personnages, le langage populaire. Ce phénomène s'observe surtout à partir de 1968 où s'imposa avec fracas le succès des *Belles-Sœurs* de Michel Tremblay. Le joual eut, dès lors, droit de cité et fut adopté par nombre de dramaturges subséquents.

Dans une volonté de schématisation arbitraire, car les choses ne se passent pas vraiment ainsi, nous pourrions dire que, pendant vingt-cinq ans, Godin et Mailhot ont assisté à la naissance de vingt-cinq dramaturges québécois nouveaux. Un dramaturge par année, ce n'est pas si mal, pour une nation qui doute de son existence et pour un pays qui se perçoit encore aujourd'hui comme incertain. Incertain quant à sa forme, hors du «chapeau» transcendantal canadien qui trahit, en les traduisant dans des comprimés unilingues anglais et oxfordiens, les mérites respectifs de ces dramaturges et de leurs œuvres. Il faut bien que la substance québécoise nourrisse ce que le scientifique Didier Dufour (dans l'un des films de Pierre Perrault, *le Règne du jour* ou *Pour la suite du monde*?) appellerait «la transcendance de l'album», c'est-à-dire la forme vide du transcontinental *coast to coast*. Si cette moyenne des naissances théâtrales se poursuivait pendant les cent prochaines années, nous ne devrions plus jamais douter de la permanence de la culture québécoise. Car le théâtre, dans la perspective susdite de

Hegel, constitue la quintessence de la culture d'un peuple, à travers ses héros ou ses anti-héros, dramatiques ou comiques, et toujours quelque peu pathétiques, de Fridolin à Joseph Latour, de Rodolphe Lacroix à Jean-Paul Belleau.

Les *Théâtre québécois I* et *II* constituent, en 1970, puis en 1980, la première étude proprement universitaire portant sur le répertoire théâtral du Québec. Dépassant le niveau de la vulgarisation radiophonique, cette étude s'accompagne de nombreuses notes de référence, d'une bibliographie détaillée pour chaque auteur, d'un bref rappel de la réception favorable ou défavorable faites aux pièces et, en somme, d'un appareil critique qui confère à l'ensemble une rigueur remarquable et jusque-là inédite dans l'étude de ce phénomène. Il ne s'agit pas d'un traité de l'histoire du théâtre au Québec: de nombreuses questions restent sans réponse, entre autres, sur les circonstances de production des pièces et sur l'importance concrète des troupes, des institutions et des praticiens. Mais les anecdotes et détails donnés sur le cheminement des dramaturges, sur la composition ou sur la création de leurs pièces, sur leur dimension thématique mise en relation avec la société québécoise, sur l'accueil de la critique et sur d'autres aspects, ont vite contribué à faire de chacun de ces essais un livre de référence fondamental et apprécié.

C'est dire l'importance de la publication, sous une forme populaire, du présent volume, qui rend enfin accessibles et à la portée de tous des études magistrales qui, de calibre universitaire, ont guidé des centaines de professeurs, dont le soussigné, et des milliers d'étudiants de divers niveaux, dans leur appropriation progressive du phénomène théâtral québécois. N'est-ce pas justice d'ailleurs qu'à un phénomène populaire réponde une diffusion populaire?

Alonzo Le Blanc

Avant-propos

Le *Théâtre québécois I*, que nous avons publié en 1970, est une introduction à une dizaine d'auteurs, de Gratien Gélinas à Michel Tremblay, dont plusieurs sont aussi ou d'abord poètes, romanciers: Éloi de Grandmont, Anne Hébert, Thériault, Ferron, Ducharme... Leur production dramatique — de même que celle de Dubé et de Loranger première manière — touchait à peu près les mêmes thèmes, dessinait des figures qui se composaient: rapports père-fils, orphelin-héritier, solitude de l'hiver, enfance et révolte, violence verbale (subversion chez Ducharme), etc. Dans les années cinquante, Languirand critiquait de l'intérieur les formules et structures de la tradition dramatique; mais, doublement parodique, il les faisait éclater de l'extérieur, à partir (et à la manière) du théâtre parisien de l'Absurde. Il fallut attendre les effets de la fondation du Centre d'essai des auteurs dramatiques (1965) pour voir le théâtre passer aux mains de ses propres artisans.

Les auteurs que nous présentons dans ce *Théâtre québécois II* sont presque exclusivement des écrivains scéniques. Plusieurs sont ou furent comédiens (Sauvageau, le Grand Cirque), metteurs en scènes (Barbeau, Germain). Michel Garneau est poète, mais poète public, animateur, chansonnier. Certains sont conteurs — oralement (Germain) ou par écrit (Tremblay, Antonine Maillet) — de plus en plus attirés vers la scène, fût-ce comme adaptateurs.

La situation a changé depuis 1968 ou 1970[1]. Le théâtre québécois s'est *installé* (au bon et au mauvais sens du terme): il s'est donné des institutions, des subventions, des techniques, un langage, un public, des auteurs... Il s'est admiré et copié lui-même. Il est allé dans toutes sortes de directions, jamais longtemps ni très loin. Cette polyvalence, ce mouvement sont sa principale nouveauté. Le théâtre autochtone, ce n'est plus seulement un homme ou un succès par décennie — *Tit-Coq*, Dubé, Tremblay — c'est la coexistence du Trident et du Euh! à Québec, l'anagramme du T.N.M. et du T.M.N. à Montréal, le Parminou dans les Bois-Francs, Tremblay à Toronto, Garneau à Paris, Lepage à Avignon... Ce rayonnement est le signe d'un enracinement.

Multiple, inégal, discutable, contradictoire, notre théâtre — dans son ensemble — échappe aux clans, aux chapelles. Les scissions (A.Q.J.T.), les éclipses (le Grand Cirque) ne menacent pas de l'éteindre. Des troupes meurent et se reforment, dans les cafétérias et les cafés, dans les quartiers, dans les villages. Nos manufactures demeurent un secteur *mou* du théâtre comme de l'industrie, sauf parfois en temps de grève ou de *lock-out*. Le théâtre québécois n'est pas (que) thèse ou propagande idéologique, drame national-familial, improvisation collective, fête folklorique, monologue narcissique... Il est tout cela et autre chose, avec les piétinements, la confusion d'une vie adolescente.

L'édition et l'enseignement du théâtre sont maintenant systématiques. Leméac accueille aussi bien les «classiques» que les débutants prometteurs (François Beaulieu, Roger Auger, Pierre Goulet...) VLB, après l'Aurore, se spécialise dans Garneau, Germain, VLB[2]. D'importants travaux voient ou verront le jour. Mentionnons en premier lieu la somme, un peu lourde, du *Théâtre canadien-français* et les répertoires de l'équipe Pagé-Legris sur la littérature radiophonique, ainsi que le livre récent de Pierre Gobin sur *le Fou et ses doubles*. Des thèses étudient l'univers théâtral de Languirand, Tremblay, Sauvageau, Germain, ou portent sur des aspects documentaires, socio-historiques, techniques, dramaturgiques. Des revues marxistes, *Stratégie* et surtout *Chroniques*, ont consacré plusieurs articles au théâtre. Enfin, la fondation de *Jeu*, en 1976, témoigne à elle seule de l'élargissement de la critique[3] comme de la vitalité du théâtre. Tout en privilégiant les spectacles qui donnent «prise sur le monde», *Jeu* — cahiers fort bien mis en scène[4] — couvre de façon équilibrée l'activité théâtrale à divers niveaux: production, édition, théorie, histoire.

* * *

Le grand absent de nos chapitres — d'où n'est il pas absent? — est sans doute Claude Gauvreau. *Les Oranges sont vertes* et *la Charge de l'orignal épormyable* sont déjà des classiques (romantiques) du «poète maudit». D'autres morceaux — *Faisceaux d'épingles de verre* — sont des classiques (automatistes) du langage «exploréen». Le plus vivant, le plus libre du théâtre de Gauvreau se trouve peut-être ailleurs: dans sa production dite «alimentaire» (*le Coureur de marathon, l'Oreille de Van Gogh*...) aussi bien que dans certaines fables des *Entrailles* ou une comédie anti-bourgeoise comme *le Rose Enfer des animaux*. Ces pièces, moins dramatiques que théâtrales, fournissent l'antidote avec le poison, la critique et l'autocritique (sous forme d'ironie ou d'humour) avec l'illusion poétique. Gauvreau est un long météore, un bloc erratique dans le paysage somme toute modéré du théâtre québécois. Il y est isolé — gigantesque? lilliputien? — mais il y est. On en verra des traces, ici même, dans le *Wouf wouf* de Sauvageau.

D'autres absences sont aussi visibles: Roch Carrier, conteur et adaptateur de ses propres récits; André Ricard, dont les fresques rurales sont hautes (et justes) en couleur; Dominique de Pasquale, bref, vif, efficace (*Oui, chef*); l'Acadien Laval Goupil[5], qu'on devrait lire à côté d'Antonine Maillet, et jouer tout près de Ducharme; les psychodrames ou «jeux de rôles» de Gilles Derome, les femmes de Lepage, de Dumas, de Sirois et de l'Organisation Ô, les vieux de Morency et de Mercier, les jeunes de François Beaulieu, etc.

Nous n'avons pas voulu établir un catalogue ou un palmarès, mais dessiner un parcours, repérer des sites, suggérer des stations et des actions. Le théâtre québécois ne se déroule pas *devant* nous — avant-garde déployée, bobine, enfilade — il nous approche, nous accroche, nous enlève (ou non). Nous faisons partie, nous, spectateurs, auteurs, comédiens, critiques, de son mouvement, comme il fait partie[6] du nôtre (individuel et collectif).

> «...Personne au théâtre n'a son monde, et l'univers théâtral n'est l'univers de personne. Le réseau scriptural du sujet entre en compétition ou en conflit avec un autre réseau, un autre "système planétaire"; s'il est au centre, il y a d'autres centres. L'analyse actantielle démontre le polycentrisme du théâtre. Donc, au départ, il n'y a pas dans le texte de théâtre une voix privilégiée qui serait celle de l'idéologie dominante[7]...»

Et à l'arrivée? Si le décodage est bien fait, la «polyphonie» théâtrale se manifeste, plus irréductible que les habitudes et les censures. *Les Belles-Sœurs*, dont on a souligné le vingtième anniversaire, font partie de notre espace-temps, comme les événements d'Octobre — trop dramatiques pour être théâtralisés sauf par la police et les politiciens — font partie de l'Histoire. Mais *les Belles-Sœurs*, elles, peuvent être relues, remontées, recréées...

* * *

La méthode que nous avons adoptée dans ce *Théâtre québécois II* se trouve non pas à mi-chemin entre la sociocritique et l'analyse dramaturgique, mais dans un aller-retour constant, sinon toujours explicite, du pôle société (ou situation historique) au pôle texte (ou signification littérale, littéraire, scénique)[8]. Nous n'avons négligé aucun détail, ni aucun ensemble[9]. De la miniature à la fresque, de l'accessoire —

objet secondaire? — à l'espace, du mythe à sa démystification, nous avons parcouru un certain nombre de figures, de pistes, de masses dramatiques ou théâtrales des dix dernières années. *Nouveaux auteurs, autres spectacles*, disons-nous en sous-titre. Garneau ou Germain ne sont pas «auteurs» comme Anne Hébert; les monologues ou les spectacles du Grand Cirque Ordinaire sont «autres» et autrement théâtraux que les séries socio-psychologiques de Dubé. La rupture est cependant loin d'être complète entre Gélinas et Barbeau, Thériault et Maillet, Languirand et Garneau, Tremblay et Tremblay... Il y a à la fois influence, reprise, transformation, déviation, déplacement. Le théâtre est toujours la scène d'une autre scène (primitive), l'apparition d'un spectre, d'un diable à ressort, d'une boîte dans la boîte de Pandore. On n'en sort, lorsqu'on y est entré, que pour admirer ses ficelles, soulever ses masques.

Nous avons voulu mettre en branle — sans les pousser au bout ou les arrêter — quelques jeux. Il ne s'agit ni de dissection structuraliste ou surréaliste (parapluie et machine à coudre sur la table), ni de dissertations esthétiques ou idéologiques. S'agirait-il de mises en scènes? Pas exactement. D'éléments d'interprétation, de mise en place et en perspective (nous l'espérons) où chacun pourra puiser à sa guise, comme il puise dans la musique ou l'architecture; mais non pas, évidemment, de mise en scène complète et systématique. Nous dessinons et dansons quelques pas seulement du *Quadrillé* de Duchesne ou des chœurs de Tremblay. Nous prenons les discours d'Antonine Maillet comme paroles d'Évangéline et paraboles d'Évangile (Béatitudes des pauvres). Nous donnons à lire et à voir *Wouf wouf* comme un voyage dans la ville et dans la littérature théâtrale. On peut nous accompagner un bout de temps, descendre à la prochaine station, poursuivre sa route obliquement ou perpendiculairement à la nôtre. Nous n'avons pas *traduit* ou adapté les pièces; nous les avons étudiées comme des rouages, sachant que le théâtre est toujours à (re)situer, à (re)mettre en mouvement.

19

Références

1. Depuis 1971, près de la moitié des créations et des représentations sont québécoises; elles sont particulièrement nombreuses chez les petites troupes et les groupes d'amateurs. «Au tournant des années soixante-dix, le théâtre québécois commence à s'intéresser à sa propre histoire, à l'histoire tout court; du coup, l'action théâtrale se dédouble et affiche une préoccupation esthétique, socio-politique et culturelle...» (Gilbert David, «Pratique/théorie: petit traité des vases communicants». *Jeu*, n° 7, hiver 1978, p.5).

2. Sans oublier la Librairie Déom pour les rééditions de Ferron et de Sauvageau, les éditions d'Acadie à Moncton (pour Laval Goupil), les *Écrits du Canada français*, enfin la collection «Théâtre public», des éditions Intrinsèque (*sic*), qui offre de souples cahiers de travail.

3. Plusieurs dossiers et articles sont fondés sur les recherches de jeunes professeurs ou d'étudiants universitaires: Michel Vaïs sur les Saltimbanques, Gérald Sigouin sur le Théâtre Euh!, Lorraine Hébert et Fernand Villemure sur la création collective, Joyce Cunningham sur l'ancien Stella, Pierre Lavoie sur le «bilan tranquille d'une révolution théâtrale», etc. Pour un aperçu historique, cf. L. Mailhot, «Le théâtre québécois et la critique universitaire». *Canadian Drama / L'Art dramatique canadien*, 1:2, 1975, p. 30-37.

4. Voir certaines polémiques et les rubriques des premiers sommaires: «Mise en place», «enjeu», «scènes», «situations/sociétés/signes», «productions», «contacts»...

5. Sur *Tête d'eau et le Djibou*, cf. L. Mailhot, «Laval Goupil, fabulateur et fabuliste», *Si que* (Université de Moncton), automne 1979, p. 47-55.

6. «...Ce qui est toujours reproduit au théâtre ce sont les structures spatiales qui définissent non tant un monde concret que l'image que se font les hommes des rapports spatiaux dans la société où ils vivent et des conflits qui sous-tendent ces rapports. Ainsi la scène représente toujours une symbolisation des espaces socio-culturels [...] D'une certaine façon, l'espace théâtral est la place de l'histoire» (Anne Ubersfeld, *Lire le théâtre*. Paris, Éditions sociales, 1977, p.157).

7. *Ibid*, p. 106-107.

8. Du pôle Brecht au pôle Artaud, ce serait trop ambitieux,

impossible. Disons plutôt de l'axe Duvignaud à l'axe Ubersfeld — qui eux-mêmes, heureusement, ne sont ni exclusifs ni extrêmes.

9. Qu'on ne s'étonne pas, non plus, que nous fassions une bonne place, dans le grand *ensemble* du théâtre québécois, à l'Acadienne Antonine Maillet: si son œuvre est acadienne (par l'inspiration, les racines, la langue), elle est *aussi* et de plein droit québécoise. À pays «incertain», frontières ouvertes, généreuses...

Première partie

Fonctions, formes, spectacles

Chapitre 1
Théâtre sur théâtre

«Comme il y a eu naguère le débat de "l'art pour l'art" et la vogue du "théâtre dans le théâtre", sommes-nous en train d'inaugurer une époque du "théâtre sur le théâtre"?» En posant cette question, en 1970, Bertrand Poirot-Delpech reliait ce phénomène à la «vaste crise de conscience déclenchée par mai 1968 chez les gens de théâtre[1]», ce qui implique un lien étroit entre ce nouveau courant et la réalité socio-culturelle. Ce faisant, comme nous l'avions fait observer dans notre premier volume[2], il est évident que le théâtre retrouve sa signification première, renouvelle son pacte essentiel avec l'histoire.

Il y a cependant lieu de distinguer, dans ce courant, de multiples variations. S'il importe de bien voir la nuance entre un théâtre *dans* le théâtre, que pratiquait déjà Shakespeare, avant Pirandello, et un théâtre *sur* le théâtre — le jeu constituant en même temps une réflexion critique sur l'art qu'on pratique — il faut aussi comprendre que l'un n'éclipse pas l'autre: le *play within a play*, qui double le jeu en impliquant la complicité du spectateur, domine encore cette vogue nouvelle. On assiste, par ailleurs, à un élargissement de ce jeu, qui englobe tantôt l'histoire du théâtre, tantôt l'histoire elle-même. Il s'agit dans le premier cas de «mettre le grand répertoire entre guillemets, de l'interpeller, de disserter autour, au lieu de le jouer tout de go[3]». Racine,

Shakespeare, Anouilh ou Giraudoux ne sont plus des classiques à jouer, mais des auteurs à adapter à l'époque contemporaine, à transformer selon les besoins d'un autre lieu et d'un autre temps; parfois à déjouer, à parodier, à défaire et *maghaner*[4]. De la même manière, événements et personnages d'une histoire plus ou moins récente, plus ou moins controversée, deviennent les héros d'une œuvre (pièce, *show*, spectacle) qui tire sa pleine signification des résonances historiques évoquées. Dans ce pays qui «vit une situation dramatique et [...] la vit dramatiquement[5]» — mais il partage cette particularité avec certains pays[6] où l'on observe le même phénomène[7] — doit-on s'étonner que se multiplient de telles œuvres?

Empereur ou comédien?

S'il est devenu assez fréquent que le comédien rompe avec le déroulement de la fiction dramatique pour interpeller le spectateur, un retour en arrière montre que cette évolution a été progressive. En 1966, *Vive l'Empereur!* de Jean Morin[8] représente un début plutôt timide. Il s'agit d'une courte pièce en deux actes, dont certains éléments suggèrent une parenté avec Ionesco: le décor est fait de meubles démesurément grands, le père rentrera après vingt ans d'absence qui l'ont transformé en éléphant, et tous ces personnages (deux hommes, deux femmes) vivent enfermés, emmurés, dans un univers à moitié dément. N'étant pas soumis à la vraisemblance, ils inventent de nouvelles situations, se réinventent des personnages. Ainsi, lorsque après trois ans de réclusion, le fils redescend du grenier coiffé du «bicorne de Napoléon» et se proclame empereur, il n'y a pas encore, à proprement parler, de dédoublement de l'action dramatique, puisqu'il est dans la nature de ces personnages de fabuler.

    C'est par une indication scénique qu'on aperçoit l'inclusion d'un autre niveau de représentation, car le fils entre en scène «déguisé en personnage de théâtre». (p. 70) Cette indication est le point de départ d'une série de jeux à peine esquissés qui rompent ou traversent le jeu inventé par le fils-empereur. Tantôt, c'est la transformation en première communiante de la mère, émue par le prestige soudain de son fils; tantôt celui-ci, revenant à son rôle de fils, se veut «enfant prodigue». (p. 73) Autant de jeux secondaires qui ne modifient pas les rapports fondamentaux entre les personnages. Il en va autrement lorsque, les deux femmes sorties de scène, le fils s'écrie en riant: «Je joue la comédie» (p. 75). Seul sur scène, il se voudra ensuite «à la fois armée, ennemi, Napoléon» pour mieux garder ses distances avec son personnage et marquer sa polyvalence. L'intérêt de cette scène tient à ce que, pour la première fois, le jeu du fils se joue à l'insu de ses partenaires. Même lorsque, peu après, il glisse en présence de sa mère une nouvelle allusion à son jeu — «Vous serez mon public» (p. 81) — il est clair que l'un et l'autre personnages ne peuvent l'entendre de la même manière. Seul est concerné et mis dans le secret le public de la salle, à qui le fils-empereur adressera directement son dernier monologue du premier acte. «Messieurs, mesdames, faites un effort pour comprendre» (p. 82): pour comprendre (cette fois, on renverse totalement la perspective) l'importance du retour prochain du père, et l'importance qu'il faut accorder à l'autorité de l'empereur.

Comprendre aussi que les conventions dramatiques d'une telle pièce supposent une grande disponibilité du public, appelé à la fois à croire à l'illusion théâtrale et à en douter, invité à discerner les divers niveaux du jeu, selon qu'on se place dans la perspective de l'empereur ou celle des autres personnages. Aussi la transformation du fils en empereur traduit-elle le passage d'une convention dramatique à une autre, le dédoublement du jeu. C'est donc au sens littéral qu'il faut entendre l'indication précisant que le fils est «déguisé en personnage de théâtre»: c'est le théâtre s'affichant comme tel dans un jeu qui propose comme réelle une fiction dramatique. Les deux niveaux du jeu demeurent distincts: le «théâtre dans le théâtre» ne modifie pas encore de façon importante les règles du jeu.

27

Dans *les Comédiens* de Roger Dumas[9], les premières indications scéniques définissent le lieu théâtral comme un «salon dans une maison de retraités. Et dans ce salon, un plateau surélevé avec une vieille cabane». L'aire du jeu et de la fiction se situe clairement au centre et au-dessus du milieu «réel» qui l'encadre et le limite. Ces comédiens sont des retraités dont certains ont connu leur heure de gloire — l'un a joué *le Cid* et *l'Avare*, l'autre *Agrippine* — qui occupent leur longues soirées à jouer sous la direction d'un animateur faisant office d'auteur-régisseur. Une note précise que les comédiens «devront toujours être conscients de leurs doubles personnages». (p. 71) C'est donc l'ensemble de la pièce qui se joue à deux niveaux, la fiction dramatique étant nécessairement traversée et colorée par la situation qui lui sert de cadre: le spectateur est invité à voir des comédiens jouant le rôle de retraités, ceux-ci à leur tour jouant la comédie...

La transition d'un niveau à l'autre s'opère progressivement et de manière visible, la mise en place des comédiens et leur sortie de scène étant intégrées à la pièce. En attendant les retardataires, on ajuste les costumes et on voit à ce que ne manque aucun accessoire. C'est l'occasion de révéler les travers des personnages et certaines animosités. La comtesse déplore le manque de «conscience professionnelle» des autres, un comédien se trouve «charmant en abbé» et Farouche se présente en déclarant solennellement: «Voici le COMÉDIEN! Moi!», ce qui lui vaut d'être traité de «vieux cabotin». (p. 11) Par ailleurs, Agrava accusera la comtesse de se prendre «pour une autre», de jouer «à la vedette». Entre le régisseur et presque tous les comédiens (surtout la comtesse) les relations sont, au départ, tendues et agressives, ce qui augure mal de la représentation. En fait, le régisseur ne réussira à imposer son autorité qu'à la fin du spectacle, au moment où il retrouve son identité d'animateur dans une résidence pour retraités. «Allez, c'est assez pour ce soir. Enlevez ces vieux costumes, c'est l'heure d'aller au lit». (p. 68) Tels des enfants sages, les comédiens-retraités se préparent au coucher après avoir pris leur verre de lait et leur biscuit.

Si la dualité des personnages est constante, impliquant toujours le rapport entre la fiction et le réel, il convient de distinguer deux niveaux de fiction, et deux *réalités*. Ainsi dans les passages qu'on vient d'examiner, le rapport s'établit entre le personnage-comédien et le personnage-retraité, tandis que le rôle de régisseur suit la même évolution. Mais, lorsque le spectacle commence, c'est le personnage-comédien qui représente le niveau de réalité par rapport au *dramatis persona*[10], au rôle imposé par la distribution, à l'intérieur d'une convention établie par le régisseur-auteur[11]. Les comédiens modifient le texte au gré de leur inspiration, tantôt proposant une réplique plus efficace[12], tantôt s'accordant le privilège de faire valoir leurs talents particuliers. Jouant le rôle d'une comtesse paralytique, la «vedette» supporte mal de ne pouvoir faire claquer ses jupes pour attirer des applaudissements: «Dans le temps, j'exigeais toujours du metteur en scène, d'avoir au moins une sortie pour pouvoir faire claquer mes jupes...» (p. 21) Une telle incise, comme d'autres semblables, n'éloigne qu'en apparence de l'action dramatique: les perspectives ainsi esquissées — déclin de qui a connu la gloire — si elles n'ont rien à voir avec le texte du régisseur, nous ramènent à la dualité essentielle proposée par le dramaturge Roger Dumas. Contrepoint rythmé qui marque les articulations d'une ligne mélodique, et non la rupture de la mélodie.

Le mérite de Dumas est de bien contrôler ce procédé, de l'utiliser avec subtilité. Après avoir multiplié les interventions «spontanées» visant à transformer, pendant le premier acte, un texte jugé insatisfaisant, les comédiens s'achemineront, au deuxième, vers une rupture avec le régisseur. Celui-ci a profité de l'entracte pour noyer son chagrin. C'est avec un hoquet d'homme ivre qu'il proclame: «Le deuxième acte... c'est moi qui vous le dis... c'est un chef-d'œuvre... hic!» (p. 45) L'arrivée d'un nouveau personnage — sœur Utilisée — qui trouve décidément trop gênante la paralysie de la comtesse, va tout bouleverser et déclencher la révolte des comédiens: «Nous n'acceptons pas cette fin de pièce ridicule!» (p. 57) Le régisseur se retire, entraînant le départ des éclairagistes, laissant les comédiens à eux-mêmes, forcés d'inventer un nouveau dénouement à la pièce, d'assumer seuls la responsabilité du spectacle. Évacuer le dramaturge, et avec lui tout l'appareillage technique, voilà une aspiration contemporaine[13], dont *les Comédiens* constituent sans doute, au Québec, la première tentative de réalisation. Mais le réaménagement du texte auquel elle donne lieu se solde par un échec. Les comédiens-auteurs entreprennent résolument de quitter «l'île déserte» où ils sont retenus prisonniers (par le régisseur autant que par le texte), y mettant tant de foi et de cœur qu'ils se croient sauvés à la vue de la terre: «Nous sommes partis à l'aube, et nous arrivons à l'aube», s'émerveille la comtesse. Ce n'est pourtant que mirage, illusion, comme le note l'abbé: «il n'y a pas eu de changements d'éclairage», tout simplement parce que «les éclairagistes sont allés prendre un verre»! «Vous avez une façon bien choquante de nous ramener à la réalité» (p. 67), réplique la comtesse qui ne peut tout de même pas nier l'échec de l'entreprise: on a tourné en rond pour revenir à l'île déserte. Les comédiens se sont donc pris à leur propre jeu. Comble d'ironie, la *réalité* à laquelle ils sont ramenés est précisément cette convention qu'ils croyaient rejeter: l'univers de la fiction dramatique qui, seule, permet de transformer un podium en île déserte!

Ce retour à la convention théâtrale montre à quel point sont liés le théâtre dans le théâtre — jeu parodique, développement d'une intrigue secondaire «imprévue», modification du scénario — et une réflexion, au moins implicite, sur l'art de la scène. Lorsque, par exemple, la comtesse demande s'il n'existerait pas «de moyen pour que quelqu'un d'englouti ne se noie pas», elle force le spectateur à prendre conscience des limites et de la relative efficacité «des moyens employés au théâtre». (p. 43) Ce que souhaite ce personnage relève évidemment de l'utopie: ce serait la quadrature du cercle. Art de l'illusion[14], le théâtre n'en poursuit pas moins cette utopie, sachant en même temps qu'elle détruirait toute vérité. En jouant avec les conventions, déplaçant les limites du raisonnable, *les Comédiens* élargissent le champ du possible, rendent vraisemblables les événements les plus improbables. Or le moyen le plus sûr semble à chaque fois de revenir au jeu, à la fiction, aux conventions (toujours fragiles, toujours à recréer) qui rendent possible la vie du théâtre.

Le Quadrillé, *un trio au carré*

Une telle utopie est plus sensible encore dans une pièce créée en 1963, publiée douze ans plus tard: *le Quadrillé* de Jacques Duchesne[15]. Pièce conçue, comme le sera plus tard *Double Jeu* de Françoise Loranger[16], comme une sorte de jeu de la vie dont les règles sont établies sur place. Les comédiens annoncent leur intention de «présenter un spectacle» (p. 10), expliquant en même temps que «le sujet de [leur] histoire» (p. 41) sera choisi parmi un certain nombre de sujets inscrits sur une «roulette», comme au casino ou à la foire. Au départ, on suppose donc que les personnages de la fiction dramatique ne sont pas définis. Seuls le sont les comédiens eux-mêmes. «Gilbert est costaud et aime le bon gag, ce qui ne lui enlève pas une certaine tendresse; tandis qu'André, lui, en impose moins par son physique mais il compense cela par un charme et un côté "ratoureur" qui équilibrent les forces». (p. 40) Quant à l'unique comédienne, on se garde surtout de préciser ses traits, puisque «tout pivote autour d'elle», qui «joue sa vie»: à travers la personnalité des deux comédiens, on définira successivement diverses facettes de «la vie d'une femme». (p. 41)

Tout ceci a un petit air de démonstration scolaire, avec explications au tableau noir et projections de dessins. Ici, pas de conventions à contester: on les invente à mesure, on les met à l'essai, on construit progressivement des univers imaginaires éphémères qui se succèdent les uns aux autres, sans autre logique apparente que l'inspiration des comédiens et leur sens de l'improvisation. En un sens, la démarche est l'inverse de celle qu'on a analysée dans *les Comédiens* où s'opposaient constamment le régisseur-auteur et les interprètes, le jeu et le texte. Ici le texte s'écrit au contraire à partir du jeu et la synchronisation est bien établie entre le travail des techniciens ou éclairagistes et l'invention des comédiens. Au lieu de partir d'une rupture pour tenter une restructuration, on introduit la rupture comme élément structurant. Ceci permet de revenir périodiquement, au-delà du jeu inventé, au personnage «réel» du comédien. Ou encore, si le jeu se fait plus complexe et semble échapper au contrôle des actants[17], l'interruption sert simplement de pause pour sortir de l'impasse ou attendre l'inspiration. Telle semble être l'utilité de la «Chanson du tapageur», présentée comme un «court intermède musical». Elle n'est pas autre chose: elle met fin à la scène du policier et de l'anarchiste, où les actants s'enlisaient, et permet de passer à l'épisode du «peintre au foulard rouge». Ainsi chemine, d'un épisode à l'autre, cette pièce «écrite avec une désinvolture toute juvénile, sans souci d'aucun plan de construction[18]», note un critique parisien. Désinvolte et légère, certes; mais la spontanéité n'est qu'apparente, une structure solide soutient cet enchaînement de sketches. Et au nombre des «petites inventions» qui ont impressionné un autre critique français[19], il faut précisément compter ces ruptures délibérées qui constituent la respiration du texte et qui ramènent constamment le spectateur aux artifices et aux règles du jeu: au lieu de cacher les trucs de l'illusionniste, on les montre, on les démonte.

Les divers jeux s'amorcent, par ailleurs, en simulant l'improvisation. Il suffit que l'un des actants entre dans l'aire du jeu et s'identifie à tel ou tel personnage pour qu'il entraîne les autres à sa suite. Au vieux monsieur dans le parc, faisant la cour à la jeune fille qui saute à la corde, viendra s'opposer le jeune prétendant à bicyclette, qui enlèvera la jeune fille. Le jeu ne pourra alors continuer que grâce à la transformation du premier actant en policier motorisé qui pourra ainsi poursuivre le jeune amoureux. De longueur inégale et suivant toujours un schéma «improvisé», les jeux se succèdent, très différents les uns des autres. Chacun se développe cependant par concaténation, un seul personnage assurant d'un épisode à l'autre la continuité. Dans l'enchaînement que je viens de décrire, le cheminement s'exprimerait par la formule ab → bc → cd; alors la continuité n'est que partielle, aucun élément ne se retrouvant dans chacun des trois épisodes. On trouve aussi d'autres types de cheminement que l'on exprimerait, par exemple, soit par la formule ab → ac → ad, soit par a(ab – bc – cd)a[1], cette dernière formule représentant une variante de la première. Entre les jeux, la rupture est nette et les actants ne se soucient pas de ménager une transition qui serait artificielle. D'où l'impression d'un ensemble peu cohérent qui se développe sans «plan de construction»; mais les divers jeux sont solidement structurés, suivant partout des schémas d'évolution identiques.

Il faut noter qu'une seule «histoire» doit nous être racontée dans l'apparent désordre des épisodes successifs: «la vie d'une femme». (p. 41) Chaque jeu tend donc à illustrer divers rôles de la femme dans la société: il s'agit évidemment du premier principe d'unité de la pièce. Dans cette perspective, il faut observer un paradoxe, puisque ce sont toujours les hommes qui prennent l'initiative de proposer un rôle à la femme. On peut y voir, peut-être, l'illustration d'une situation générale de la femme dans une société dominée par l'homme. Mais la pièce nous montre en même temps, chez elle, une prise de conscience de plus en plus grande de ses possibilités, ce qui l'amènera, par exemple, dans le grand jeu du «nid d'amour», à tenter d'imposer sa volonté contre celle de ses partenaires. Au terme de la pièce, c'est elle qui décide de recommencer en posant cette fois ses conditions: «si les personnages que vous me faites ne me plaisent pas, je refuse de jouer...» (p. 177) C'est dire que «la vie d'une femme» est illustrée à la fois par les «personnages» et par l'évolution de la comédienne, laquelle réaffirme à la fin une priorité énoncée au départ de même qu'une relation dialectique constante entre l'actant et ses divers rôles.

Relation plus évidente et plus efficace, encore, entre les deux comédiens et leurs personnages. Disons tout d'abord que, dans chacun des jeux, les deux comédiens reproduisent face à la femme l'éternelle quête amoureuse. Autre constante dont on ne peut s'étonner: ils sont toujours l'un par rapport à l'autre des opposants, bien qu'ils soient parfois, et en même temps, des adjuvants. Il faut surtout se rappeler que, conformément à la didascalie, on doit tout au long de la pièce sentir la personnalité des deux comédiens: entre eux il existe «de l'amitié [...] ainsi que de la rivalité vis-à-vis la jeune comédienne à séduire» (p. 40-41) Or, cette rivalité est déterminante dans l'invention et l'issue des divers jeux, le «charmeur» André trouvant le moyen de se réserver à chaque fois le rôle de l'amoureux. C'est ainsi que le premier acte se terminera par un constat d'échec du «costaud» Gilbert qui confie sa tristesse au public. «Ouais!... Pas mon soir de chance...» (p. 104) Déçu mais non désespéré, Gilbert décide au début du deuxième acte de tenter un coup de force et, portant fièrement «un képi de l'armée et un *battle-dress*» (p. 130), il se lance dans une longue tirade adressée à Mirielle, au terme de laquelle il déclare son intention de l'épouser. Ce jeu, le plus intéressant de la pièce, continuera de la sorte, révélant avec humour la rivalité amicale des comédiens autant que les oppositions des personnages qu'ils inventent. C'est aussi ce qui constitue, il me semble, l'originalité et la réussite de cette pièce, qui autrement, ne ferait que reproduire les situations dramatiques les plus connues et les plus fondamentales. En maintenant avec habileté cette relation dialectique entre le comédien et ses personnages, le dramaturge innove et, sans nier ou modifier radicalement les conventions du théâtre, les transforme; ce faisant, il propose une conception nouvelle du jeu.

Ce type de relations se traduit dans une disposition particulière de la scène. Comme dans *les Comédiens*, mais d'une manière plus intéressante et efficace, on a défini sur la scène deux espaces distincts: une aire de jeu, au centre, et le reste de la scène où se trouvent les divers accessoires et qui tient lieu de coulisses. En passant de cet espace à l'aire de jeu, les comédiens entrent dans leurs personnages. Ceci permet de traduire visuellement la relation constante entre les comédiens et leurs personnages, car il arrive souvent que les actants soient répartis entre l'aire de jeu et la scène. Le dramaturge a ainsi voulu montrer que l'action naît tout entière «de la matière-scène» (p. 9-10); en même temps, il crée entre la salle et l'espace de la fiction dramatique un espace intermédiaire correspondant au lieu de l'inspiration naissante, mais aussi du dialogue et de la complicité entre les comédiens et les spectateurs d'une part, entre les comédiens et leurs personnages d'autre part. Il y a donc continuité et complémentarité entre la conception du texte et la convention scénique: c'est tout cela qui constitue ce que Jacques Duchesne a appelé sa «grammaire scénique» (p. 16): une grammaire bien faite et originale dont plusieurs éléments seront souvent repris et exploités par le théâtre de la dernière décennie.

Un théâtre qui tourne en rond?

On ne peut, sous peine de délaisser le jeu au profit de la réflexion critique sur le théâtre, s'attarder sur la «grammaire» du jeu, ses rouages et ses ressorts. Ainsi l'*Ouroboros* d'Yvon Boucher[20], «méditation ironique sur les rapports ambigus qui existent entre fiction et réalité» (p. 27), remet en cause l'illusion théâtrale, multiplie les jeux *en abyme*, mais demeure en deçà du jeu. «À lire plutôt qu'à jouer[21]», estimait avec raison le jury de la Nouvelle Compagnie Théâtrale auquel la pièce avait été soumise.

À lire, toutefois, avec attention et intérêt, tant la réflexion sur la vérité et les mécanismes du théâtre y paraît pertinente, parfois percutante. «*L'Ouroboros* se veut l'éloge du vide, une apologie du Rien[22]», affirme l'auteur en guise de présentation. La formule apparaît elle-même comme une demi-vérité ou une fausse piste, à l'image des paradoxes qui constituent le nerf et la trame de cet échange de vues sur le théâtre. Discussion à laquelle participent cinq personnages anonymes (numérotés de 1 à 5) qui auraient vu une pièce connue des spectateurs seulement par bribes, par aperçus lacunaires: elle n'a d'ailleurs «d'importance que dans la mesure où on la dépasse». (p. 51) Il y a là une première illusion, une *mise en abyme* par les comédiens jouant le rôle des spectateurs commentant un spectacle terminé, peut-être inexistant, dont on connaîtra certaines caractéristiques: d'abord qu'il s'agit d'une «pièce de théâtre qui a pour sujet une pièce de théâtre». (p. 34) Ainsi se prolonge *ad infinitum* la *mise en abyme*, le jeu de reflets et de contre-reflets. «C'est une création au carré. Un langage qui recouvre un autre langage», commente un personnage. À quoi un autre réplique: «Non, c'est une pièce au cube»... (p. 45) Mais s'il faut emprunter à la géométrie les images appropriées, c'est au cercle qu'il faudrait songer: cercle concentrique, unique et multiple, s'enroulant et se déroulant constamment sur lui-même. Ainsi la réflexion sur le théâtre devient à son tour jeu dont les actants prennent progressivement conscience: «la pièce que nous sommes en train de jouer, pièce qui a pour sujet une pièce où l'on discute d'une autre pièce». (p. 68)

L'intrigue est inexistante sinon par évocation: une histoire d'inceste remontant à Marguerite de Valois et le canevas d'un mélodrame romantique. Celui-ci, qui rassemblait «tous les éléments indispensables pour faire un bon spectacle...» (p. 73), constitue en vérité une parodie du «vrai théâtre»: il s'agit d'un «étalage d'éléments épars», de «brocante», de «théâtre à papa» (p. 74), mentionné pour mémoire et en guise de repoussoir. La discussion porte plutôt sur l'essentiel: quelle qu'en soit la qualité, une pièce suppose et propose un rapport entre le réel et l'imaginaire, recrée une vérité fictive. Où se situe alors la réalité? On ne saurait répondre à cette question sans accumuler subtilités et paradoxes. «La réalité est à la fois dans la pièce dans la mesure où l'on croit à la fiction et elle est hors de la pièce dans la mesure où l'on est conscient[23] que l'auteur se sert de la fiction pour dénoncer la fiction». (p. 49) Comme on l'a vu dans *le Quadrillé* de Duchesne, la convention dramatique permet d'intervertir réalité et fiction, de les déplacer l'une par rapport à l'autre. «Si bien que le théâtre, en tant qu'entité formelle est saisi par des personnages et aussi par nos spectateurs comme de l'imaginaire» tandis que la réalité «est à la fois dans la pièce et hors de la pièce». (p. 49)

L'Ouroboros est, sans conteste, un (brillant) exercice didactique. Mais le lecteur, à l'instar de l'un des personnages, peut se demander si «l'auteur veut nous faire comprendre qu'il n'y a pas de théâtre possible». (p. 48) En multipliant les paradoxes jusqu'à une sorte de «byzantisme» (p. 68) puisque seuls «les spectateurs les plus perspicaces» sont en mesure «de découvrir la vraie signification de son message» (p. 51-52), l'auteur fait de son texte un divertissement intellectuel, une opération de déconstruction qui, au mieux, se referme sur sa propre mécanique. Aussi, à l'image de l'ouroboros, «fabuleux serpent gnostique... qui se mord la queue» (p. 80), la pièce s'ouvre et se termine par la même réplique, refermant le cercle dans lequel l'œuvre vit et meurt.

Mais peut-être la question la plus pertinente posée par cette pièce concerne-t-elle le rapport entre la scène et la salle, entre spectateurs et comédiens. Assumant finalement leur identité d'actants face aux public-lecteur, les cinq participants à cette discussion en viennent à opposer l'un à l'autre le texte et le spectateur. À propos de ceux-ci, un comédien s'interroge: «Nous sommes bien ici pour eux?» À quoi un autre répond: «C'est plutôt eux qui sont ici pour nous». (p. 68) Faux problème, si l'on considère que la complémentarité du public et des comédiens est le premier

fondement du théâtre, la convention qui assure le fonctionnement de l'illusion théâtrale, cette «mauvaise foi nécessaire, indispensable [...] pour croire à une œuvre de fiction».
(p. 70) Dans une autre perspective, cependant, le problème
est d'autant plus délicat et complexe qu'on tente d'établir
une sorte de priorité de l'un par rapport à l'autre. Cela peut
signifier qu'on tente, soit de faire fi du spectateur, soit au
contraire de ne lui présenter que la réalité qu'il connaît et
souhaite voir, faisant reposer le spectacle presque entièrement sur la participation du public. Dans l'un ou l'autre
cas, on risque la rupture de l'essentielle connivence entre la
scène et la salle: le théâtre, alors, ne serait plus possible.

Certains demi-succès (ou demi-échecs) au théâtre, ces
dernières années, ne s'expliquent sans doute pas autrement.
Il faut constamment ébranler les conventions, contester les
règles: c'est la... règle même du théâtre en mouvement, et les
jeunes dramaturges québécois se sont parfois montrés très
aventuriers dans cette voie, s'imposant à l'avant-garde du
jeune théâtre. Du même coup, ébranlant les certitudes
anciennes, on rend plus fragile la convention première qui
relie la scène à la salle, établit un rapport fécond et réciproque entre comédiens et spectateurs. Il faut oser l'impossible et, ainsi, renouveler le jeu; mais seul le spectateur saura
déterminer si le théâtre demeure possible.

Théâtre sur histoire

Les considérations qui précèdent, portant sur des pièces peu
connues et dont aucune n'a gagné les faveurs du grand
public, peuvent sembler étrangères à l'ensemble du répertoire québécois contemporain, à ses grands thèmes et à ses
dramaturges les plus représentatifs. On peut aisément
démontrer, pourtant, que, subtilement et de plus d'une façon,
le théâtre sur (ou dans) le théâtre constitue un trait majeur et
permanent de notre dramaturgie.

Solange, de Jean Barbeau, en fournit une première
manifestation, car ce monologue cache un personnage: le

jeune révolutionnaire dont Solange parle et qu'on ne connaîtra pas. Il est le héros rêvé, entrevu, dont une part seulement sera révélée; l'autre demeure secrète, elle appartient à l'histoire intime de Solange qui s'inventera pour elle seule un avenir incertain (mais possible) avec un Christ libérateur[24]. Image parfaite du héros ambigu dont la fascination est peut-être à la mesure de son inexistence et qui apparaît toujours comme un lien fragile entre le passé qu'on a connu et l'avenir dont on rêve. Ben-Ur, lui, «joue» au héros, et perd; mais son échec situera mieux la place de ce jeu réservé au grenier, à l'enfance — fiction secrète et non réalité fictive. Dans combien d'autres pièces trouve-t-on encore semblable fonctionnement du récit dramatique? Dans *les Héros de mon enfance* de Tremblay, certes, où le procédé est constant et flagrant, mais parodié. Est-il moins présent dans *Damnée Manon, sacré Sandra* où, chacun de son côté, les deux personnages dialoguent avec un personnage absent (Christ ou dieu noir), ou chez les personnages de *À toi pour toujours, ta Marie-Lou* qui réinventent, chacun à sa manière, le scénario des événements? Les fils sont tissés serrés, la réalité de chaque récit «est à la fois dans la pièce et hors de la pièce» le *play within a play* lui fournit à la fois sa détonation et ses connotations. Ailleurs, chez Dubé par exemple, les personnages sont conscients de leur jeu théâtral, «font du théâtre»: Geneviève, dans *Au retour des oies blanches*, prépare une véritable mise en scène pour piéger son père, elle *joue* la tragédie pour la faire éclater. Au besoin, et ce n'est pas un hasard, nos dramaturges s'inspirent de notre sport national. *Le Chemin du Roy, la Soirée du fockey, la Coupe Stainless* et la «Ligue nationale d'improvisation» du Théâtre Expérimental de Montréal cherchent ainsi à renouveler ou à doubler la «mise au jeu» dramatique. Autant de manières, peut-être, de suggérer en filigrane la présence d'un héros absent et omniprésent auquel tout amateur (de hockey, de théâtre) rêve de s'identifier, «héros de légende» dont Jean-Claude Germain, dans *Un pays dont la devise est je m'oublie*, a fait un personnage de théâtre! Autant de manières, aussi, d'affirmer la réalité du jeu contre l'illusion du réel.

La faveur qu'ont connue les adaptations d'auteurs étrangers, depuis 1967 notamment, illustre autrement la même tendance. Entreprise d'appropriation d'un répertoire dramatique venu d'ailleurs qui engendre nécessairement un dédoublement de l'espace dramatique. Zindel, Shaw, Fo, Euripide sont et ne sont plus des auteurs étrangers; Jeanne d'Arc, Hamlet ou Macbeth sont intégrés à notre galerie de personnages, sans cesser, pour autant, d'être les témoins d'une autre culture. Dans une pièce de Zindel adaptée par Tremblay, le spectateur se retrouve dans un univers familier; mais quelle est la part de l'auteur, celle du traducteur-adaptateur? L'appropriation demeure distanciée, le doute subsistera toujours sur l'authenticité du reflet; le miroir n'est peut-être pas plus déformant, mais il se prolonge *en abyme* vers un espace lointain et récusable.

Face à l'histoire, on assiste à un mouvement inverse tendant à rapprocher le passé. Jacques Ferron le faisait déjà dans *les Grands Soleils*, brouillant la chronologie, prenant «plaisir à relier le temps et l'espace, le rêve et la réalité, le passé et le futur[25]». Chez Jean-Robert Rémillard, le procédé est plus systématique, orienté davantage vers le présent: son *Cérémonial funèbre sur le corps de Jean-Olivier Chénier* semble moins un rappel du passé qu'une projection d'ombres et de silhouettes contemporaines sur une toile de fond historique. Surimpressions actuelles sur fresques anciennes ou résonances historiques aux événements récents se retrouvent partout dans le jeune théâtre — *théâtre sur histoire* où se rencontrent, avec une ferveur particulière, la redéfinition du théâtre et la réinterprétation du passé. C'est en particulier l'entreprise de Jean-Claude Germain qui, dans *Un pays dont la devise est je m'oublie*, multiplie presque à l'excès les jeux de miroir. Jeu de l'oubli et du souvenir où l'on ne rappelle que les trous de mémoire, cherchant à faire oublier (par les renversements parodiques) les «héros» que l'histoire a retenus; à travers le défilé de tableaux, le dramaturge ne nous laisse pourtant pas... oublier que les actants sont des comédiens — «chus un acteur, moué, chus pas un magicien», dira Petitboire[26] — incarnant successivement divers personnages jusqu'à ce que l'acteur cesse d'être «celui qui joue» pour devenir «celui qui a joué[27]» au moment où apparaissent les «héros d'légende» contemporains, Louis Cyr et Maurice Richard. Nouveau et dernier dédoublement du jeu visant à marquer l'indéniable authenticité de ces évocations «véridiques» et documentaires qui, par contraste, font mieux sentir la fragilité de l'illusion dramatique dans les scènes précédentes. Plus qu'à un théâtre dans le théâtre, nous assistons à un jeu en emboîtements; chaque boîte est «à double fond[28]» et renvoie à une semblable, chacune apportant une «représentation de la réalité qui est niée puisque présentée comme illusoire[29]».

L'héroïne d'*Évangéline Deusse* tentera de faire pousser au milieu d'un parc de Montréal un petit sapin venu des sables d'Acadie. À l'intérieur d'un espace et d'un décor peuplés par les personnages de son univers actuel, elle tente de recréer l'Acadie et la mer de son passé, de ce présent intérieur qu'elle aimerait imposer et partager. Situation exemplaire: Maximilien Laroche démontre que l'oscillation des personnages entre deux espaces où ils n'arrivent pas à s'incarner, qu'ils ne peuvent s'approprier vraiment, est une caractéristique générale du théâtre québécois. «Par ce caractère double qui fait alterner deux décors, osciller les personnages entre deux espaces, le théâtre québécois est le décor d'un théâtre dans le théâtre[30].» Il ne s'agit pas seulement, ici, d'une technique dramatique utilisée par un nombre limité de dramaturges; la relation des personnages à l'espace n'est pas non plus seule en cause. L'importance du travesti, du travestissement ou du jeu de rôles chez Tremblay, Loranger ou Germain, le thème des départs qui sont en général faux, «des gestes inachevés», de même que l'ambivalence des costumes, «objets parlants» qui reflètent «l'ambiguïté des personnages[31]», contribue à faire du théâtre québécois un récit constamment et diversement distancié. Est-ce, comme le suggère Laroche, le reflet du contexte socio-politique? Aussitôt créée, l'illusion théâtrale doit être niée, dénoncée comme illusoire puisque, «par quelque biais qu'on l'envisage, psychologique ou économique, le réel est une illusion, un rêve[32]». S'il est vrai que le théâtre ne peut dissocier sa vérité de celle du milieu où il s'enracine, se fondant sur un pacte nécessaire avec l'histoire, on peut en effet penser que, jusque dans l'affirmation d'une identité collective et d'un enracinement dans son espace, dans son langage, le théâtre québécois continue ainsi de refléter un «pays incertain» qui joue sa vie avec assurance et conviction, mais ne l'a pas encore assurée.

J.-C.G

Références

1. Bertrand Poirot-Delpech, «L'art sur l'art». *Le Monde*, 16 janvier 1970.
2. Cf, *Théâtre québécois I*, Introduction, p. 16.
3. Bertrand Poirot-Delpech, *art. cit.*
4. Ce que fait avec ostentation Réjean Ducharme dans *le Cid maghané*. Dans le même esprit, Germain parodie le titre de Shakespeare dans *Roméo et Juliette* ou Sauvageau, les tirades de *Phèdre* dans *Wouf wouf*. Moins connue, *la Folle du Quartier latin* de Roland Lepage «traduit» celle de Chaillot. On retrouve encore ce regard moqueur du Québécois sur la «vieille culture» dans le film de Jean-Pierre Lefebvre, *le Vieux Pays où Rimbaud est mort*, particulièrement dans la scène où le chauffeur de taxi critique, en alexandrins, la vie du Paris moderne.
5. L. Mailhot, «Orientations récentes du théâtre québécois». *Le Théâtre canadien-français, Archives des Lettres canadiennes*, Tome V, Fides, 1976, p. 339.
6. Certains pays, ou certaines régions. Ainsi, c'est aux «Chicanos» de la Californie que l'on doit l'un des mouvements les plus engagés, les plus représentatifs du récent courant agit-prop, «*El Teatro Campesino*». Mais on peut aussi nommer les «*Macarones*» de Mexico, le «Théâtre de la Mer» d'Alger, «*La Cuadra*» en Andalousie.

7. Certaines de ces pièces sont analysées ici dans le chapitre «De l'actualité à l'histoire (ou l'inverse)».

8. Jean Morin, *«Vive l'Empereur»*.*Théâtre vivant*, n° 1, novembre 1966, Holt, Rinehart et Winston, p. 61-103.

9. Roger Dumas, *«Les comédiens»*.*Théâtre vivant*, n° 7, Rinehart et Winston, 1969. Édition citée. Créée le 14 décembre 1968 par l'Atelier libre du conservatoire d'art dramatique, la pièce a été rééditée chez Leméac en 1974 (collection «Répertoire québécois»), avec introduction de Pierre Filion. Cette réédition ne porte aucune mention de la première édition. Omission d'autant plus regrettable que le texte publié chez Leméac a été remanié; plus explicite, ce nouveau texte me paraît moins efficace.

10. Ici, le personnage (de *persona*, masque) prend son sens premier: une identité empruntée et provisoire.

11. Dans une pièce où les comédiens modifient constamment le sens de l'action dramatique, il était logique que ces deux fonctions fussent réunies. Auteur et régisseur ne font qu'un, comme le comédien et le retraité: mais il s'agit d'une dualité permettant de créer et de mesurer un écart, non d'une parfaite coïncidence.

12. «*RÉGISSEUR* — L'abbé n'est pas censé être eunuque dans mon texte! *COMTESSE* — Vous auriez dû y penser, c'est bien comme trouvaille, non?» (p. 17)

13. «Pourquoi serait-il nécessaire d'avoir des auteurs pour faire du théâtre?» demandait le dramaturge Jean Barbeau, ajoutant que «écrire le théâtre, c'est le limiter, le dévier de sa signification première, c'est lui enlever ses vrais possibilités.»

14. Ce qui signifie, bien sûr, que le théâtre *tend* à créer une illusion à laquelle seule la convention du jeu permet de croire. Mais la distance entre le réel et la fiction ne peut et ne doit pas être abolie: en ce sens, Anne Ubersfeld a raison d'affirmer que «il n'y a pas d'*illusion théâtrale*». Cf. Anne Ubersfeld, *Lire le théâtre*. Paris, éditions Sociales, «Les classiques du peuple critique», 1977, p. 48.

15. Jacques Duchesne, *le Quadrillé*. Présentation par l'auteur, Leméac, 1975, 190 p.

16 Et comme celle-ci, apparemment sortie d'une chanson-thème. Celle du *Quadrillé* a été conçue sur un air de «marche conquérante», dans le numéro d'ouverture qui doit faire «music-hall». Il y est question de voyage, mais en tant que

43

métaphore de la vie: «Nous les hommes nous voyageons. Mais où allons-nous?» (p. 38)

17. Dans cette pièce où les comédiens *sont* les personnages et assument plusieurs identités, il est préférable de parler d'*actants*, terme désignant ici aussi bien les uns que les autres.

18. Christian Mégret, dans *Carrefour*. Extrait cité en appendice au *Quadrillé*, p. 185.

19. «Un théâtre novateur dans la forme, bourré de petites inventions, provoquant constamment le sourire, voire le rire, et atteignant une intense poésie vitale.» Serge Bec cité dans *le Quadrillé*, p. 183.

20. Yvon Boucher, *L'Ouroboros*. Montréal, Grandes éditions du Québec, 1973, 82 p.

21. Document n° 1, *ibid*, p. 11.

22. *Ibid*, p. 11.

23. Notons en passant que, d'abord intitulée *les Séquestrés de Daytona*, cette pièce s'inspire aussi, en la parodiant, de la philosophie de Sartre. «Ils (les personnages) agissent comme si seule la conscience expliquait l'être.» (p. 48)

24. Solange «ne conserve de lui qu'une image mystique, concrétisée par *la reproduction d'un visage du Christ*, ainsi que la responsabilité d'un enfant (dont il ignore même la naissance)». Pierre Gobin, *le Fou et ses doubles*, p. 55. Le héros problématique et absent est doublement dédoublé, projeté dans une *image* du Christ ou dans un enfant à naître.

25. L. Mailhot, «Jacques Ferron: de l'amour incertain à la patrie possible». *Théâtre québécois I*, p. 159.

26. J.-C. Germain, *Un pays dont la devise est je m'oublie*, p. 111.

27. *Ibid*, p. 117.

28. «La magie de la boîte close du théâtre québécois, pour reprendre une expression de Jean Duvignaud, tient au fait que cette boîte est à double fond.» Maximilien Laroche, «Les techniques théâtrales des dramaturges québécois: la mise en scène». *Archives des Lettres canadiennes*, Tome V: *Le Théâtre canadien-français*, Fides, 1976, p. 370.

29. *Ibid.*, p. 388.

30. *Ibid.*, p. 377.

31. *Ibid.*, p. 389 et 383.

32. *Ibid.*, p. 388.

Chapitre 2
De l'actualité à l'histoire
(ou l'inverse)

Le sujet, le thème d'un spectacle peut indiquer l'*engagement* de l'auteur; il n'est pas une condition suffisante, ni nécessaire, pour faire une action efficace, accomplir au théâtre un acte de libération. Politiques au premier degré sont peut-être le diptyque *Charbonneau et le Chef* et évidemment l'assemblée-manifestation de *Médium saignant*. Le sont aussi, sans être électoraux, *les Crasseux* d'Antonine Maillet, les soties de Germain, les cérémonials (Ferron, Rémillard, Lepage) autour de Chénier et des Patriotes. On passe alors de l'actualité à l'histoire, ou de l'engagement partisan à la critique-création. Michel Tremblay a raison de soutenir qu'*À toi pour toujours, ta Marie-Lou* est «vraiment une pièce politique[1]». Et, puisque les Canadiens français sont un peuple de «travesti» qui s'est «déguisé» pendant trois cents ans «pour ressembler à un autre peuple[2]», *la Duchesse de Langeais* est un monologue aussi décapant que les chœurs féministes de *Lysistrata*. Le politique n'est pas toujours dans *la* politique.

Meyerhold parlait avec mépris de cette «spéculation sur la révolution et le communisme qui consiste à créer une littérature bonne pour la poubelle, composée de pièces qui ignorent tout des exigences de la dramaturgie et sont monstrueusement pauvres de contenu comme de forme[3]». Pour lui, comme pour Piscator ou Brecht, plus le contenu idéologique et le levain d'agitation d'une pièces sont forts, plus il faut élever le niveau formel. L'intention éthique et politique ne saurait excuser ni compenser la négligence esthétique. Mais comment articuler éthique et esthétique dans une dramaturgie qui se veut populaire?

Il faut d'abord distinguer art de masse et art populaire. Celui-là — télévision, sport, fêtes officielles, folklore touristique, spectacles digestifs — est fabriqué industriellement, distribué commercialement, passivement consommé par une foule amorphe. L'art populaire, lui, qu'il soit traditionnel ou d'avant-garde, est toujours proche de ses origines: il a un nom et un visage, il interroge l'homme sur les hommes, la société, l'avenir. Il faut parfois «nommer "populaire" le théâtre qui aurait dû l'être et qui finit par le devenir (Brecht, O'Casey)[4]». «Populaire veut dire: compréhensible aux larges masses; adoptant et enrichissant leur modes d'expression; adoptant leur point de vue, le consolidant et le corrigeant...[5]» Cette triple définition comporte des éléments qui se complètent et peuvent s'opposer. Le théâtre démocratique, en tous cas, n'est nullement démagogique: il ajoute et même corrige (c'est ici que le bât peut blesser).

«Le public de masse n'est pas à même d'élaborer sa propre culture, comme le faisait le public populaire (en voie de disparition avec le phénomène d'urbanisation et les mass média) [...] Sa culture est le résidu, la dégénérescence et la simplification vulgarisée de la culture d'élite...[6]» On le voit clairement au théâtre, où un large public réclame indéfiniment une copie des créations d'autrefois. Il se croit chez lui parce qu'il reconnaît ses meubles, son éclairage, son accent. Au contraire de ce théâtre «de masse», le théâtre populaire pose des questions plutôt qu'il n'apporte (répète) de réponse; il dépayse le spectateur avant de le rapatrier. C'est une opération «d'urgence» (Julian Beck), un «art d'actualité» (Piscator), mais plus stratégique que tactique, avec la patience de l'Histoire. Althusser parle de «production d'une nouvelle conscience dans le spectateur», voire de «production d'un nouveau spectateur, cet auteur qui commence quand finit le spectacle, qui ne commence que pour l'achever, mais dans la vie[7]». La révolution politique, sociale, culturelle, est toujours un *Prochain épisode*... et un «Épisode Surprenant», suivant le nom d'un personnage-comédien de Jean-Claude Germain (*Un pays dont la devise est je m'oublie*).

1760-1970: régimes noirs, saisons rouges

Aux États-Unis[8], *Bound East for Cardiff* (1916) d'O'Neill fait parler aux matelots un langage populaire qui n'a rien à voir avec le *cockney* londonien. En 1935, chaque phrase de *Waiting for Lefty* de Clifford Odets provoque l'enthousiasme des chômeurs. Malgré les efforts de l'*Actor Workshop* (après la Guerre), ce n'est qu'en 1965, avec le *Teatro Campesino* de Valdez, en Californie, qu'on assiste à un phénomène semblable: *Huelga!* Puis la guerre du Vietnam, les problèmes raciaux et écologiques, les contradictions de «ce grand frigidaire blanc connu sous le nom d'États-Unis» susciteront des expériences comme celle de Gottlieb (du *Black Arts Movement*) ou le théâtre de guérilla de Rony Davis. Ici, Gurik (*À cœur ouvert,* etc.) s'est inspiré du théâtre radical américain, le Grand Cirque Ordinaire du *Bread & Puppet*, Tremblay de certains spectacles new-yorkais.

C'est au milieu des années 1960 que l'actualité la plus chaude — bombes terroristes, manifestations indépendan-wtistes, sociales, syndicales — envahit le théâtre québécois. *Hier, les enfants dansaient* (au lieu de militer), regrette Gratien Gélinas. Dubé a déjà ses réformistes de salon. André Langevin, Jacques Ferron et Gélinas lui-même étaient allés beaucoup plus loin, dès la fin des années cinquante, avec *l'Œil du peuple* (anti-drapeau et antiduplessiste), une première version des *Grands Soleils, Bousille*... Ferron ne donnera qu'une édition presque confidentielle[9] de *la Tête du roi*, qui ne sera pas créée. C'était pourtant la meilleure pièce provoquée par la première vague de violence du F.L.Q., en 1963. Les autres sont inédites, comme *Ballades pour un révolutionnaire* de Robert Gauthier, ou trop rapidement fabriquées, comme *«63»* de Gurik[10]. Quant aux événements d'Octobre 1970, ils servent d'horizon (bouché), d'allusion, de prétexte à divers petits spectacles sarcastiques ou pathétiques[11]. C'est peu, comparé aux essais, et même aux poèmes ou aux romans. Peut-être ces événements doivent-ils être dédramatisés avant de passer au théâtre.

Notre histoire, de la Nouvelle-France au Québec, est une histoire orale, racontée, pleurée, priée, jouée, proposée à l'imitation, vouée à la revanche (des cerveaux). Une histoire théâtrale, comme l'ont compris Ducharme (*le Marquis qui perdit*), Antonine Maillet (*Évangéline Deusse*), Ferron ou Germain: moins une étude scientifique — de Garneau à Groulx, de Casgrain à Léandre Bergeron — qu'un discours, un tableau d'auréoles et de caricatures, un récit de prouesses, de rêves, de regrets. Le chauvinisme, la mystique, la peur, l'Indien, la forêt, l'incendie, Versailles, la Conquête, 1837-1838: voilà des éclairages, des décors, des costumes, des gestes (isolés) qui masquent la vue et l'action d'ensemble. «Dollard des Ormeaux, Montcalm et la victoire de Carillon occupent une place tout à fait exceptionnelle dans l'histoire de notre théâtre patriotique et nationaliste[12]». Leur place dans l'histoire est controversée et plus modeste. De même, Papineau[13] écrase Lafontaine, Bigot (sa perruque, son ventre) est plus coloré que Talon ou Hocquart. Grâce à leurs colères, Frontenac et Mgr de Laval se tiennent tête, s'annulent. Chaque figure, chaque image, chaque chromo de notre histoire traditionnelle est un mélodrame ou une tragédie en miniature. Il y a les couples obligés (Lafontaine-Baldwin, Macdonald-Cartier), les clichés, les fétiches: croix de Cartier, collier de haches du père Jogues, mouchoir de Madeleine de Verchères, drapeaux brûlés de Lévis... «Bref, reproduites en blanc sur noir, un choix de ces illustrations débiles, faméliques et indigentes qui — pour le plus grand appauvrissement de notre imaginaire collectif — ornènent,

48

pendant plus de cinquante ans, tous les manuels de *la Grande Réponse à Lord Durham* que d'aucuns nomment : *l'Histoire du Canada*[14]». Tel est, selon Jean-Claude Germain, le décor — à réimaginer — d'une histoire à refaire.

Tout est plus simple pour Léandre Bergeron, dramaturge historisant après avoir été historien à coups de théâtre, pamphlétaire, auteur de bandes dessinées, etc. Son *Histoire du Québec en trois régimes* est moins un «*show* politique» — malgré l'heureuse surprise d'une interdiction française à Saint-Quentin[15] — qu'un petit manuel (classique) d'irrévérence, de contestation, d'exercices scolaires.

Au début, on lit *Maria Chapdelaine*, comme *Menaud*, mais à l'envers: «Quatre jeunes sont étendus sur le dos les pieds contre l'écran central. Sur cet écran, la page couverture de...» Maria récite un *Ave* remplacée au haut-parleur par Louis Hémon et son «rien ne doit changer». Alors, là, les quatre jeunes se redressent «en chœur», se recouchent, s'agenouillent: «Maria, osti, je t'en supplie. Pollue plus notre lumière». Fondu enchaîné sur une femme nue. Les numéros suivants comprennent: un bulletin écologique spécial sur la mort des Grands Lacs, un dialogue micmac non transcrit (sauf «Chak Kachier» pour Jacques Cartier) mais disponible «en bande magnétique ou vidéoscopique chez l'auteur», un discours gaulliste de Champlain aux «Néo-Françaises, Néo-Français...», des chansons et steppettes de quatre jésuites «dans une seule soutane»... Louis Riel est le héros du Régime anglais. Le Régime américain met en scène l'émigration, le *cheap labour*, le «*In God We Trust. All others pay cash*...» Enfin, le Saint-Esprit «sortira d'une boîte comme un coucou et dira "Cocu"». (p. 92) Tout cela bilingue, trilingue, multi-culturel, matérialiste dialectique, rempli de slogans et de farces de collégiens («Père Version», «Louis'Boys»). Quelques citations textuelles ne suffisent pas à sauver l'histoire.

La liste des Patriotes exécutés — «Joseph Duquette, étudiant... Pendu!» — sert de litanie et de sommet lyrique à *la Complainte des hivers rouges* du comédien et metteur en scène Roland Lepage[16], comme à l'*Histoire* dramatisée de Bergeron. Lepage est moins drôle. Sa prétention, à lui, est du côté du style noble (dans un langage populaire laborieux), du péplum («chœur de Niobides»), des contrastes primaires: nuit noire, éclairage rouge, feu et eau, sang et larmes. C'est bruyant (tocsins, charges, mitrailles, toujours avec les guitares), bavard, pseudo-épique, «sublime». (p. 95) Ici encore, quelques morceaux authentiques — mandement épiscopal, lettre de De Lorimier... — font ressortir le barbouillage de la fresque. On se demande pourquoi un dispositif scénique moderne et presque abstrait («échafaudages tubulaires») pour ce mélodrame du XIXe siècle, trop inspiré des *Patriotes* de David.

Après ce retour d'un homme de théâtre à ses lectures d'enfance, voici un ou deux historiens au théâtre. Sobre, fonctionnel, efficace est le découpage en noir et blanc de *Québec, printemps 1918*[17], saison d'événements moins connus mais aussi significatifs que ceux de 1837 ou d'octobre 1970, qui avait justement provoqué l'intérêt de Jean Provencher pour l'anticonscription et la répression politico-militaire de la Première Guerre. Le peuple est présent, comme acteur, accusé, témoin contre le pouvoir et l'arbitraire absolu, contre les préjugés de l'«élite», sa lâcheté, sa traîtrise. Dans *Charbonneau et le Chef*[18], la lutte se fait entre deux caractères, deux fonctions, deux types traditionnels et allégoriques: l'Archevêque et le Roi, le Pur et l'Efficace. Le prologue se réfère à *Becket ou l'Honneur de Dieu* d'Anouilh, et appelle la Révolution tranquille. Au début, quelques grévistes discutent et s'agitent pour créer l'atmosphère (poussière d'amiante, coups de matraque); le second acte ne s'occupe que des délégués (syndicaux, apostoliques, intellectuels) et des chefs. Les comparses (Courchesne, Barrette, Marchand, Laporte...) sont caricaturés d'un trait sûr, facile; l'ouvrier Laroche (Rocque) est rapidement oublié. Le portrait de Mgr Charbonneau reste à faire, le duplessisme à analyser. *Charbonneau et le Chef* n'est ni une pièce historique ou politique ni une étude de psychologie comparée;

c'est un char allégorique qui avance tout seul et qu'on peut ressortir tous les 24 juin et les 1er mai.

Cérémonial funèbre sur le corps de Jean-Olivier Chénier

Sur Chénier, mort et vif, Jean-Robert Rémillard a réussi un spectacle tout à fait différent des *Grands Soleils* de Ferron, malgré l'identité de leurs sentiments à l'égard des Patriotes et malgré — cela devient un pari — la forme de rituel donnée aux deux pièces. Un «cérémonial», pour Rémillard[19] comme pour Ferron[20], c'est la lente transformation d'une défaite immédiate en victoire future, profonde, permanente. L'entre-deux est obscur, visqueux, souterrain, fécond[21]. Sur cet horizon bas tranche la poussée verticale des hommes-totems, tel ce Chénier qui aime et possède la patrie comme une femme, et qui la fait accoucher.

Chénier est d'abord un médecin et un homme (amoureux), plus proche des corps que des idées. Son idéalisme apparent est un courage pudique, une confiance en l'avenir: «Et même si vos nouvelles étaient vraies, qu'est-ce qu'elles prouveraient? Que nous avons eu tort? Non. Non. La justice ne peut avoir tort. L'idéal n'est pas une culotte qu'on retourne à la mode du jour. » (p. 93) Chénier n'est pas meilleur tacticien que le Suisse Amury Girod, à qui il laisse le commandement de la troupe. Il est, à long terme, stratège, puisqu'il *occupe*, contre tous ses adversaires, la position du héros fraternel — Papineau étant le père, et de plus en plus le grand-père.

On peut parler, dans le cas du *Cérémonial funèbre sur le corps de Jean-Olivier Chénier*, de «théâtre épique à distanciation objective[22]». Mais le jeu se fait aussi bien entre distance et rapprochement (jusqu'à l'intimité) qu'entre subjectivité et objectivité («vérité») ou qu'entre théâtre et histoire. «Cette fille est une actrice. Elle invente des dialogues. Elle jouera la pièce tant que vous la paierez», feint de croire McTavish à propos du témoignage de

51

Marcella. (p. 107) «Quelle admirable scène! C'est Électre embrassant son Oreste, c'est Antigone étreignant Polynice...» ironise Girod devant Cécile Chénier au cou de son frère. (p. 79) Le chœur des thuriféraires est solennel et précieux, du moins dans la station A où le bar-autel central, «ignoble table», devient «le marbre glacé des beuveries antiques». Jean-Olivier Chénier lui-même, «fou comme un collégien», passe d'un français moliéresque («Vertudieu de pécore!») à un québécois bon teint («Par l'hostie!» ou encore «Boule-de-Chien, mais t'as la cervelle en gomme d'épinette!»). Entre le théâtre et l'histoire, comme entre le passé et le présent, les passages sont incertains. Ils se recoupent, glissent, s'ajustent obliquement. Ils ne sont pas au service l'un de l'autre. Le théâtre n'est pas un document ni une thèse; l'histoire n'est pas un paysage qui se déroule, ni un portrait qui s'anime.

«Les autorités exigeront que le corps soit enterré dès cette nuit. Sans cercueil. Sans aucune cérémonie», prétend le major Globensky; Joyce McTavish travaille à faire inhumer son ex-fiancé, qu'elle aime toujours, de même que Marie et Cécile Chénier (sa femme et sa sœur), et Mlle Langlois, servante du curé, élève plus qu'admiratrice du docteur. Chénier I, cadavre qui ressemble à Che Guevara, est entouré de femmes comme le Christ au tombeau. Chénier II, vivant rétrospectif, joue souvent les unes contre les autres, généreusement, presque fidèlement, en joyeux camarade et bon amant, sinon époux conventionnel. «Et trop de gens aussi souhaitaient qu'il vive... pour eux!» (p. 87), dit Mme Labrie, belle-mère ambiguë.

Au «*Remember James Weir!*» des Anglais, répond le «Je me souviens» de Chénier. Le *Cérémonial* n'a pas d'autre but que de célébrer sa mémoire, sa présence. Il ne s'agit pas d'un culte — malgré les quatre «thuriféraires» — mais d'une «veillée funèbre» qui s'achève en aube, en lucidité, en ardeur, par une «semence de l'esprit et du cœur».

Les indications scéniques de l'auteur constituent un remarquable prélude, un postlude («athlètes après une joute») et des interludes (où les mains, par exemple, jouent un grand rôle) au *Cérémonial*. Leur ton est grave, exigeant, pénétrant. La technique est dépassée par une vision, assumée par un texte[23]. Pas de musique, seulement des effets vocaux. Rythme lent, hiératique. Éclairage étudié, aux «effets dramatiques extrêmes». Décor: «une arène, ou une nef d'église, ou le hall d'un grand manoir d'autrefois, ou une grande salle d'auberge élisabéthaine, ou encore une place publique de village...» On entre dans l'Histoire en même temps qu'au Théâtre. Eschyle, la Passion, le nô sont évoqués, sans que cela soit ridicule. Car le «dépouillement réaliste» de la cérémonie a des perspectives antiques, sacrées, fantastiques. «Les actions se déroulant dans des lieux imaginés que ne devra jamais détruire le décor d'ambiance et d'habitation général...» Priorité à l'imaginaire, qui peut être soutenu, relayé par un «objet unique».

Le *Cérémonial* entier est d'ailleurs métonymique. Le cœur (courage, amour) du héros est dans sa poitrine trouée, vidée, dévorée. Chénier I lui-même (le gisant) est la métonymie parfaite de Chénier II, de Jean-Olivier et de tous les autres Chénier. C'est autour de lui — *sur* lui, très précisément — que s'organise le spectacle, liturgie amoureuse, «stations» douloureusement actives, enquête et quête. Le corps «quasi nu» — Marie, «d'un geste puissant», arrachera «le linceul d'un seul mouvement» (p. 43) — est étendu au centre du plateau sur un comptoir-bar. «Ce comptoir sera d'époque mais il devra suggérer l'idée d'un autel, d'une table de banquet». Un autel, parce qu'on célèbre son sacrifice; une table, parce que la poitrine de Chénier a été mangée, que son sang a été bu.

Un mystère entoure le corps défiguré, qui se dévoilera peu à peu. Il a été dépouillé de son linge, contrairement aux autres victimes. Il aurait reçu «un grand coup de pied», un coup de botte. On parle d'une «large blessure», d'une «cicatrice boursouflée». Sont-ce les traces d'une autopsie? Ou d'un boulet? «Ses chairs sont éclatées! Une balle, ça ne doit pas faire ça, maman? C'est comme si on l'avait haché à grands coups de sabre!», fait observer Marie. (p. 87) «On aurait dit qu'un taureau l'avait encorné» (p. 39-40), se rappelle Marcella, la putain respectueuse qui avait inspecté le cadavre, la première nuit. «N'y touche pas!» et «Qu'as-tu vu?» s'enjoignent, se demandent les femmes, rivales et collaboratrices. Les Anglais sont qualifiés de nécrophiles et d'anthropophages. «Ils ont promené le cœur de Chénier au bout d'une baïonnette!» et «Ils nous ont fait défiler devant le corps de Chénier. I'avait le poitrail ouvert, le cœur lui pendait» (p. 108-109), apprend-on finalement grâce à la déposition indirecte d'un témoin oculaire.

Les derniers mots du chœur sont: «... l'âme de Chénier, un jour, à nouveau fleurira». Pour le moment, c'est son corps — son cœur «pourri», selon ses ennemis, donc fécond — qui pèse et rayonne. Chénier meurt tout au long de la pièce, puis il revit, il vit. Chaque bribe de témoignages (du prisonnier Périard, de Marcella) lui enlève un peu de chair que lui redonne aussitôt le souvenir-aveu des femmes.

À la croisée de ce double mouvement dans le temps et dans l'espace (horizontalité et «stations»), le seul *vrai* Chénier possible se profile: non pas un chef, saint ou martyr, mais jeune, amoureux et libre. Chénier a choisi, a voulu. Chénier est un, il n'est pas unique. Pourquoi contempler son cadavre comme un destin? Il faut moins servir sa mémoire que s'en servir. Le théâtre lui invente ici des aventures jusqu'à cette profanation, ce viol du cœur physique. Même mort, le corps du héros doit parler, agir, faire parler et agir.

«Les acteurs auront soin de ne pas prendre cette mine renfrognée ou faussement "cérémoniale" qui est l'apanage de certains spectacles. Si certains comédiens ont le goût de rire, ce n'est pas l'auteur qui le leur reprochera. Le cérémonial est terminé» (p. 112). Apparemment, le *Cérémonial* finit comme il avait commencé: dans une lumière médiocre, plutôt froide, sans ombres denses ni feux violents. Chacun regagne sa place, retrouve sa peau, son pouls. Les acteurs se démaquillent, les thuriféraires (enfants de chœur, servants de messe) déplacent des objets. Les hauts mannequins placés derrière le bar, «de sorte que les genoux ou le ventre du costume arrivent à hauteur du comptoir», redeviennent portemanteaux après avoir été marionnettes, personnages, «foule hostile ou sympathique».

Un pays dont la devise est je m'oublie

Tous les rôles d'*Un pays dont la devise est je m'oublie*[24] sont assurés par deux comédiens ambulants, Petitboire et Surprenant, spécialisés en tableaux d'histoire et «sketches d'hiver». «À l'arrière-plan, Cartier-pis-sa-croix, Madeleine-de-Verchères-son-fusil-pis-son-mouchoir, le père Jogues-pis-son-collier-de-haches[25]». Ceux-ci ne sont pas des figurants, mais des toiles peintes, le décor.

Meubles et accessoires sont de première importance. Ils bougent, se transforment, jouent, eux aussi, plusieurs rôles. L'«immense malle-armoire» des comédiens est même un protagoniste. On y puise, on l'épuise, comme le pays. Elle sert de valise, de socle, d'estrade, de tribune, de comptoir. Elle est flanquée de deux bancs d'église (de parc), qu'on oublie. Le vrai banc, la pierre, le lit, la loge, la scène, c'est la malle. Elle écrase de sa masse le petit sac d'Air France ou l'«attaché-caisse» de celui qui a étudié à Toronto. Les autres objets sont anecdotiques: croix démontable, appareils démodés, caoutchoucs aux pieds de Petitboire crucifié... Seule la malle est mythique, magique.

Surprenant et Petitboire s'opposent comme le mâle à la femelle, le naturel à l'artificiel, l'«illettré depuis plusieurs générations» à l'«autodidacte» prétentieux et stupide. Au début, le nommé Surprenant, prénommé Épisode, prend la «trogne hilare» d'un *robineux* qui lui-même joue le rôle du Canadien errant (de la chanson d'Antoine Gérin-Lajoie), «endosse la classique veste en daim du coureur des bois», puis le «costume national canadien sous l'Ancien Régime», ou si l'on veut, mieux connu, celui des Patriotes de 1837. Berthelot Petitboire, lui, fait son apparition, équipé en découvreur français qui se trompe de Club Méditerranée.

Après quoi, ce «petit capitaine de Bretagne sort comme un grand d'Espagne». (p. 32) Il sera intendant de la Nouvelle-France, très élégant dans son justaucorps, sous sa perruque Louis XIV. Il fait la roue autour de la malle-armoire et devant son miroir, multipliant son image comme il soignera sa mort et notre défaite.

L'épilogue de la première partie est situé à l'hôtel Château Québec — de la chaîne Holiday Inn — en face du Relais des Trappeurs, à deux pas du «Carrefour des Cent-Z-Associés». L'ex-général français, «par la magie du recyclage des costumes d'époque», est devenu *head waiter* dudit hôtel. «Moué chus l'folklore d'astheure pis toué t'es l'folklore de dmain!» (p. 64) prophétise l'unique client, l'habitant *canayen*, qui en laisse tomber sa ceinture fléchée, aussitôt récupérée. L'histoire n'est plus du théâtre ni même du folklore, mais une commémoration commerciale, un réservoir publicitaire.

La seconde partie du spectacle se déroule en Régimes anglais et américain. Les intérêts économiques se camouflent sous les feux de l'éloquence politique, religieuse et sportive. L'Organisateur et le Candidat s'appuient, se complètent. Celui-ci amuse la foule pendant que celui-là tire les ficelles et les cordons (de la Bourse). L'un est gros, prospère, jovial; l'autre est un grand dadais malingre en blazer de collégien. «La politique au Québec... st'une affaire de famille!» (p. 72): les Mercier-Gouin, les Papineau-Bourassa, les Bourassa-Simard... Malheureusement, le jeune Porphyre se sent plutôt Sigouin (par sa mère) que Mercier (comme son oncle paternel et tuteur professionnel). Réussira-t-il à vaincre sa timidité? Il ne s'agit pas de la vaincre, mais de (con)vaincre *par* elle, de s'en servir pour émouvoir et dominer les électeurs.

Entre les politiciens et les ecclésiastiques se glisse un Béret blanc dont la femme s'appelle Gilberte (et dont la fille veut faire du théâtre), qui veut «sortir le sexxe dé-z-écoles» et sermonne son curé trop à la mode de A. Gold and Son): «Pus d'impureté! Pus d'Église!» Les «lunettes à triple foyer» du Béret sont remplacées par la fine monture «d'intellectuel français» d'un monsignor encore plus à la mode (Brisson & Brisson) que le curé de paroisse. «À côté dla génération Pepsi, la génération Paul Sisse... ça fait pas l'poids!» (p. 93) Il faut changer «l'environnement visuel» pour «rester compétitif» et «rendre l'opération rentable».

Le curé rêve de théâtre. Au lieu d'enfants et d'innocents, il aurait aimé confesser Luther, Faust, Don Juan, Athalie, Médée, Phèdre, c'est-à-dire non seulement de vrais pécheurs mais les plus grands rôles du répertoire. Petitboire et Surprenant réapparaissent sous leur nom et dans leur fonction propre: acteurs. Et acteurs qui *actent* dans la fameuse *Passion*[26]:

> ÉPISODE SURPRENANT — Ti-Bouère, tu prends ça trop au sérieux la Pâssion! Après toute, cé-t-un pageant! Spas du vrai théâtre comme au séminaire! La Pâssion, cé pas la fin du monde! Pis quand cé drôle... ben on rit!
> [...]
> BERTHELOT PETITBOIRE — Ben, on en rparlera du vrai théâtre! Mais jusque-là, lthéâtre icitte, ça va ette la Passion, pis les pageants, les chorales, les Congrès Eucharistiques, les fanfares pis la parade dla Saint-Jean-Batisse!» (p. 106-107)

Le théâtre est partout où il n'y a pas de théâtre(s): dans les salles paroissiales, dans les parcs, les rues, les stades. «On fait squ'on peut avec squ'on a...» Voilà un authentique théâtre pauvre, riche, populaire, exigeant. Il faut jouer jusqu'au bout, jusqu'à l'agonie, jusqu'à la résurrection[27].

Les deux derniers tableaux et l'épilogue sont consacrés à la scène sportive: athlétisme magique et hockey radiophonique. Louis Cyr, déguisé en héros de cape et d'épée, rend visite à Petitboire, acteur retraité. On parle métier. «L'anecdote rencontre la légende et l'illusoire s'incline devant l'évidence!» (p. 117) Qu'est-ce que l'évidence? Les poids soulevés par l'«homme fort»? Le monument au brave? «Ouais! Ben, ç'aurait ptête été agréable de pouvoir changer dpeau de temps-z-à aute! Parsqu'une légende... st'un peu comme un moulage de plomb ou dbronze...» (p. 122) L'homme ordinaire (Noé-Cyprien, tel était son prénom) se sépare du légendaire Louis Cyr et écoute, comme tout le monde vers 1950, les voix alternées de Maurice Richard et de l'annonceur Michel Normandin[28]. La vedette s'interroge: «...chus presqu'un dieu!», «un géant... une sorte de saint Christophe qui porte tout l'Québec sus sé-z-épaules!». Cyr rassure Richard: «...t'es pas un souvenir pis t'en seras jamais un! Tu ne sors pas d'un album, tu entres dans la légende, c'est-à-dire dans l'histoire d'un pays».

Détenant les secrets, contenant les masques et déguisements, la malle-armoire — coffre aux trésors, caverne d'Ali Baba — renferme et libère les figures de l'histoire, les images de la légende. Les personnages sont ce qu'ils portent, ce qu'ils affichent de leurs fonctions. La malle-cabine (transatlantique) les fait voyager dans le temps. *Armoire* et *mémoire*, Bachelard l'a dit, communiquent phonétiquement et en profondeur.

Avec les costumes d'époques, les attitudes, les poses, ce sont les mots historiques qui se mettent en branle. Entendons par là non pas les «Je meurs content» des manuels, mais plutôt un surprenant «Je te découvre», lu d'abord sur parchemin royal, un quiproquo au sujet des Indes, un «(Montcalm) perd son calme» emprunté à Réjean Ducharme, un «dans-la-laine» prêté à Maurice Richard, les «culottes à Vautrin» que connaissent tous les lecteurs de Robert Rumilly. Le «robineux de bonne extrace» pourrait être un salut à Alphonse Piché, le «Grand seigneur des rues et des bois», un signe de reconnaissance à Jacques Ferron (Surprenant est le frère du Mithridate des *Grands Soleils*) et aux *Chansons* du même nom de Victor Hugo (dont la définition de l'épopée sert ici d'exergue). La scène de la répétition du «Ouais!» (p. 29-30) est clairement moliéresque.

Les tons sont étudiés («air pincé, outré et méprisant»), les accents déplacés: «Un téléphone se met à sonner sur l'air de *la Marseillaise*» parce que l'intendant à l'accent du Midi.

«Tu dramatises», fait observer le Coureur des bois au Découvreur royal qui s'enflamme «au seul pouvoir d'évocation des mots» et dont les ronds de jambe eux-mêmes sont une fleur de rhétorique. Le gentilhomme, curieux de tout et d'abord de la langue, s'émerveille des *ouais! han?* et *sibouère!* du forestier: «Ah quel réconfort pour un homme corrompu par la civilisation d'entendre la voix frustre (*sic*) de la sagesse primitive!» (p. 21) La sagesse parle beaucoup en La Rochefoucauld du pauvre, en dictons d'almanach, en slogans publicitaires retournés: «Québec spas un gouvarnement, st'un parti d'opposition à Ottawa!» (p. 79); «T'as jusse à leu dire la vérité, çé la meilleure façon de mentir!» (p. 80)

L'histoire à la Germain est donc une histoire *littéraire* au meilleur sens du terme. Une histoire par (et contre) les clichés, les textes, les interprétations et les commentaires. Une histoire littéraire *populaire*, naïve et critique, comico-tragique. Finalement, non plus *l'Histoire du Canada* au — par le — théâtre, mais bien l'histoire du théâtre au Québec. C'est par ses moyens propres, non en copiant Léandre Bergeron ou les historiens, que le dramaturge Jean-Claude Germain peut remettre en mouvement le passé, faire vivre *Un pays dont la devise est je m'oublie*. Il s'agit de montrer à travers les déformations une transformation ou, comme dit le Découvreur, de passer d'un échec (banal, mesquin) à une magnifique CATASTROPHE! Ainsi, le général vaincu tombe plusieurs fois en beauté, «agonise à son aise et meurt pour revenir aussitôt à la charge», il est «tiré à bout portant, fauché, mitraillé, fusillé et on présume finalement canonné — chaque nouvelle mort mettant en valeur les inépuisables ressources de cabotin historique de tout général français qui se respecte...» (p. 55) Montcalm vient de se rappeler au (futur) souvenir de de Gaulle, autre grand acteur et metteur en scène. Dans le rôle du général, Petitboire est un bouffon, un pantin qui éloigne le spectateur de la défaite — comme chez Ducharme (*le Marquis qui perdit*) ou chez Barbeau[29].

Emporté par les reflets et l'éclat du miroir, le cabotin

militaire «se rejoue pour lui-même la chute de sa dernière tirade». (p. 50) Pour lui-même et contre le public, qui ainsi s'en détache, s'en libère. Le théâtre de la salle (du peuple) est de meilleure qualité que celui de la scène (de la galerie historique). L'épopée comme farce, l'histoire comme parade, défilé, spectacle de modes. Mais surtout l'oubli (personnel) comme mémoire (collective). Ayant tous oublié la même chose, nous nous retrouvons, en creux, par le manque, dans le même trou. «On l'a pas faite spays-là! Quand on est arrivé icitte, y était déjà rendu à sa grosseur... fait quçé lpays qui nou-z-afaitte!» (p. 31) *Un pays dont la devise est je m'oublie* est une «grande gigue épique» au sens hugolien et brechtien. Elle peut être interrompue, coupée, écrasée, piétinée, chacun de ses morceaux est vivant et participe au «monde tel qu'il devient[30]».

L.M.

Références

1. Il dit: «...presque au premier degré», «Entrevue avec Michel Tremblay». *Nord*, vol. I, n° 1, automne 1971, p. 60.
2. *Ibid.*, p. 64.
3. Meyerhold, cité par Ariane Mnouchkine, *le Monde*, 4 mars 1976, p. 17. «La création artistique obéit à ses lois propres même quand elle se met consciemment au service d'un mouvement social», disait de son côté Trotski. *Littérature et révolution*. Paris, Julliard, «Lettres Nouvelles», 1964, p. 117.
4. E. Copfermann, *le Théâtre populaire, pourquoi?* Paris, Maspero, 1969, p. 146, à propos de la revue *Théâtre populaire*.
5. B. Brecht, «Sur le réalisme», *Écrits sur la littérature et l'art*, t. II. Paris, l'Arche, 1970, p. 116.
6. M. Dacia, «Existe-t-il un public populaire?» *Travail théâtral*, n° 10, hiver 1973, p. 34. Cf. L. Hébert, *la Fonction de l'acteur québécois dans la création collective*. Mémoire de M.A., Université de Montréal, 1976, p. 110-111 et *passim*.
7. L. Althusser, «Le *Piccolo*, Bertolazzi et Brecht (Notes sur un théâtre matérialiste)», *Pour Marx*. Paris, Maspero, 1971, p. 151.
8. L'évolution du théâtre américain est marquée par trois étapes

principales, «...construites sur une structure semblable: l'attente, d'après F. Jotterand (*le Nouveau Théâtre américain*. Paris, Seuil, «Points», 1970, p. 99), la troisième étant *The Connection* (1958), attente de la drogue, du *Living Theatre*, fondé en 1951.

9. Aux Cahiers de l'A.G.E.U.M., en 1964. Reprise dans *Théâtre II*. Montréal, Librairie Déom, 1975.

10. «Le terrorisme des années 1963 et celui de 1763 s'allument toujours à la même mèche: chasser l'Anglais», note, en préface, Pierre Filion. (*Sept courtes pièces*, p. 8) Depuis le temps, la mèche est un peu éventée (vendue?)

11. *Les Tas de sièges, le Trou* (dans *Sept courtes pièces*) et *Q* (inédit, créé en 1971) de Gurik, *Portés disparus* (inédit) de Dubé, *Un si bel automne* de Loranger (publiée à la suite de *Jour après jour*. Leméac, 1971). *Une soirée en octobre* d'André Major. Montréal, Leméac, 1975.

12. J. Cotnam, *le Théâtre québécois, instrument de contestation sociale et politique*. Fides, «Études littéraires», 1976, p. 49, note 98.

13. De Fréchette au *Papineau rides again* (créée en 1972) de M.-F. Gélinas, en passant par *Louis-Joseph Papineau, un être divisé*, de l'historien Fernand Ouellet. Ottawa, S.H.C., brochure n° 11, 1967.

14. J.-C. Germain, *Un pays dont la devise est je m'oublie*. Montréal, VLB éditeur, 1976, p. 10.

15. «La lutte des classes doit se manifester dans les réactions de l'auditoire, sinon c'est un *show*-distraction», nous avertit l'auteur en rapportant l'incident (L. Bergeron, *l'Histoire du Québec en trois régimes*. Montréal, l'Aurore, 1974, p. 12). Il signale que «285 étudiants ont participé à la production du spectacle», «112 se retrouvaient sur scène à un moment ou l'autre». (p. 11) Théâtre de masse ou théâtre populaire?

16. Leméac, 1974, p. 81-82. Voir aussi «l'escalade de la pyramide par les femmes en deuil», p. 82-84. R. Hamel voit dans «l'excellent texte» de Lepage «une intériorité qui touche par moment une sorte d'état de grâce, d'épopée collective, vécue consciemment ou inconsciemment». «La dramaturgie et l'histoire». *Livres et auteurs québécois 1974*, p. 183-184.

17. Par J. Provencher et G. Lachance. Montréal, l'Aurore, 1974. Paradoxalement, à divers points de vue, l'opuscule historique de Provencher, *Québec sous la loi des mesures de guerre 1918*

(Boréal Express, 1971) paraît moins «objectif» que les témoignages montés sous forme de pièce (et présentés à la télévision) que revalorisait l'aspect reportage ou document.

18. De J. T. McDonough (traduction et adaptation : P. Hébert et P. Morency), Leméac, 1974.

19. *Cérémonial funèbre sur le corps de Jean-Olivier Chénier.* Leméac, 1974. Notons pour la petite histoire (littéraire) que le poète Miron de la pièce, 30 ans, prénommé Pierre et dit anarchiste, à qui le dramaturge prête «un début de transes poétiques» (p. 111), est curieusement l'auteur d'un «beau poème de la Batêche». (p. 82)

20. Seconde version (pour la scène, 1968) des *Grands Soleils.* Il y a un aspect gaulliste, et même gaullien, à cette distinction entre bataille (perdue) et guerre (à gagner).

21. «Nous n'avons cessé de nous étendre à ras du sol et d'assurer ainsi davantage notre adhésion au pays, comme une plante rampante, par prolifération [...] Nous ne voyions que le bout de la paroisse et c'est ainsi que nous tenions le pays. Nous nous sentions chez nous, quoi qu'il arrivât. Notre illusion consistait à nous avancer dans l'histoire» (P. Vadeboncœur, *la Dernière Heure et la première.* Montréal, l'Hexagone-Parti pris, 1970, p. 7-8.

22. R. Hamel, art. cité, p. 184.

23. «Quand le costume est décroché, le mannequin — d'architecture simpliste — doit suggérer un arbre ou un faisceau d'armes ou une croix de cimetière. En fait, quelque chose d'effrayant qui devra être enchanté par la lumière. Peut-être des ossements dans un charnier primitif?» (J.-R. Rémillard, *op. cit.*, p. 12).

24. De J.-C. Germain, VLB éditeur, 1976.

25. Sans compter les députés nationalistes Pierre Bédard et Armand Lavergne, Mgr Laflèche, le général de Gaulle et — en surimpression — Duplessis, Robert Bourassa, Camil Samson...

26. Sur «La seconde Passion du Christ: du Golgotha à Saint-Jérôme», on peut lire Victor Barbeau, *la Face et l'envers.* Les Publications de l'Académie canadienne-française, 1966, p. 24-27.

27. VOIX DU RÉGISSEUR: «Dix minutes! La ré-sur-rec-tion dans dix minutes!» (p. 107)

28. L'enregistrement utilisé lors de la création d'*Un pays...* «était

d'époque et les voix authentiques». (p. 130, n° 1)

29. Ce que l'anti-héros de Jean Barbeau réussit le mieux, ce sont les chutes du *Chemin de Lacroix*, l'échec et la masturbation de Goglu, les «différentes façons de mourir» que mime avec talent *Ben-Ur*.

30. «...Döblin, qui était écrivain épique, a donné un remarquable critère du style épique, lorsqu'il disait qu'une œuvre épique, au contraire d'une œuvre dramatique, supportait fort bien d'être littéralement coupée en morceaux, chacun de ses morceaux restant alors vivant. B. Brecht, «Théâtre récréatif ou théâtre didactique». Cité par B. Dort, *Théâtre public*. Paris, Seuil, 1967, p. 153.

Chapitre 3
Wouf wouf
ou l'homme aux abois

Ah! On crée, on crie!
Tout ce qui se crie, s'écrit!

SAUVAGEAU[1]

L'auteur qui signe *Wouf wouf*, Sauvageau ou «Sauvageau Sauvageau», ne voulait plus de prénom. Yves et Yves Hébert sont abandonnés au personnage de Daniel et à son père, dans une scène de l'enfance[2]. Sauvageau était d'abord comédien: après avoir fait partie simultanément de huit troupes d'amateurs, il avait étudié à l'École nationale, joué avec le Théâtre du Même Nom, participé à la fondation de l'Institut théâtral du Royaume[3]. Le comédien a un peu publié — sous son nom d'Yves Hébert dans les *Écrits du Canada français*[4] — beaucoup écrit, imaginé davantage encore. Avant sa mort (1946-1970), il avait préparé une adaptation du *Désir sous les ormes* et projetait un opéra, *De Jésus la Pop Ublique Vie*, «à travers l'histoire de l'alcoolisme au Québec[5]». *Wouf wouf* a été écrite à l'École nationale de théâtre en 1967. Sa lecture-spectacle provoque un vif intérêt, en 1969, au Centre d'essai des auteurs dramatiques. La pièce est créée, le 25 février 1971, par le Théâtre de l'Université de Montréal dans une mise en scène de Gilbert David[6]; elle est reprise (recréée) en version abrégée par l'Atelier de la N.C.T. (André Montmorency), au Gesù, le 1er novembre 1974[7].

Le prétexte de *Wouf wouf* est une histoire de drogue promise, volée, non livrée. Son point de départ est la transformation d'un nom commun en nom propre: «Marie

Gouina» ou «Guina». Alors, tout s'enchaîne et se déchaîne, le voyage commence. Éric et Jean-Pierre, amis de Daniel, servent de «preuves» aux policiers B. et B. Le pharmacien volé devient cocu, madame Roberval prend des poses, Daniel essaie ses théories cosmiques. L'Ange du prologue avait annoncé: l'acte théâtral peut-il *déconditionner* l'homme-esclave des «sociétés inhumaines» et des «savants scientifiques»? On était aussitôt passé de l'envers du décor — «Enchaîne, Saint-Pierre!» (*sic*) (p. 13), criait en coulisse le Régisseur, et un saint Pierre était crucifié la tête en bas par HOUSE OLD (ailleurs ASS HOLD) FINANCE — au *flash-back* de l'enfance (révoltée) du héros... Le plus important, ce sont les interludes, les chants et les danses, les cérémonials concurrents ou emboîtés (p. 21), les scènes de rue, défilés, reportages sportifs, transports en commun (p. 40), les numéros (de téléphone, d'acrobatie, de ballet, de cinéma, d'art dramatique), les chœurs, litanies, monologues. Daniel fait le tarzan pendant que Margot, la biche, invente un roman d'amour chevaleresque, médiéval et indien. À la fin de la première partie — qu'on intitulerait «J'ai envie» — niagara, *Te Deum* et cloches de Pâques.

La seconde partie — «J'ai faim...», soif, sommeil — s'ouvre par un feu d'artifice et des ateliers d'art: «jazz sidéral», *happening*, mode masculine, messe (épîtres, communion) du poète maudit, valets pendus du jeu de cartes (un sauvage, un infirme, un arriéré mental, un prisonnier), astrologie critique. Manifestation: «gauche!» contre «droite!». Fête de la consommation (p. 75): bingo, roues (de fortune, de torture), *hamburgers*, *hot-dogs* et frites, soirée des élections. Margot — toujours l'amour — distribue ses vêtements et sauve Daniel de la foule-meute. Espionnage et coexistence impérialiste. Bilinguisme et traduction simultanée. Jeux (télévisés) de la guerre, de l'argent, de la Justice avec un grand J, du «bien-être social». Karaté et ping-pong: Beaulieu défend le «monde des affaires» et les «affaires du monde» contre le péril jaune; Bachand représente la Russie, la télé joue l'Europe contre le Noir affranchi; une pointe d'antisémitisme. Intermède mondain sur le magnétophone du chef d'orchestre. Recettes de Daniel (pour sa fusée) et de Margot (pour le tricot-fricot d'amour devant le foyer). Scène de «*déparlage*». (p. 94) Adoration du Géant-Savant: les peuples à genoux aboient leur faim. L'Ange-enfant immobilise tout: Daniel, en chien, et Margot, en fleur, sont sur deux routes parallèles. (p. 99) Le héros ne réclame plus que des somnifères. Cortège funèbre de la poupée, nouvelles des astronautes, conquête et manducation de la lune (de miel) à la réapparition de Jean-Pierre. (p. 105) Le Régisseur sort du décor et de la pièce. Entrée de la chorale, des vedettes du music-hall, de cinq rois mages. Chanson de l'eau à boire. L'Ange-oiseau descend le grand escalier, agite ses plumes, ouvre le bec: «pit-pit-pit».

Le voyage dans la ville

Avec cet «esprit d'anarchie profonde qui est à la base de toute poésie» et du théâtre authentique, selon Artaud, *Wouf wouf* manifeste le «pouvoir de dissociation physique et anarchique du rire[8]». Du rire jaune, noir, rouge, blanc, explosif, tragi-comique. *Wouf wouf* n'a pas de centre, de noyau — elle est anti-nucléaire — mais beaucoup de gravité (dans le rire). Sa façon de signifier le danger (la mort planétaire) est de se mettre elle-même en cause, en danger. *Wouf wouf* se menace constamment de diparaître comme pièce, de s'ensevelir sous sa folle richesse. Elle accumule à plaisir les difficultés techniques, les longueurs, les changements, les interférences. Dans *Wouf wouf*, d'après un critique, «la caricature, l'humour noir, la parodie fait tour à tour bon et mauvais ménage avec le moralisme le plus enfantin, la poésie facile, le romantisme d'un autre âge, le folklore éculé, l'écriture automatiste et les obscurités[9]». Non: pas «tour à tour», en même temps. Et c'est ce «mauvais ménage» qui est bon: le divorce est dans le mariage forcé, la promiscuité, la confusion. Sauvageau prend ses distances, en épousant tous les mythes-clichés.

Wouf wouf, à elle seule, réunit les principales caractéristiques du Nouveau Théâtre québécois, ses obsessions, ses langages, ses ruptures. La «machinerie-revue» est lancée à fond de train, bête humaine foisonnante, bouillante, ferraillante, empanachée. Brillant de tous ses feux, brûlant tous les feux, elle parcourt et occupe l'espace-temps le plus vaste, tout en déraillant. Elle a ses explosions et ses ratés: bruits d'enfer, secousses terrestres, échappées sur le ciel. Elle va de Genèse en Apocalypse (ou est-ce l'inverse?). L'Ange exterminateur monte et descend une échelle de Jacob sans barreaux.

Wouf wouf n'est pas une «pièce-bateau» — malgré ses deux douzaines de comédiens, sa centaine de rôles, son chargement de gadgets — c'est une pièce-train et une pièce-ville, saccadée, nouée, interminable, clignotante d'enseignes lumineuses (incomplètes), de panneaux-réclame (complétés), de pancartes déchirées, de graffiti, de slogans, de codes détournés et transgressés. Son plan — où il y a beaucoup d'embranchements et de carrefours[10] — est celui d'une métropole agitée, divisée, envahie par sa banlieue et sa province. Les uniformes (majorettes en tête) défilent en corps constitués. Les manifestants se heurtent: grévistes contre chômeurs, chiens contre chats, piétons de l'air contre infirmes motorisés. Les portes ouvrent de plain-pied sur la rue: osmose du public et du privé. D'où les chœurs de «mamans-pompiers», de «docteurs-garagistes», de travestis travestis. «La police puis l'armée et maintenant le peuple! Tout me traque», se plaint le couple Margot-Daniel[11]. Les bruits sont incessants: vociférations, harangues, boniments, lazzis, transports en commun, coups, pétards, transistors, haut-parleurs, télécommunications. Les ondes sonores ne s'apaisent, ne s'unifient, que dans le chant vocalique final: ronde en forme de 8, trois fois; «un grand escalier qui descend du ciel».

Wouf wouf est la danse des danses (claquettes, french-cancan, set carré, striptease, ballets), la danse des morts et des vies, la danse des mots et des maux. Une liturgie sacrificielle, une chapelle qui devient église (prières et sacres, lampions, encens), un trône-autel, une hostie, un calvaire: «Ce cri est mon sang! Ce cri est ma voix!» (p. 71) *Wouf wouf* est un kaléïdoscope, un carrousel, un cirque; une cassette et du cinéma (muet, d'action) dont les bandes s'enroulent, se collent, se coupent, se déroulent à l'envers ou à des vitesses inattendues (scène de «déparlage», etc). *Wouf wouf* est spectacle total et totalement spectacle. On peut penser à *Hair*, à *Oh! Calcutta*, à *Messe pour le temps présent*, à *l'Osstidcho*, à Dario Fo, à Gauvreau, à Ducharme, à Raoul Duguay... Sauvageau récupère tout: la Comédie-Française, le boulevard, le cabaret, la boîte à chansons, la radio-télévision. Il fait entrer Eschyle au garage («Prométhée Break!») et les coryphées à l'usine. Il *maghane* Racine et fait pleurer Margot. Il appelle les pompiers et interpelle Shakespeare.

La ville *Wouf wouf* est stratifiée en couches culturelles (fards, croûtes, déguisements, miroirs, théâtre dans le théâtre) plutôt qu'en classes sociales (à ne pas confondre avec les groupes ou clans qui circulent, s'affrontent). De toute façon, les strates sont lézardées, crevassées, usées, inégales et obliques. La première façade brisée, la plus évidente, la plus grossière, est la publicité: cours d'amaigrissement, «crayon-perce-yeux à 1,98 \$». La femme-objet et la statue au guerrier sont déboulonnées. Autres vitrines enfoncées: la télévision («Foule au dieu d'or», «Frousse pour un»), le sport («champion-rouleur»), les loisirs organisés, paroissiaux, œcuméniques. Nouvelles brèches dans le mur de l'argent avec les marchandages automatiques, les litanies de chiffres, de numéros: «Debout le damné de la terre / Avec 25 \$ par semaine... (*Le chœur ajoute 100 \$ à chaque reprise...*)[12]» *Wouf wouf* est constituée d'une série de programmes — d'ordinateur, de vente, de specacle — qui se détraquent et se détruisent: fusée spatiale, théories aventureuses, robots éventrés, enregistrements inintelligibles, artifices éteints. Par exemple, «Choix de femmes», où la représentante du parti soi-disant féministe s'exprime ainsi: «Madame, vous êtes femme, vous êtes donc belle, jouissez de votre libération. Plus vous paraîtrez belle, plus votre pouvoir sera absolu». (p. 42) Les libérations partielles n'auront pas lieu.

Sans «rien d'un exposé didactique sur les rapports de l'individu et du collectif ou sur ceux d'Éros et de la civilisation», *Wouf wouf* est «marcusienne d'instinct» (Jean-Claude Germain, préface). Comme le *Living Theatre* et d'autres groupes, surtout américains, *Wouf wouf* se révolte pour «une libération physiologique et marcusienne de l'homme; sexe et révolution...[13]». Par-delà Marx et Freud, on rejoint Reich, Rimbaud, Fourier. Comme Marcuse, Sauvageau identifie le principe de réalité avec le principe de rendement (capitaliste), la rationalité technocratique avec le totalitarisme (stalinien); il voudrait que la science débouche sur l'utopie, que l'imagination remplace le pouvoir[14]. *Wouf wouf* est une stratégie du refus[15] et une organisation révolutionnaire des marginalités (ou minorités).

«Avant d'en revenir à la culture je considère que le monde a faim...» disait Artaud[16]. «Margot, il fallait combattre avec le monde qui m'assaillait; j'avais faim, j'avais soif, j'avais envie», résume Daniel vers la fin de *Wouf wouf*[17]. Il faut citer aussi Domenach: «À la culture du superflu répond la réduction au besoin primordial, telle que la pratique Beckett, car, dans un décor technologique et publicitaire, la faim ou l'envie d'uriner sont des manifestations irréductibles de l'homme: elles apaisent son angoisse d'être là, elles donnent la garantie de l'instinct insatiable contre la saturation des appétits et la dissolution des saveurs dans une manducation indifférente[18]». Le retour du Tragique se fait dans le comique, le dérisoire, le terre-à-terre. Le Tragique ne revient pas seul, hautain et princier, mais en masse, mêlé aux difficultés du langage, aux scories de la communication; il déborde l'espace et le ton qui lui étaient (depuis les Grecs) assignés. Le retour du Tragique, qui est aussi un retournement, est le recours de *Wouf wouf* à l'élémentaire, au primordial. Il est tragique de devoir dire que l'on existe, crier que l'on vit. «...Je ne vis que pour mourir»; «Je vis peu, je meurs beaucoup!» «Je ne suis qu'une question *du* temps», dit Daniel (p. 75), qui voulait «faire quelque chose d'important». Quoi de plus important que de mourir *beaucoup*? Non pas à petit feu, mais intensément, dans une explosion dramatique. C'est le seul signe de vie.

Wouf wouf est tragique parce que ses parallèles sont concrètes et infinies. «Remettez le monde en place, que j'y voie clair!» (p. 98), ordonne le Savant, spécialiste des champignons atomiques. C'est évidemment impossible. Les lignes déplacées et brisées de *Wouf wouf* sont le visage, le sens même du monde. Les hommes sont «trop vieux pour des temps nouveaux» (Margot), «trop jeunes pour des temps trop vieux» (Daniel). Le monde n'est jamais *leur* monde: ils s'y insèrent mal, y souffrent, en meurent. «La vie agit et ne s'explique pas. Tenez-vous vraiment à la justifier?» (p. 100) demande le héros fatigué. «Alors, je ne veux plus rien savoir du monde...» (p. 105) puisque je n'ai aucun pouvoir sur lui. Pourtant, tout de suite après, au Régisseur qui voudrait sortir de la pièce: «Attends. Tout commence vraiment». Tout commence (et non *re*commence) parce que tout est fini. À Jean-Pierre, l'*alter ego*: «Comme moi, aimes-tu la vie à la mort?» (p. 107) Ainsi, c'est la mort, la vie à sa naissance: l'eau, le rêve, les sons liquides, le pépiement.

Le spectacle comme écriture

Wouf wouf utilise tous les genres et modes (majeur, mineur), du familier au fantastique, du mélodrame à la pornographie, de l'opéra à la bande dessinée. «Nous sommes à la fois à l'école, au cabaret et, bien sûr, dans l'appartement de Daniel.» (p. 27) Nous sommes au concert, au conservatoire, à la messe, au bordel, à l'usine, au zoo, dans la rue, dans la nature. *Wouf wouf* est un décor baroque (disjoint, traversé), un ensemble de mobiles, un musée de sculptures (moulages, objets trouvés, métaux tordus), une architecture compliquée

71

qui peu à peu se dépouille. *Wouf wouf* se remplit de mots, de clichés, de sentiments, d'idées, pour s'en vider aussitôt et ne laisser qu'une trace, un écho. Les règles du jeu sont déréglées, après usage. D'une interprétation (théâtrale) à l'autre, on côtoie les sciences et techniques (aéronautique, cybernétique, biologique), les arts et métiers. Sauvageau n'a pas oublié grand-chose des scènes de la vie moderne et des contradictions de la société postindustrielle. On passe d'une famille à un couple, à l'Homme, aux hommes (peuples[19]), à un homme; d'une enfance à une série de projets et de crises; de la parole au cri (au silence), de la Machine à l'animal: «...*tout se défait. Tout vole, tout disparaît et tous se battent*». (p. 92) Il reste un atome, une cellule, une goutte, un son, une voyelle. Tout peut donc repartir — le théâtre, la vie — avec le «Hââââââââââ», le «wouf-wouf» ou le «miaow», le «a a a a / là là là là» ou le «pit-pit-pit».

D'où l'importance exceptionnelle du langage et des exercices de prononciation, sous forme de chapelets de sacres («Glisse de kaliche de cliboire de tablenarque...»), de poèmes archaïques («Épitres à ses amis», de Villon), lettristes («Apatafagazachka...»), automatistes:

> ...Maints masques de Cacique, en stuc,
> Sculptés en stroc pour Glyptothèque
> Au temps du grand Chalclinthique...

C'était la «Lecture de l'épître pour une meilleure articulation de ma voix». (p. 70) Il y en a d'autres:

> ...Un pape à Padoue
> Tapotait des Papineaux papous
> Et papotait des papotages... (p. 14)

«La parole et sa notation — l'écriture phonétique, élémentaire du théâtre classique — la parole et *son* écriture ne seront effacées sur la scène de la cruauté que dans la mesure où elles prétendaient être des *dictées*: à la fois des citations ou des récitations et des ordres. Le metteur en scène et l'acteur ne recevront plus de dictée», écrit Derrida[20] à propos d'Artaud, pour qui l'onomatopée ou la glossopoièse, entre le cri et le discours, est une sorte de «Parole d'avant les mots». C'est ce que cherchait visiblement Sauvageau.

Wouf wouf est bâtie sur les allitérations («Papa... Pipi!»), les rimes (p. 28-29), les assonances, les homophonies (chœur et cœur), les chuintements et autres accidents («chang chaud», «pourfuite»), les doublures (couvert-couverture, passion-pension de jeunesse), les créations de mots («opératiquement»), les confusions de sens (le moral avec la moralité), les métathèses et les chiasmes. (p. 31, 96, 106) Ainsi voit-on apparaître un «Jules», «sainte Rotule», «une carmélite et un ermite», des ouvriers «très mécanisés», des syllogismes elliptiques, paralytiques, boiteux, allongés (p. 36, 76, 92), de faux dilemmes (p. 50), des proverbes ambulants: «La police c'est la justice»; «Justice se fait... Justice se paie». On fait ce qui est «impossible»; «fers mâles», c'est faire mal; «Il y a l'armée du salut pour les salauds». (p. 89) «Moi, tre tahir Irec!» (p. 20) La trahison est dans la diction: Daniel *se* trahit en trahissant les mots et le nom d'Éric. «Trahison fatale! Trahisal faton!» (p. 30) Fatalité du langage?

Wouf wouf fait jouer l'action comme elle fait jouer (et grincer) les mots, les phrases, les séquences. «Vous erronez» ajoute au double sens d'errer l'idée de sermonner (voir la réplique précédente de Roberval) et de *piétonner*: «Vous vous êtes sûrement trompé de porte... ou d'époque». (p. 31) «Qu'on le Sade, qu'on le soude, ce cid» (p. 69), articulation de sifflantes et de dentales, est un anagramme de «*sacerdoce*» (mot immédiatement voisin), et surtout — qu'on le *sale*, qu'on le *soûle*... — il arrange, *maghane* Daniel à la façon du héros anti-cornélien de Réjean Ducharme. Par leurs glissements phonétiques, graphiques, sémantiques («poteau type»), les mots s'accrochent et se décrochent comme des wagons. Ce sont eux qui gardent le lecteur, l'acteur, le spectateur sur la (bonne ou mauvaise) voie. *Wouf wouf* (ou Daniel), qui voudrait être une fusée, est une gare de triage aux dessins enchevêtrés, pleine de signaux, d'adieux, d'écarts, de clins d'œil. *Wouf wouf* — «*bad trip*», «*freak for all*» — est un voyage-langage. Daniel et Margot se rapprochent, s'étreignent, s'éloignent à l'infini «sur deux routes différentes, parallèles». (p. 99) Au bout du tunnel, Daniel et Jean-Pierre sont «le même rêve, le même noir». (p. 106)

L'esprit est à prendre (ou à laisser) au pied de la lettre. «Le pouvoir piétine» (p. 77), ni progressif, ni progressiste, écrasant; en bonne démocratie, les héros se font donc «piétiner par les peuples». (p. 97) Gestes et accessoires sont des figures de style: on monte physiquement sur ses grands chevaux (de bois), le chœur se met en marche comme un moteur, madame Roberval se déguise en char d'assaut, les docteurs-garagistes font l'amour à l'ambulance électronique. Le temps est représenté par une horloge-sein et une aiguille-pénis. D'un amas de revues pornographiques on fabrique une tour, une baignoire. Le décor et les costumes sont aussi bien métaphoriques que métonymiques: un échafaud ouvre le ciel (p. 55); «Il neige dans mon appartement» (p. 63); «Votre bikini sur votre vison». (p. 95) Sauvageau sait «donner aux mots à peu près l'importance qu'ils ont dans les rêves», comme le voulait Artaud[21]. Les rêves sont impossibles à isoler et à psychanalyser dans *Wouf wouf:* ils crèvent les planches, descendent des cintres, se fixent au décor et aux acteurs. Ils sont des morceaux de la pièce (du *patchwork*), ni plus ni moins surréalistes: «La police et l'armée pourtant sont sur les dents. — Mon peigne n'en a presque plus...» (p. 55) «Est-ce que je dors; est-ce que je vis?», se demande Daniel. (p. 62) A-t-il rêvé aux nuages-avions, aux religieuses sur patins à roulettes, au géant en tricycle?

Les personnages sont des noms, propres ou communs, des aimants qui rassemblent les sèmes, provoquent les tirades, les jeux. «On est doux mais on est deux» (p. 17), disent Beaulieu et Bachand, paire de bras séculiers, uniformes interchangeables. Radio et Télévision, le «petit vieux» et le «grand jeune», sont des jumeaux au service du circuit religieux-sportif commercial: «La télévision voit,

74

pense, agit pour vous». (p. 25) Éric est chanteur (à l'hôtel Pitzou) et fait du chantage. Jean-Pierre, bisexué, enceint (e), est un miroir[22] grossissant, un rêve[23] entre Éric et Daniel. L'Ange est l'antipode du Géant-Savant; c'est aussi une antithèse, une contradiction visible: en queue-de-pie mais sans pantalon, en cuisinier violet, en clochard vert, les ailes dans la bouche, «avec un bâton de *sky* [*sic*] et un bâton de golf». (p. 99) Le Régisseur a un pied sur la scène, un pied à la taverne ou dans la rue. Charles Roberval est pharmacien, propriétaire (de Marie Gouina), mari de madame Roberval, employeur et rival de Daniel. Les parents de Daniel sont les parents de tout le monde, malgré un état civil précis (lorsqu'ils passent devant le juge, p. 38). Leurs fonctions sont aussi typiques et caricaturales que celles des innombrables figurants: artistes, monstres, fonctionnaires.

Les deux principaux personnages, ou réseaux de figures, sont Daniel Rousseau, «jeune homme faible», et Marguerite Roberval, «belle femme» mûre. Que sont Daniel et Marguerite l'un pour l'autre? Amants, fils et mère, orphelins, solitaires, disciples, complices, camarades, ennemis. Ce qui compte, c'est leur insertion dans le monde (culture, société, théâtre), leur action-réaction dans la pièce. Ils ne font, ils ne sont que ce qu'ils disent et ce que disent leurs noms.

Daniel est biblique, juif et prophétique; Daniel Rouseau est Québécois, baptisé, non-pratiquant. Daniel dans la fosse aux lions; Daniel Rousseau fils de Duplessis et élève des frères[24]. Éliacin candide et Candide voltairien[25]. Daniel-Sauvageau même, puisque l'auteur laisse interpeller son personnage sous le prénom d'Yves et le nom d'Yves Hébert. (p. 58-59) Daniel fou-sage, gavé-frustré; «œuvre d'art libre» et individu «poigné» (p. 71), qui veut «faire quelque chose d'important» (p. 79) et aime «la vie à la mort». (p. 107) «J'aurais voulu penser, dire, écrire peut-être. Le temps m'a manqué.» (p. 44) Daniel est une fusée bâtie «avec les pièces de la sculpture» (p. 94), mouillée d'urine et de larmes, qui éclate entre ses mains: «Je comprends: j'avais placé mon ambition en face de moi; c'est là mon erreur». (p. 101) Daniel-chien enfin, l'homme aux abois, affamé: Daniel Wouf-wouf, qui se confond avec le spectacle du même nom.

Marguerite Roberval, plus souvent appelée Margot, prête son prénom à *la Dame aux camélias*, emprunte son surnom au mélodrame. Elle essaie de vivre un grand amour, un feuilleton romanesque: «Mon ami, partir sans vous! La lune fuirait sans sa nuit?» (p. 47) Elle pense trouver «une place au septième ciel pour les romantiques de ce siècle». (p. 98) Elle est tour à tour Hélène de Troie, la fille de Barbe-Bleue, la nouvelle Brunehilde, Jeanne d'Arc au bûcher, Ophélie mal noyée, Bérénice sans Titus, Ariane ma sœur, «*très Phèdre au quatre*», «*délicatement amère*», princesse de Clèves, «vieille carte du tendre». Elle aime les archaïsmes (ouïr, occire), les épithètes précieuses («soleil nuital!»). Margot est la femme-répertoire, la femme-théâtre, autoritaire et soumise, naïve, masochiste: «comme la persécution est bonne quand l'amour anime la lutte». (p. 47) Son discours passe rapidement d'un féminisme de façade à l'antiféminisme traditionnel. (p. 42-43)

Les langues sont parmi les langages secoués par *Wouf wouf*. Le latin revit, l'anglais fait le mort hypocritement. L'anglais est donné en traduction simultanément (p. 84, 85, 91), sauf pour *sky* (= ski et ciel, ski dans le ciel) *tag* et quelques marques de commerce américaines. Au Forum de Montréal, un chœur romain («*Ave Caesar...*») décrit la guerre des Gaules (*goals*) menée par Johannes Rogerus, Lautrus, Pauli Paulus. Une messe est dite («*Ite!*»), l'*Ave Maria* et le *Pater* sont récités en langue vulgaire: «...Jésus, le fruit de nos tavernes... Ainsi boit-il» (p. 14); «...comme vous pardonnez à ceux que vous offensez». (p. 44) Le *joual* est à peu près réservé aux policiers, à «Miss Queue de chose» et au Régisseur. Mais celui-ci parle également parisien: «Et alors, vous vous démerderez seuls, connards!» (p. 67)

Après la ville, la société, les arts de la communication et

de l'expression, après les mots, les figures, les niveaux de langue, après les codes esthétique, idéologique, gnomique, pseudo-scientifique (sans compter les codes chiffrés anglais et russe), il reste à tracer le voyage de *Wouf wouf* à travers la littérature. Tout nous y conduit, tout s'y rattache, puisque tout est lu et retenu: la publicité, les télégrammes et autres messages — «Si ça ne se dit pas au téléphone, pourquoi m'avoir appelé?» (p. 46) — les titres, quizz et devinettes de la télévision, les reportages sportifs, les chorégraphies et liturgies. Tout, en un sens, est littérature et citation (à comparaître, au mérite, à la bravoure) dans *Wouf wouf*. La culture est une religion, la religion est une formule, la littérature est *du* théâtre.

Musset n'est pas ici le poète des *Nuits*, mais le dramaturge renaissant de *Lorenzaccio* et l'amant vénitien (romantique, théâtral) de George Sand: «Ah! qu'on s'amusait! Ah! qu'on s'A Musset! en 1834... avec Georges ou Sand... ou Sand... ou Sand». (p. 14) Le «povre» Villon et du Bellay-Ulysse sont cités. Lamartine écoute le «vol du temps» suspendu «comme l'épée de Damoclès». (p. 43) «Raimbaud» donne la main à Sade, à Prévert. Le cogito de Descartes est adapté par la télévision: «Nous sommes donc vous pensez!» (p. 25) Teilhard de Chardin se profile — point oméga — à la fin de «Le Verbe s'est fait chair! Découvrir! L'univers! Le cosmos! Taiau! Taiau! Taillard!» (p. 76) Cependant, Lacordaire disparaît derrière nos «Lacordaires» («...buvez pour nous»). L'Évangile est interprété à la lumière de l'histoire ecclésiastique («pêche moyenâgeuse» et «multiplication des biens»), interpolé par un sacre: «Ah! Christ! Si ton œil te scandalise, arrache-le!» (p. 73) Les comédiens et metteurs en scène, de «Pacha» Guitry à Michael Langham, les auteurs dramatiques, d'Eschyle à Gogol et à Genet («Je nais»), l'emportent sur les poètes, les philosophes et les romanciers (Mme de La Fayette, Mlle de Scudéry). Les Québécois occupent une bonne place: bout de chanson de Vigneault, Gauvreau «exploréen», quatuor astrologique des critiques (Jean Basile, Martial Dassylva et

Rudel-Tessier aux côtés de Sainte-Beuve), *Cid maghané* de Ducharme. (p. 50-51 et 69) *Les Belles-Sœurs* de Tremblay: chœur des mamans-pompiers. (p. 49) «Maudite vie plate!» (p. 59), catalogue et tirage («Qu'est-ce que je gagne?» (p. 60-61)

Wouf wouf n'est pas pour autant un dictionnaire (même polyvalent), un bottin (animé), une bible (très imagée), une encyclopédie (des idées et des formes reçues), un *à la manière de*. Encore moins un catéchisme (de l'herbe magique). *Wouf wouf* est négativement tous les livres — qu'on ouvre, déchiquette ou feuillette[26] — sans être une bibliothèque. *Wouf wouf* est de la littérature au carré, au cube, de l'antilittérature. Pour Sauvageau, la littérature est un théâtre à occuper (comme l'Odéon), du théâtre à récrire (et non à réécrire). *Wouf wouf* — discours multiple, «langage dans l'espace et en mouvement[27]» — dépasse le pastiche, la parodie, les interprétations. Cette pièce n'est pas une transcription arrêtée (fût-ce par le recul, l'ironie[28]), un métalangage. Ce spectacle complet est un texte ouvert, variable. Cette «cacophonie» (p. 92) est une cacographie, un brouillage, c'est-à-dire une écriture. Faisant du lisible (et du visible) son *scriptible*, elle saisit, travaille la littérature comme théâtre.

L.M.

Références

1. *Wouf wouf*, machinerie-revue. Leméac, «Théâtre canadien», 1970, p. 71.
2. «PÈRE — Je vais te tuer, Yves.
   «DANIEL — Papa, c'est moi qui meurs...
   [...]
   PÈRE — ...(*Méchant.*) Je te dis, tu l'aimes ton père, Yves Hébert» (p. 58-59).
3. Cet Institut (mort-né?) mijotait une formule de «théâtre à domicile» (M.-F. Gélinas, «Sauvageau, mordu de théâtre». *Le Magazine Maclean*, août 1970, p. 421).
4. «Les enfants» et «Le rôle» dans *ÉCF*, n° 21, 1966, p. 169-188

et 221-254. Voir, sur l'œuvre (en grande partie inédite) de Sauvageau, Raymond Laquerre, «Activités théâtrales en Estrie et à Montréal à travers Yves Sauvageau, comédien et écrivain», Université de Montréal, M.A., 1980, 347 p.

5. M.-F. Gélinas, *loc. cit.*

6. «Le triomphe de la machinerie», titre de Martial Dassylva (article repris dans *Un théâtre en effervescence*. Montréal, La Presse, «Échanges», 1975, p. 139-140). Pour d'autres réactions, cf. B. L. [Bernard Lévy], «Wouf wouf et la critique». *Forum*, 5: 24, 5 mars 1971.

7. Après l'avoir été, entre-temps, «avec des moyens réduits», au cégep Lionel-Groulx (M. Dassylva, «Montmorency et le grand flot d'Yves Sauvageau». *La Presse*, 26 octobre 1974). «La première partie de ma production de *Wouf wouf* est pleine de mouvement, afin d'illustrer ce besoin d'exprimer qu'avait Sauvageau. Dans la deuxième partie, j'ai essayé de faire ressortir le drame intime qui se joue entre les personnages principaux» (A. Montmorency, interview de M. Dassylva, *ibid.*). «Un plateau nu, circulaire, entouré de bancs blancs, et fermé par des bandes de toiles blanches. Dans cet espace sans accessoires...» (R. Lévesque, «Un coup de vent sur le théâtre». *Québec-Presse*, 3 novembre 1974, p. 26). «Le demi-cercle de la scène, au Gesù, est occupé au maximum. Le chœur se tiendra presque toujours au fond. Daniel, au centre de tout le jeu, restera donc au centre de la scène. *Wouf wouf* c'est un homme qui regarde autour de soi, et surtout en soi. La salle, diminuée de plus de sa moitié, se trouve coupée en deux par une pente étroite prolongeant la scène» (A. Gruslin, «*Wouf wouf*, le *freak for all* de l'Atelier-Minuit NCT». *Le Devoir*, 2 novembre 1974).

8. Antonin Artaud, *le Théâtre et son double*. Gallimard, «Idées», 1966, p. 61.

9. M. Dassylva, *Un Théâtre en effervescence*, p. 139. La nouvelle mise en scène de *Wouf wouf* amène le chroniqueur (qui n'a pas retenu cet article dans son recueil) à signaler «la cohérence superbe avec laquelle Montmorency a su organiser le délire de Sauvageau» («À voir à tout prix, sans faute, absolument». *La Presse*, 30 octobre 1974, p. D 11).

10. *Wouf wouf* est une «pièce-carrefour», «saturée de messages», mais qui «ne veut rien communiquer» (Gilbert David, dans le programme distribué lors de la création). Sur le temps littéral

du music-hall, la rue-spectacle, le grand escalier, etc. cf. R. Demarcy, *Éléments d'une sociologie du spectacle*, p. 84-89, 226-228, 330-331.

11. P. 64. Plus haut (p. 25*sq.*), Daniel avait été sollicité par un chauffeur de taxi, un voleur-revendeur, un *robineux*, un portier de club, une pédale, un crieur de journaux, une putain...

12. P. 21. Cf. p. 25 («Jouer avec les chiffres, pendant toute cette scène»), 60-62 («Heure des billes» à 1 098 654 031,91$), 77-79 (le bingo), 87-88 (la chanson *À tout prix* dont le refrain est «Vive l'argent!»). «Les personnages ne sont pas seulement des *joueurs*: il sont aussi des *jouets*, comme dans *Alice* et, ce qui est plus inquiétant, des *enjeux*» (P. Gobin, *le Fou et ses doubles*, p. 194).

13. F. Jotterand, *le Nouveau Théâtre américain*. Paris, Seuil, «Points», 1970, p. 109. En plus des livres de Marcuse (*l'Homme unidimensionnel, Éros et Civilisation*...), on peut lire J.-M. Palmier, *Présentation d'Herbert Marcuse*. Paris, 10/18, 1969.

14. «Il faut envisager le chemin du socialisme allant de la science à l'utopie et non pas seulement de l'utopie à la science» (H. Marcuse, *la Fin de l'utopie*. Paris, Seuil, 1968). Lorsqu'il se fait théoricien, Sauvageau — moins marcusien — mise sur une nouvelle religion: théâtre, astrologie ou *joual*. «La solution à l'angoisse actuelle du monde est spirituelle et le théâtre rituel, en retournant à ses sources, peut cristalliser la mythologie nouvelle et nous relancer à la conquête de l'Irrationnel». (Cité par M.-F. Gélinas, *loc. cit.*) «Ainsi, chaque société, comme chaque poète, devra créer sa mythologie. Dans cette optique d'avant-garde, parler et créer du beau avec du joual, ici, c'est apporter une solution religieuse à l'état actuel des choses. C'est d'ailleurs la seule, mais définitive solution aux maux de tête et de partout de la terre». Sauvageau — de l'Institut théâtral du Royaume — «Réponse à M. Guy Desautels sur le joual». *Le Devoir*, 22 avril 1970.

15. «Non! Non! NON! NON!» (p. 13) «D'abord je ne prierai plus, là. Puis, quand je serai grand, je ne voterai pas, là». (p. 15) Je ne voterai pas pour les partis officiels, même socialistes, qui prétendent transformer la société sans «changer la vie».

16. Préface au *Théâtre et son double*, p. 9.

17. P. 100. «L'homme ordinaire de ce siècle ne peut plus satisfaire les besoins premiers de son état, c'est-à-dire dormir, manger,

pisser, travailler, s'exprimer et rêver sans risquer d'être assujetti, de sa naissance à sa mort, par une civilisation effrayante dont il n'est plus le maître». (p. 11) On a parfois rétréci cette perspective: «Dans l'envie "empêchée", mi-loufoque, misérieuse, qui sous-tend toute la trame, on perçoit un côté masturbatoire qui devient déplaisant au rythme où la pièce avance» (A. Gruslin, *art. cit.*)

18. *Le retour du tragique*. Paris, Seuil, 1967, p. 267-268.

19. «À un moment donné c'est la race. C'est toutes les races. Tout le monde y est représenté. Au début, ma pièce est très bien située dans notre contexte. Puis elle évolue jusqu'à représenter tous les problèmes de l'homme, tous ses conflits avec la civilisation présente» (Sauvageau, interview à l'*Action*, 28 février 1969).

20. J. Derrida, «Le théâtre de la cruauté et la clôture de la représentation». *L'Écriture et la différence*, Paris, Seuil, «Tel Quel», 1967, p. 351.

21. *Op. cit.* p. 142.

22. Daniel à Jean-Pierre, son homologue, son double: «Laisse-moi me voir dans tes yeux» (p. 105). «Au milieu d'un monde de sexualité débridée et polymorphe, et où les êtres se déguisent et changent sans cesse d'identité, c'est auprès d'un compagnon identique à lui-même que Daniel trouve le bonheur [...]» (P. Gobin, *op. cit.* p. 196).

23. Jean-Pierre à Daniel: «Je n'ai couché qu'avec toi depuis que j'aimais Éric». (p. 35)

24. Le Prêtre à l'enfant de chœur: «...Demain, tu me demanderais de servir "en rouge", qu'est-ce que dirait Duplessis!» (p. 15) Daniel est assimilé à Antoine Rivard («Toé, tais-toé!», p. 32) et à Daniel Johnson (allusions au «trésor vidé» et à «l'opposition», p. 83).

25. Z. Heller, «*The World through the eyes of a contemporary Candide*». *The Montreal Star*, 26 février 1971.

26. «Ah! vous êtes à la page 72, je vois?» — «...je mourrai de votre amour dans mon tome 19» — «Page 62... une bien belle page». (p. 100-101)

27. Artaud définissait ainsi la mise en scène et toutes «les possibilités de réalisation» du théâtre (*op. cit.*, p. 66).

28. «Le seul pouvoir de l'écrivain sur le vertige stéréotypique [...], c'est d'y entrer sans guillemets, en opérant un texte, non une parodie». Par exemple Flaubert dans *Bouvard et Pécuchet*:

«...le texte qui les met en scène ouvre une circularité où personne (pas même l'auteur) n'a barre sur personne; et telle est bien la fonction de l'écriture: rendre dérisoire, annuler le pouvoir (l'intimidation) d'un langage sur un autre, dissoudre, à peine constitué, tout métalangage» (Roland Barthes, *S/Z*. Paris, Seuil, «Tel Quel», 1970, p. 105; cf. p. 146, 212, et autres.)

Chapitre 4
Sur *le Chemin du Roy*
avec *Hamlet,*
prince du Québec

> *Dans des circonstances comme celle-là, on a vraiment l'impression que le théâtre est dans la rue.*
>
> FRANÇOISE LORANGER

Autour d'un événement historique

Qu'est-ce qu'une date et un événement en histoire? Une naissance ou une mort illustres, une bataille, un coup d'État, une révolution? Parmi les «Trente journées qui ont fait la France» — du baptême de Clovis à la libération de Paris — on compte des couronnements et des décapitations, des conjurations et des désastres, un bûcher, une banqueroute, des bulles, grosses ou menues, qui crèvent en surface, et dont l'éclatement suscite des remous qui plus ou moins loin se propagent. Celui-ci a laissé des traces très durables [...]. Ces traces seules lui confèrent existence. En dehors d'elles, l'événement n'est rien[1]». Ce qui est dit du 27 juillet 1214, à Bouvines, vaut-il aussi, toutes proportions gardées, pour le 24 juillet 1967, à Montréal? L'historien distingue la bataille, brève, ponctuelle, sacrée, de la guerre, marécageuse, pernicieuse. Au Moyen Âge, la bataille est «comme un remède apporté à la guerre quand celle-ci s'envenime[2]». On connaît les guerres, chaudes ou froides, de notre époque. Quelles en seraient les batailles, sinon les ruptures d'alliance, les réalignements, les écarts ou les éclats qui bouleversent les perspectives et mettent en lumière de nouvelles réalités? Au

Canada, de Gaulle transforme une *guerre* (constitution-nelle) larvée en *bataille* (politique) rangée.

La situation est ambiguë, mouvante au Québec, en 1967. La Révolution tranquille s'est essoufflée. L'Union nationale vient d'enlever le pouvoir aux libéraux. À sa tête, l'habile et opportuniste Daniel Johnson navigue entre *Égalité ou Indépendance*, cherche à élargir son audience du côté des néo-nationalistes. D'autre part, les fêtes du centenaire de la Confédération (auquel *Parti pris* oppose le centrentenaire des Patriotes), le déclin de Pearson et le parachutage des trois «colombes» (Marchand, Trudeau, Pelletier) redonnent du nerf et de la poigne à Ottawa, pendant qu'à Montréal un maire Drapeau à son apogée fait visiter au peuple l'Exposition universelle.

Les relations privilégiées, parfois directes, entre Québec, Paris et le monde francophone, agacent le gouvernement fédéral. Johnson et Trudeau sont l'eau et le feu. Le Canada anglais veut mettre un terme à l'affirmation politique des Québécois et même à un certain «statut particulier» préconisé par l'ex-premier ministre Lesage. Dans ces circonstances, la venue dans nos eaux du président de la France (un militaire) sur *le Colbert* (un navire de guerre) est présentée par des manipulateurs de l'opinion publique[3], comme un dangereux effort — ou un symbole — de revanche, de reconquête.

Pris entre deux juridictions, deux évolutions, le général de Gaulle a fait son choix bien avant de débarquer. Il expédie rapidement les formalités d'usage pour aller «au fond des choses[4]». «Voyez comme tout se simplifie dès lors que nous sommes ensemble à Québec», déclare-t-il à l'hôtel de ville de la vieille capitale. (Tout se compliquera temporairement, à Montréal, avant de devenir plus clair qu'auparavant). Son discours le plus substantiel est celui du dîner d'État, le dimanche 23 juillet. Voici comment de Gaulle brosse le passé et l'avenir du Canada français: après la survivance et la «résistance passive», vous avez maintenant «l'ambition de vous saisir de tous les moyens d'affranchissement et de développement que l'époque moderne offre à un peuple fort et entreprenant»; vous n'acceptez plus de «subir, comme autrefois, dans l'ordre de la pensée, de la culture, de la science, la prépondérance d'influences qui vous sont étrangères»; «les vastes ressources de votre territoire, vous voulez les découvrir, les organiser, les exploiter vous-mêmes»; vous êtes «un peuple qui veut, dans tous les domaines, disposer de lui-même et prendre en main ses destinées⁵». Il ne reste qu'à détacher certaines formules, à planter quelques drapeaux (banderilles) sur ce schéma. Le ton est donné: paroles, actions et réactions s'y adapteront.

On a donc d'un côté des besoins confus, des désirs latents, des divisions partisanes. De l'autre côté, un personnage historique, sûr de lui sinon dominateur, un metteur en scène et acteur de premier plan. Cet aspect de la personnalité gaullienne (et de la politique gaulliste) sera fortement mis en lumière, ici, en 1967. Les costumes, les moyens de transport, l'itinéraire, les étapes, l'ordre du jour, l'entourage, les faire-valoir, les rôles de soutien, les antagonistes même paraissent minutieusement choisis. Nos anglophones, habitués aux cérémonies figées de Buckingham Palace ou de Westminster, assistent à un «spectacle incroyable» (*The Toronto Telegram*), un «phénomène passager» (*The Hamilton Spectator*), une «incongruité» (*The Peterborough Examiner*), une «sorte de performance» (*The Vancouver Sun*). Quel public attentif et sensible! Comparons, par exemple, l'actif (des paroles gaullistes) et le passif (des politiques fédérales) dans ce bilan comptable du *Sarnia Observer*: «...le grand Charles a défait des années d'efforts et des millions de dollars dépensés en vue de rapprocher les Canadiens français et anglais». Le spectacle n'est pas seulement original, il est «rentable».

L'événement de 1967 tourne autour d'un personnage, de quelques gestes, de quatre mots: *Vive le Québec libre!* «On admirera qu'après des siècles, le vieux mot de liberté retrouve, en certains lieux et à certaines heures, un tel pouvoir et qu'il marque encore un tel clivage⁶». L'événement se

85

trouve d'abord dans le mot clef, ses résonances, son ambiguïté, les interprétations tendancieuses, révélatrices, qui en découlent. Est-ce un cri, un souhait, un mot d'ordre (de désordre), un élan du cœur, un dessein machiavélique, une constatation, une prédiction? Est-ce un impair, une gaffe, un soufflet, un crime, un test? L'événement relève-t-il du cod e des bonnes manières (qu'il transgresse) ou de la vraie politique? Les avis sont violemment partagés. Ils le sont jusque dans l'observation des faits: évaluation numérique de la foule, identification des groupes séparatistes, intensité et durée des applaudissements[7], etc. La presse anglo-canadienne, unanime dans la stupeur et la réprobation, ne l'est pas tout à fait dans l'interprétation. On stigmatise le «chauvinisme mesquin» du gouvernement Johnson, on s'acharne sur le «conquérant» sénile qui veut «recoloniser verbalement» ses cousins, le «fauteur de trouble» qui encourage «les pires éléments du Québec à la subversion», mais on ne sait plus très bien si de Gaulle a seulement «appuyé» ou «fortifié» le mouvement indépendantiste, s'il visait Ottawa ou Washington[8]... *The Toronto Star* a cette générosité inattendue, naïvement cynique: «Si les gens du Québec veulent la libération, l'indépendance du reste du Canada, comme le présume de Gaulle de façon arrogante, qu'ils l'aient...»

QUÉBEC LIBRE, de Gaulle ne pouvait l'ignorer, était le principal slogan du R.I.N., lisible sur les pancartes des manifestants, sur les graffiti des routes et des rues. D'où une double réaction (enthousiasme ou scandale) aux extrêmes: de Gaulle s'identifie aux militants radicaux, voire indirectement aux terroristes. Mais les conciliateurs veillent et versent beaucoup d'eau dans le vin (ou le vinaigre). L'entourage du président joue sur la sémantique de *libre, libéré, affranchi, autonome*[9]. Pour situer et expliquer l'intervention gaulliste, on la rattache au Rapport préliminaire de la Commission Laurendeau-Dunton («crise canadienne» sans précédent), à la visite chahutée et ratée d'Élizabeth II en 1964, aux interventions des généraux américains Norstad et Lemnitzer venus imposer les ogives nucléaires de l'OTAN à Ottawa en 1963. Il n'est pas étonnant «que le seul mot de liberté fasse sursauter» d'indignation hypocrite «ceux qui ont intérêt à maintenir le peuple québécois dans sa condition coloniale», déclare un groupe d'intellectuels[10]. «Nous ne serions plus Français si nous n'étions épris de libertés», fait observer Johnson. Quant au communiqué du gouvernement Pearson qui juge «inacceptables» les propos de son hôte, il proclame paradoxalement: «Les Canadiens sont libres. Chaque province du Canada est libre.» Si on comprend bien, les provinces sont «libres», mais toutes en même temps, de la même façon et dans le même sens, de l'Île-du-Prince-Édouard au Québec...

Quelles traces a laissées le passage de de Gaulle? Des relations diplomatiques tendues, un écho international, des explications embarrassées[11], des commentaires contradictoires, un appui renouvelé de la foule[12], une inquiétude chez les notables. En tout cas, l'événement provoque, confirme, accélère une évolution; il marque un avant et un après. «Une carte nouvelle — de très grande importance — vient d'être jouée [...] Nous entrons ainsi dans une situation politique entièrement nouvelle[13].» Un premier député québécois (François Aquin) se déclare indépendantiste, un ancien ministre libéral (René Lévesque) fonde le mouvement Souveraineté-Association, puis le Parti québécois... Ce sont là quelques traces visibles, mesurables. Il en est d'autres, profondes, dans l'imagination et la conscience. D'abord, dans la presse anglo-saxonne, des caricatures et pamphlets qui vont du fantastique au burlesque. De notre côté, des discours multiples, lettres ouvertes et manifestes, dossiers et essais, documentaires cinématographiques, enfin deux pièces de théâtre que nous allons examiner: *le Chemin du Roy* et *Hamlet, prince du Québec*. Depuis 1960, s'il y a des «journées» qui ont «fait» le Québec, elles ont eu lieu en juillet 1967, en octobre 1970 et en novembre 1976.

Une partie de hockey gaulliste

> *Je vais au théâtre; le monsieur à ma droite
> appelait les actes, des «périodes». C'est
> tout dire. Et pourtant, Boileau a con-
> damné, il y a déjà longtemps, le mélange
> des genres.*

JEAN ÉTHIER-BLAIS

«Vous êtes venu par cette voie royale du Saint-Laurent que Jacques Cartier appelait déjà, il y a plus de quatre siècles, le "chemyn du Canada".» C'est ainsi que le premier ministre du Québec souhaite la bienvenue et ouvre la voie au président français. Le voyage aura lieu dans le temps (passé et avenir) aussi bien que dans l'espace (liquide et solide). Le chemin du Canada, même raccourci au Québec, est un chemin qui marche, comme Pascal le disait des rivières et des fleuves. «...Je sais que le chemin du Roy ne s'arrêtera plus, et qu'il finira par aller si loin (à force d'aller trop loin) qu'il aura conduit tout le monde jusqu'à l'étape du Retour impossible», note un critique à propos de la pièce de Levac et Loranger[15]. Quel chemin déjà de l'été au printemps! Quel chemin parcouru depuis 1534, depuis 1735 (ouverture de la route de terre), depuis le salut (1905) du poète Nérée Beauchemin à Édouard VII d'Angleterre, en visite à Québec:

> Dans notre France canadienne,
> Les vieux mots font encore loi:
> Le grand chemin, la voie ancienne,
> Pour nous, c'est le chemin du Roy.

Comme Jean Barbeau le fera avec son *Chemin de Lacroix* et les bandes dessinées de *Ben-Ur*, d'autres avec une partie d'échecs ou un petit catéchisme historique (marxiste), Levac et Loranger adoptent et adaptent un rituel connu de tous les Canadiens: la partie de hockey, son atmosphère, ses règles, son découpage spatio-temporel, ses lignes et zones (bleues, rouges) aux couleurs politiques traditionnelles. Sport national, devenu entreprise commerciale et spectacle (de plus en plus violent, burlesque), le hockey sera encore utilisé, parodié, par Barbeau (*la Coupe Stainless*) et divers dramaturges[16].

Nous n'essaierons pas ici de départager les mérites respectifs de Loranger et de Levac[17] dans la préparation du *Chemin du Roy*. Celle-là apportait une longue expérience de l'observation psychologique, de la composition et de l'écriture (romanesque, dramatique); celui-ci, un goût de l'expérimentation et de la réflexion en laboratoire, une recherche du théâtre «intégral». Leur collaboration fut exceptionnelle et efficace. Françoise Loranger précise «que la majeure partie du texte du *Chemin du Roy* est d'elle et que la griffe de Levac est perceptible au niveau de la structure générale de l'ensemble de même qu'au niveau des éléments du spectacle. Levac est aussi assistant de Paul Buissonneau pour la mise en scène[18]...» Pour la première fois, Levac passait la rampe[19]; pour la première fois — avant *Double Jeu*[20] et *Médium saignant*, essais plus discutables de «participation[21]» — Loranger abordait le Nouveau Théâtre, celui où l'intrigue et les personnages ont moins d'importance que le jeu des structures et des signifiants.

Claude Levac attache beaucoup d'importance à l'édition, ou plutôt à la notation des signes, à la «partition». Il voudrait que la page «théâtrale» intègre les différents langages scéniques. La plupart de ses manuscrits[22] contiennent de courtes ou peu nombreuses répliques contre plusieurs lignes ou une large colonne d'indications d'architecture, d'éclairage, de bruits et de musique, de projections d'images, de déplacements chorégraphiques, etc. Un schéma dramatique ne doit pas être *lisible* comme un récit dialogué. Il est multidimensionnel, mobile, inchoatif. (Mais la poésie non plus n'est pas lisible comme de la prose, ni le Nouveau Roman comme l'ancien). Le canevas publié serait au spectacle monté et consommé ce que sont à la fois la recette et le menu au repas ordonné: il le prépare et y prépare, le stimule, le guide, l'accompagne, le rappelle.

Sa «fixation partielle» et temporaire fait-elle du *Chemin du Roy* un texte «prêt à être dévoré par ces infatigables littérateurs», ces «voyeurs de l'esprit» que sont les professeurs et les critiques, alors qu'on aurait voulu en faire un document de travail, une feuille de route, «un outil précieux pour les gens de métier»? (Avertissement, p. 12) En quoi l'un empêche-t-il l'autre? L'outil qui a déjà servi devient à son tour matériau pour des points de départ nouveaux, des transformations précises. La consommation peut être reproductrice (de sens, de connotations, d'énergie). Par les spectateurs et les lecteurs, comme par les artisans et les artistes, le schéma sera complété, prolongé, le spectacle monté, démonté, ses éléments choisis, organisés, accentués. Il s'agira dans tous les cas d'une interprétation, d'une adaptation, donc d'une lecture (à divers niveaux). Bien entendu, aucune explication définitive n'est possible ni souhaitable, pas plus que la mise en scène idéale, intemporelle et universelle. Le spectacle *se fait* sous nos yeux: sous les yeux du lecteur, du critique, comme des autres amateurs ou «gens de métier». Ce qui est donné et demeure inchangeable, selon Levac, c'est la structure, ou plutôt «l'armature d'un texte dramatique», le squelette qu'on peut nourrir, faire croître, orienter, mouvoir. «Quand les dramaturges québécois auront trouvé une armature, une structure théâtrale qui nous soit propre, à l'égale de notre épine dorsale collective, nous aurons non seulement une dramaturgie authentique et nôtre, mais aussi un pays», ajoute (p. 16) le dramaturge devenu critique social.

Voici le canevas du canevas:

Acte I   MONTÉE DE L'ENTHOUSIASME DES QUÉBÉCOIS
Prologue   Reportage en traduction simultanée des réactions des politiciens à la visite de de Gaulle. Engagement autour de la rondelle et aux pieds du général dont la statue (armature de fer) n'est pas déplaçable: «C'est ça le fait fran-

çais!» Commentaires toujours bilingues et contradictoires. Nouvelle mise en jeu: le n° 1 s'empare de la rondelle. Reprise au ralenti, comme à la télévision. Voix *off*: «Punition à René Lévesque pour refus de participer au jeu national».

Scène 1   Jeu et hors-jeu. Sur le banc des joueurs et dans les gradins. Ottawa d'un côté, Québec de l'autre. Préparatifs de la visite, discussions politico-protocolaires, télégrammes. Johnson veut des arcs de triomphe et des feux de joie. Pearson: «*Just wait and see*».

Scène 2   Joueurs et arbitres forment un régiment unilingue *on parade*. Le n° 1, seul francophone, a son rythme propre. Inspection par Judy Lamarsh, qui cherche un officier parlant français pour la cérémonie à la Citadelle: « — *Learn it, man, learn it. — In two days? — Fake it*!» Le n° 1 donne ses ordres, pour la première fois et avec un plaisir évident. Le compte: Québec 1, Ottawa 0.

Scène 3   Sur le chemin du Roy, à Repentigny, à Louise-ville, on peint des fleurs de lys sur l'asphalte. À Donnacona, touristes et villageois discutent. À Montréal, chant alterné et de plus en plus agressif, «comme si personne ne devait en sortir vivant», de *Gentille Alouette*.

Scène 4   — «*What does Quebec want?*
          — Québec! *What does Ottawa want?*
          — (Accent anglais) Québec!»
          Accrochages interrompus par la voix du général. Québec 2, Ottawa 0.

Scène 5   Les notables en réunion mondaine: valse et patinage.

Scène 6   À la Citadelle. Les soldats tendent aux officiels diverses couronnes étrangères qui se dé-gonflent devant l'immense couronne tricolore

91

	apportée aux accents de *la Marseillaise*. Québec 3, Ottawa 0.
Scène 7	À Sainte-Anne-de-Beaupré, tableau populaire à la Jérôme Bosch, procession. Le général communie: «Un homme de même, c'est presque un miracle!»
Scène 8	À Québec, confidences émues des badauds. Québec 4, Ottawa 0.
Scène 9	À Donnacona, le chœur répète *la Marseillaise*: «Plus fort "*les féroces soldats*", pensez aux gars qui se battaient dans nos campagnes à nous autres en 1837...» Coups de tonnerre: ce n'est pas le général (dont on rapporte les petites phrases de plus en plus audacieuses), c'est un orage!
Scène 10[23]	Pearson et Marchand «montent sur la plus haute marche de l'estrade Ottawa pour voir ce qui se passe à Québec». Reportage radio sportif.
Scène 11	Le balcon. La foule, masquée et anonyme, découvre son visage émerveillé. Orgue, etc.
Acte II	POUSSÉE DE RAGE DES *CANADIANS FROM COAST TO COAST*[24]
Prologue	Sur la non-unité canadienne. «Ça prouve que ce n'est pas assez de parler le français; il faut en plus le comprendre» (Lévesque à Pearson).
Scène 1	Prises de position, à Québec et à Ottawa, sur le discours de l'hôtel de ville de Montréal. Les députés Grégoire et Aquin rejoignent Lévesque.
Scène 2	Pearson mijote sa réplique au général pendant que les Beatles chantent *She's leaving home*.
Scène 3	Interviews-sondage dans la rue. La scène se termine en procession, avec cantique et litanie («Béni soit le général...»), derrière une coupe Stanley géante.

Scène 4	Demi-obscurité. Les radios du monde entier traduisent la profession de foi politique du général.
Scène 5	Hockey de salon, division de classes: «Content dans la rue, inquiet à Outremont, furieux à Westmount».
Scène 6	Caucus fédéral. Injures. Exercices de vocabulaire: *inacceptable* (parce que bilingue?) est retenu.
Scène 7	Commentaires des lecteurs de journaux.
Scène 8	De tous les coins de la salle, des haut-parleurs énumèrent la suite des événements jusqu'à l'actualité immédiate.
Scène 9	Le Canada anglais cherche à escalader la statue du général et à atteindre sa tête, tout en vociférant sa propre supériorité numérique.
Scène 10	Sur l'air de *We shall overcome*, hymne des Noirs américains, nos Nègres blancs chantent: «Le Québec est à faire, nous le faisons. Nous serons nous-mêmes toujours.»

À la recherche d'une «structure assez rigoureuse pour que toute cette actualité échappe au piège du spectacle genre revue» et accède à l'«histoire» (p. 7-9), Levac et Loranger font un vigoureux brassage de gestes, de mouvements, et surtout de phrases chocs, de traductions, de chansons, de coupures de presse[25]. Les événements sont verbalisés puis adaptés pour la scène: le voyage est un défilé, le sport est un spectacle — «Tous sont conscients de s'adresser au peuple canadien devant lequel ils doivent défendre leur honneur», (p. 30) — qui commence comme une harangue électorale ou le show d'un *night-club* montréalais: «*Ladies and Gentlemen*... Mesdames et Messieurs...» Car la cérémonie a deux maîtres qui se font rime et écho: Pearson, Johnson. Les autres joueurs numérotés sont Lévesque (n° 1), Lesage, Marchand, Diefenbaker et Judy Lamarsh. Au second acte, des figures épisodiques esquissent quelques pas sur la glace:

les bilingues Martin et Kierans, les députés Aquin et Grégoire.

Des analyses sémiologiques et idéologiques ont montré le caractère théâtral et même tragique du hockey professionnel: fermeture spatiale, temps spécifique, durée irréversible, surdétermination des gestes et décisions, démesure prométhéenne ou sisyphienne du héros (un Maurice Richard[26], par exemple) qui doit à la fois se conformer aux normes du système et les transgresser par des assauts. Les clichés du journalisme sportif — du «feu sacré» aux victimes de la «fatalité» — confirment la couverture mythique de l'industrie du hockey. Un monde soi-disant autonome (comme le Québec) n'est que le pion d'une entreprise multinationale (ou d'un «fédéralisme» rentable). «L'événement à mesure qu'il progresse dans le temps magnifie l'échéance fatale de la fin[27]» — dans les étapes du voyage de de Gaulle comme dans les minutes les plus chaudes du hockey, en «période» supplémentaire, où par tous les moyens il faut rompre l'égalité du compte.

La structure, l'os («les os priment et demeureront») du *Chemin du Roy* n'est pas, malgré les apparences, la joute de hockey — imaginée d'ailleurs par le metteur en scène, Buissonneau. C'est la «mise en action-réaction» d'une idée, l'opposition irréductible de deux langages, de deux langues que la traduction simultanée (toujours en retard) ne réussit qu'à éloigner: «mosaïque» = *«melting pot»*, *«not so fast»* = «volteface», «sans histoire» (Durham) = *«without complication»*. «Y en a qui se tanneront jamais de traduire!» (p. 95) D'autres s'en fatiguent vite et parlent en leur nom propre. (cf. p. 32) «Comment ça peut bien se dire une fleur de lys en anglais?» (p. 62) D'où le heurt de deux équipes, incomplètes et hétérogènes, qui ne joueront qu'une demi-partie, observées, jugées, inspirées, dirigées par un super-arbitre partial (donc typique) et compétent. Les autres arbitres (trois) sont une sorte de spectateurs stylés et stylisés: «debout de chaque côté des estrades», ils encadrent les (quatre) majorettes.

La partie pourrait sans doute se jouer sur un autre

terrain que la patinoire, avec un ballon ou des armes; elle ne pourrait guère se disputer autrement sans perdre de son impact. Règles et règlements sont au besoin syncopés, contournés, et le dessin que forment les équipes, l'arbitre en chef et le chœur, évolue du rectangle au losange puis au triangle. La pièce se joue entre Nous (Québécois), Eux (*Canadiens* et «collaborateurs») et Lui (titre initial du *Chemin du Roy*[28]). Ce qui est retenu et mis en évidence, c'est l'esprit, la technique et les à-côtés de la compétition. Les joueurs «ne portent ni chandail ni bas», mais leurs accessoires «sont les accessoires réels des joueurs de hockey professionnels: épaulettes, coudes, jambières, gants et casque protecteur». (p. 22) Quant au ₵ (H pour Habitant) de l'écusson du club *Canadien*[29], il est remplacé par une feuille d'érable ou une fleur de lys. «Débordant la scène, le décor envahit la salle afin de créer un environnement total[30]»: panneaux publicitaires, vendeurs à la criée, orgue, crécelles, bande sonore enregistrée au Forum de Montréal.

Aux coups contre le bilinguisme et le *joual*, aux allusions à lord Durham ou à «tante Yvonne» («Une vraie chrétienne, pis en robe de chrétienne»), s'ajoutent les portraits-charges et la satire. On reconnaît au passage les expressions familières de René Lévesque («fling-flang»), le snobisme partisan et hautain de Lesage, la naïveté brouillonne de Marchand, le patinage politique de Johnson («Pourquoi je me mêlerais des chicanes privées du fédéral et du général?»), les atermoiements de Pearson («*Most questions get settled by themselves...*»), les grimaces et les ululements de Diefenbaker («*That vain and arrogant old man...*», dit-il de de Gaulle qu'il prend pour son miroir), la petite taille (politique) de l'étoile filante Judy Lamarsh qui tient son «bâton miniature» comme «un sac à main».

Tout au long du *Chemin du Roy*, de Gaulle apparaît comme un «monument[31]», une volonté, un symbole du «fait français» (p. 98) en Amérique. Du premier titre de la pièce il reste de nombreuses traces: «Encore lui! — *Him again*!»; «Rien ne sera trop beau pour Lui[32]!» Ses quatre mots résonnent «comme autant de coups de tonnerre» (p. 32); on le confond lui-même avec le tonnerre. (p. 87) On le proclame — avec un «*léger défi*» et beaucoup d'humour — «*the king of Québec*!» (p. 69) La réception qu'on lui réserve est «un vrai *party*», une nouvelle «Saint-Jean-Baptiste», un rappel de 1837, un «plébiscite». Une revanche, mais surtout une fête: «C'est à notre tour d'avoir du *fun*! *(rire)* Pis en français pour une fois!» (p. 68)

Si le *Chemin du Roy* est un voyage (la description, hachée, d'un voyage) entre Québec et Montréal, ce voyage — entre deux pôles, deux buts, au milieu de passes, de crochets et de trébuchets — est une montée et une descente, une attaque et une défense[33]: celles d'un joueur haut sur pattes (même sans patins), au bâton ferme, et qui ignore superbement les sifflets des arbitres, attentif seulement au pouls de la foule, sachant évaluer la situation d'ensemble, placer l'enjeu, diriger la rondelle. On peut se demander si, plus que la Mère-Patrie ou le Père-Sauveur, ce n'est pas le stratège (*Vers l'armée de métier, le Fil de l'épée*), le joueur, le jouteur, l'acteur en de Gaulle qui a séduit — après bien d'autres, et sur le tard — les Québécois. Le président français, administrateur médiocre («L'intendance ne suit pas...») était d'abord un visionnaire, un «prophète», «un guide qui se trompe quelquefois dans ce qu'il fait, mais rarement dans ce qu'il prévoit[34].» Il était un écrivain, un artiste (du verbe et des bains de foule), doué d'un sens remarquable de la mise en scène (avec ou sans nuance péjorative), des (vraies ou fausses) sorties, des coups de théâtre si bien préparés qu'ils paraissent improvisés. Dans le *Chemin du Roy*, par-delà la politique, la langue et l'esprit français imprègnent la culture populaire québécoise. La gigantesque statue du décor, dont on ne voit que «les pieds et les jambes» métalliques, n'a pas la tête dans les nuages. L'arbitre descend dans l'arène et se prend au jeu.

Hamlet et son spectre québécois

Abominables pièces de Shakespeare...
dignes des sauvages du Canada.

FRÉDÉRIC II DE PRUSSE[35]

Les références canadiennes-françaises à Hamlet sont innombrables. On en pourrait faire une thèse de psychologie
collective. «Crever ou pas crever, c'est là la grosse affaire»,
constate Citrouille, anti-héros acadien des *Crasseux*.
Papineau, seigneur et tribun, entre la révolution et la ré-
forme, est «divisé». Comme Bourassa et Groulx entre leur
catholicisme et leur nationalisme. Comme le *Menaud* de
Savard, fou et fidèle, l'*Ashini* de Thériault, prophète et victime, et les héros-narrateurs de *Prochain épisode* ou de *Trou
de mémoire*[36]. Sans compter le *Hamlet d'après Thomas Kyd*
(inédit) par Languirand.

Le *Hamlet*[37] de Robert Gurik se situe au confluent de
deux courants dramatiques: le théâtre pasticheur ou parodique et le théâtre engagé dans l'actualité politique. Ce que
Levac et Loranger empruntent au hockey et aux reportages
journalistiques, Gurik le prend au plus classique des anglo-
saxons. C'est déjà un signe, un acte de guérilla. Après la
bataille, rapide, rangée du *Chemin du Roy*, *Hamlet* nous
ramène à la guerre immémoriale, confuse, intériorisée. Au
Moyen Âge, littéralement (là sont ses sources), comme le
disait l'historien Duby. Et jusqu'au mythe, à l'archétype. Le
problème de Gurik-Hamlet est d'articuler l'absolu et le
relatif, l'intemporel et l'actuel. Autrement dit, de faire parler
et de faire taire le Spectre.

Hamlet, prince du Québec se trouve dans la ligne des
récentes adaptations sociopolitique de Shakespeare: du
Hamlet des faubourgs de Kops (1957) au *Rosencrantz et
Guildenstern sont morts* de Stoppard (1967) et au *MacBird*[38]
américain de Barbara Garson. Hamlet, le Hamlet de
Shakespeare et de la tradition, est un personnage, un thème

qui hantait depuis un certain temps l'imagination de Gurik. Avant de s'appeler *Api 2967*, dans sa seconde version, une de ses premières pièces avait pour titre complet: *Api or not Api, voilà la question*, jeu de mots hamletien à partir de *happy* (heureux) et du grec *apis* (pomme). Pour saisir l'originalité et le sens de l'entreprise de Gurik, il faut se rappeler que le *Hamlet* de Shakespeare date de 1602, époque troublée et difficile où, à la suite de la mort d'Élisabeth, l'Angleterre quitte une ère joyeuse, conquérante, triomphale, pour entrer avec les Stuarts dans une ère de doute, d'interrogation angoissée, de lucidité douloureuse. Le tournant du XVIe au XVIIe siècle correspond au cycle le plus noir, le plus pessimiste de l'œuvre de Shakespeare, qui va de *Hamlet* à *Timon d'Athènes*.

La distribution de *Hamlet, prince du Québec* est assez semblable à celle du *Chemin du Roy*, mais plus complète et plus heureuse dans certains choix. Gurik ne fait figurer dans sa pièce ni Daniel Johnson, qui mourra prématurément, ni Diefenbaker, ombre des combats d'arrière-garde, ni Miss Lamarsh, retournée au Niagara et au journalisme. Par contre, il ajoute un personnage essentiel, Pierre-Elliott Trudeau (pas encore chef du Parti libéral ni premier ministre), ainsi que des figures secondaires pittoresques: Pelletier (Marchand était seul dans *le Chemin du Roy*), Bourgault, officier du R(h)IN. Gurik suit d'assez près et adapte habilement la pièce de Shakespeare, dont il fait une «sotie tragique[39]».

— LE ROI, dans *Hamlet, prince du Québec*, représente le Pouvoir anglophone, c'est-à-dire aussi bien le capitalisme américain que la bureaucratie ontarienne[40].

— LA REINE est l'Église catholique, la hiérarchie, autre pouvoir assis à côté, à l'ombre du premier.

— POLONIUS, «radoteur futile et sentencieux» aux yeux de Hamlet, mais dont il faut honnêtement signaler «la sagacité et le bon sens[41]», c'est Pearson: même initiale, même incompréhension compréhensive, même désir sincère de conciliation qui se charge de menace lorsqu'il se sent menacé.

— La belle OPHÉLIE, fille de Polonius: Jean Lesage, «le plus bel homme», formé à Ottawa par Saint-Laurent et Pearson.

— LAËRTE, fils de Polonius, logicien, courageux mais téméraire: Pierre-Elliott Trudeau, qui n'était à l'époque qu'un intellectuel devenu député et ministre.

— GUILDENSTERN et ROSENRANTZ, personnages jumelés et interchangeables, «éponges qui pompent les faveurs» (selon Shakespeare[42]), ce sont les deux autres «colombes» de la paix armée: Gérard Pelletier et Jean Marchand.

— HAMLET, seul personnage non masqué (peut-être parce qu'il est le plus secret, le plus difficile à saisir), représente le Québec.

— HORATIO, ami de Hamlet: René Lévesque.

— LE SPECTRE du père, du roi, c'est l'ombre de de Gaulle, de la France.

— À ces protagonistes s'ajoutent deux paysans-fossoyeurs: un indépendantiste et une «majorité silencieuse» à tendance créditiste, ainsi que trois comédiens qui représentent «les grandes tendances du théâtre actuel» sous les traits d'Yvette Brind'amour, Jean Gascon et Gratien Gélinas...

À l'ouverture du rideau, les fossoyeurs jouent aux cartes sur une colline (la «colline parlementaire»), près de la statue retrouvée de Duplessis. «Travailler toute la journée parmi les morts, entouré de barrières, c'est pas une vie», dit l'un d'eux. Mais que faire lorsqu'on n'a pas d'instruction et qu'on ne parle pas anglais? Alors, on enterre et on s'enterre. Dans la deuxième scène, Laërte-Trudeau supplie le Roi de le laisser aller à Ottawa parfaire ses connaissances juridiques. Puis Hamlet et Horatio reprennent contact. Le Spectre paternel apparaît à Hamlet du haut du balcon de l'hôtel de ville: «Venge un meurtre horrible... le plus horrible commis depuis les jours d'Abraham». (p. 48) Ces «jours» d'Abraham renvoient aux plaines d'Abraham et à la victoire de Wolfe sur Montcalm en 1759. Hamlet «se souvient» — c'est la devise du Québec — et jure de venger[43] l'honneur ancestral. Horatio et l'officier du Rhin promettent fidélité et discrétion.

On a des échos radiophoniques de l'hystérie et du fanatisme anglo-saxons à la suite de l'incident diplomatique. Le Roi et la Reine invitent Guildenstern et Rosencrantz à être leurs «porte-voix au pays»: «Guildenstern ferait un excellent premier ministre et son contact avec le peuple serait profitable», déclare le Roi (p. 56) à propos de l'ancien président de la C.S.N. (Profitable à qui? Il ne le précise pas). Polonius propose au Roi d'organiser une rencontre d'Ophélie avec Hamlet. Celui-ci est en train de lire *100 ans d'injustice* et il simule la folie. Il est à la fois «calme et agité», comme cette soi-disant Révolution tranquille.

Guildenstern et Rosencrantz, qui portent des capes réversibles, façon de dire qu'ils sont des «vire-capot», proposent à Hamlet de l'«égayer» par une représentation théâtrale: l'un étant journaliste, l'autre orateur populaire, ils connaissent les ficelles et les trucs du métier. Hamlet reçoit le directeur d'une troupe itinérante et fait insérer quelques lignes de son cru dans le texte officiel de la pièce, j'allais dire, de la Constitution. Le premier acte se termine par un monologue où le héros parle de vengeance et de libération, s'interroge sur l'identité du Spectre: «Demain je le saurai... encore demain...»

Au début du second acte, Guildenstern, Rosencrantz et Polonius, serviteurs dévoués et quelque peu délateurs, font rapport au Roi de l'étrange conduite de Hamlet. Ophélie-Lesage se promène en lisant *Un pays, d'un océan à l'autre*, thèse opposée à *100 ans d'injustice*. Deuxième monologue de Hamlet: «Être ou ne pas être *libre*! [...] Mourir, dormir... dormir? Rêver peut-être... dormir, non! se battre!» (p. 73) Hamlet conseille à Ophélie de se retirer dans un cloître[44], à défaut sans doute de conseils d'administration. Le Roi décide d'exiler Hamlet en Angleterre. La radio annonce la victoire électorale de l'Union nationale. Discours de Hamlet aux comédiens: «Ne faites pas de caricatures mais recréez la

vie [...] Entrez en transe mais sachez que vous l'êtes».
(p. 79) Représentation du *Piège*, «histoire d'un meurtre
commis aux Amériques sur la personne d'un roi prénommé
Louis» (p. 85), étouffé par une orange, fruit acide des
orangistes.

Le Roi sollicite de l'Angleterre la détention de Hamlet
et, comme plus tard en Irlande du Nord, «une aide armée
pour raffermir notre autorité dans ce pays». (p. 88) Guildenstern et Rosencrantz vont «soutenir l'autorité établie» et
obéir «aux moindres souhaits de vos majestés». La Reine-
Église tente d'apaiser Hamlet: «Avez-vous oublié qui je
suis? J'ai guidé vos premiers pas». «Et vous m'avez brouillé
la vue», répond son fils. «Vous ne partirez pas d'ici avant
que vous ne voyiez enfin votre vrai visage.» (p. 92) Ce
visage est celui de la résignation myope et confortable, de la
paresse et de la peur, du compromis, de la complicité incons-
ciente. «Avez-vous des yeux? Avez-vous pu renoncer à
vivre libre en ce pays auquel vous avez consacré tant
d'efforts?» (p. 94), lance Hamlet à sa mère qui ne sait que
répondre: «Hélas, il est fou». (Polonius, dissimulé derrière
une tenture, vient d'être tué par Hamlet.)

Les deux fossoyeurs discutent de l'actualité. Ophélie,
dépitée, se noie dans les chansons douces, les rengaines.
Laërte revient de voyage et rêve de venger son père,
Polonius-Pearson, en étant l'«instrument» et l'«escrimeur»
du Roi. À la scène 10, Hamlet raconte à Horatio son aventure: le Roi, dans la missive subtilisée, demandait à l'Angleterre d'emprisonner Hamlet à vie; il réclamait aussi «des
soldats pour mater le mécontentement qui agite notre peuple
et qui risque de tourner à la révolution». (p. 111) Les
fossoyeurs chantent «merde pour le roi *qui enterre*». Le
premier s'enfuit, timoré; le second brandit le crâne d'un
patriote de 1837 et soutient que le peuple attend un signe,
une voix, un bras, «un crâne... un chef...» Ce cerveau, ce
chef chauve, est évidemment Horatio-Lévesque, qui reçoit
l'investiture de Hamlet.

On assiste ensuite à l'inhumation d'Ophélie et à l'altercation entre Hamlet et Laërte. Le Roi tente de les séparer et de les neutraliser: «Qu'ici même et à l'instant vous combattiez en jeu pour déverser à tout jamais l'animosité qui vous écarte l'un de l'autre». (p. 118) Ce «jeu» est-il celui de l'arène électorale, où le Roi dispose des cartes maîtresses? La scène finale est celle du duel. Les épées sont truquées, et la coupe empoisonnée. La Reine succombe, puis Laërte, puis le Roi, enfin Hamlet (dans les bras d'Horatio). Ses derniers mots: «Il faut que ma mort serve aux autres. Il faut... que vive... un... Qué... bec... libre».

Le Québec vivra-t-il, vivra-t-il libre? C'est ce que Hamlet ne peut nous dire. Il nous renvoie la proposition, le défi. Spectre, à son tour, des consciences politiques.

Le *Hamlet* de Shakespeare, a-t-on dit, est une «tragédie de la vengeance, où le vengeur ne se venge pas ou se venge mal». «Hamlet est un vengeur qui ne peut pas se venger[45].» Pourquoi? Pourquoi n'est-il pas l'homme de la situation? Est-il retardé, arrêté par des scrupules intellectuels et moraux? Sans doute. Mais il y a plus. Un psychanalyste[46] a montré que les atermoiements, l'hésitation du héros à tuer son beau-père indiquent que Hamlet non seulement ne peut pas, mais ne *veut* pas s'acquitter de sa tâche. Enfant, blessé d'avoir à partager l'affection de sa mère, Hamlet avait considéré son père comme un rival et souhaité secrètement sa mort. Par réaction d'autopunition, sa mère et toutes les femmes lui paraissent désormais interdites, y compris Ophélie.

Le désir refoulé par Hamlet de remplacer son père dans l'affection de sa mère se trouve tout à coup stimulé par le remariage de celle-ci avec son beau-frère. Dans le spectacle que fait jouer Hamlet aux comédiens ambulants invités au château, le neveu tue son oncle sans qu'il soit question d'adultère ni d'inceste; c'est ainsi plus facile. À la fin de la représentation, Hamlet ne se sent plus de joie, comme s'il avait réellement tué le roi usurpateur, alors qu'il l'a seulement mis en garde et sur ses gardes. Le prétexte du jeu était spécieux: vérifier la culpabilité de Claudius dans le meurtre de son frère (dont Hamlet était absolument convaincu). Ce théâtre dans le théâtre aurait un sens et une fonction analogues au rêve dans le rêve, qui fait «référence à un thème dont le sujet souhaite qu'il puisse n'être qu'un rêve, c'est-à-dire pas une réalité. [...] Ainsi Hamlet (en tant que neveu) peut-il tuer le Roi en imagination puisque ce n'est "rien qu'une pièce" ou "rien qu'un jeu"[47]» (*play* signifiant l'un ou l'autre).

Le dilemme de Hamlet est celui-ci: ou bien laisser libre cours à sa haine mortelle envers son oncle, quitte à ressentir plus intensément ses propres désirs érotiques inconscients, ou bien ignorer l'appel à la vengeance que lui dicte son devoir, ou si l'on veut son sur-moi. Trop complexe pour être un simple vengeur, Hamlet met en accusation le monde éthique et esthétique que Shakespeare le contraint d'habiter, ou la signification nouvelle que la mort (ordre tyrannique instauré par le Spectre) donne à la vie. Convaincu de ne pouvoir réformer un monde pourri, Hamlet accepte finalement un duel absurde, injustifié. Pour en finir avant même d'avoir commencé — tentation (terroriste? réactionnaire?) qui pourrait être celle du Québec.

La psychanalyse de *Hamlet* ne s'applique pas telle quelle, intégralement, à *Hamlet, prince du Québec*. Le héros de Gurik est moins un personnage, malgré son visage nu, que le symbole d'un peuple, d'une nation. Son *to be or not to be* est historique, politique, et non métaphysique. *Hamlet, prince du Québec*, c'est aussi bien le Québec, prince du Québec, c'est-à-dire autonome, libre, indépendant, maître de lui, ayant dépassé ses velléités et surmonté sa peur. Remarquons que Gurik ne fait pas intervenir, à la fin de sa pièce, ce Fortinbras — fort en bras? — prince de Norvège (ce pourrait être, ici, les États-Unis[48]) qui dans le *Hamlet* de Shakespeare prend l'héritage du royaume de Danemark.

Les rapports du Spectre et de Hamlet, de de Gaulle (ou de la France) et du Québec, doivent être examinés de plus près. Que la cape blanche du héros soit piquée de fleurs de lys bleues n'en fait pas pour autant «un prince québécois de l'ancien régime français[49]». C'est plutôt l'inverse qui est vrai: «Gurik prête au père le langage du fils» et l'«optique québécoise[50]». Comment pourrait-il à la fois lui «ouvrir les yeux» (p. 50) sur la situation actuelle et le tourner vers l'histoire figée de la France d'avant la Conquête ou d'avant la Révolution? La double devise «souviens-toi que vive un Québec libre» condamne-t-elle le Québec «à se souvenir d'un rêve qu'il projette dans l'avenir[51]»? Il ne s'agit pas de donner à l'avenir un passé, mais au passé (et au présent) un avenir. Il dépendra du fils, non du père, que cet avenir ait lieu. Hamlet, c'est à la fois l'ancien Québec et le nouveau, le Québec réel et le Québec possible, ce «pays incertain» dont parlait Jacques Ferron. Incertain de son avenir et surtout incertain de soi, de son désir refoulé, de sa volonté. On pourrait dire, à la fin de la pièce de Gurik: Hamlet est mort, vive Hamlet! ou la province de Québec est morte, vive la république démocratique du Québec!

«On est dans la position de gens qui doivent se battre avec les armes de l'autre[52]», disait Gurik au sujet des hommes de théâtre face aux mass média. C'est aussi vrai, politiquement, des Québécois. Les armes de l'autre, du supérieur, de l'adversaire, ce sont dans *Hamlet, prince du Québec*, d'une part le chef-d'œuvre de Shakespeare, d'autre part le discours et le cri du général de Gaulle. Entre les deux, entre l'Anglais et le Français, Gurik introduit son Hamlet, c'est-à-dire un Québec qui se défait pour se refaire, par-delà les spectres, les drapeaux, la culture et les origines européennes.

Hamlet, ce personnage emprunté, volé à Shakespeare, qui lui-même le tenait de Belleforest et de Saxo Grammaticus, est peut-être le plus gurikien ou gurikois des personnages de Gurik. Il témoigne, dans sa conception même, du conflit chez Gurik entre la vie et la mort, entre le cérébral et l'émotif, entre le raisonnement de l'individu et l'influence de l'environnement socio-politique.

> Dans ma conception globale, l'indépendance du Québec est une étape que je trouve futile mais que je ressens d'une façon très aiguë. [...] Le fait qu'un pays veut

devenir indépendant est finalement plus valable que l'argument qu'à l'heure actuelle l'indépendance d'un pays n'a plus de sens. C'est le problème que posait *Hamlet* qui est d'abord et avant tout l'expression de l'environnement politique tel que je le reçois par les médias d'information. Dans *Hamlet* qui, quoi qu'on en dise, n'a rien à voir avec une conception patriotique du théâtre, je prenais position d'un façon sensible même si, logiquement je suis contre les conclusions. Sensiblement pour et logiquement contre, parce que conclure, c'est converger vers un point et, à mon avis, il n'y a pas de point, il n'y a qu'un cercle[53].

Ne mettons donc pas de point final à la pièce, ni à notre lecture. *Hamlet, prince du Québec*, comme tous ses ancêtres, les Hamlets scandinaves ou britanniques, pourrait être repris tous les dix ans et — sans rien perdre de sa structure et de ses figures essentielles — adapté à l'actualité changeante d'un homme, d'un pays inchangés. Il y aura toujours quelque part un royaume du Danemark et quelque chose de pourri en lui. Il y aura toujours un spectre, un fils, et un miroir dans le miroir, un rêve dans un rêve, une révolution dans la révolution; une *Souricière*, un *Piège*, une *Pièce*, et indéfiniment une pièce dans la pièce. *Hamlet* est une question, pas une réponse. D'un spectre à l'autre, la nuit se fait seulement plus claire, la question plus précise.

L.M.

Références

1. G. Duby, *le Dimanche de Bouvines*. Paris, Gallimard, «Trente journées qui ont fait la France», 5, 1973, p. 8.
2. *Ibid.*, p. 149.
3. Le voyage présidentiel «a été, depuis de nombreux mois, l'occasion d'une campagne d'intimidation conduite dans une langue qui n'est pas la nôtre mais visant l'opinion canadienne-française», G. Cormier, éditorial, *la Presse*. Cité dans *Québec 67*. [Paris], vol. 4, nº 11 («Le voyage du général de Gaulle au Québec»), p. 35.

4. «Qui pourra nier qu'au moins à ce point de vue, il a accompli la mission qu'il s'était donnée?» (C. Ryan, «Bilan d'une visite», *le Devoir*). Cité, *ibid.*, p. 83.

5. Le discours résumé ici est reproduit intégralement dans *Québec 67*, n° cité, p. 11-15. Un autre «dossier des quatre journées» a été colligé par Jean Tainturier, *De Gaulle au Québec*. Montréal, éd. du Jour, 1967. Une bonne analyse des répercussions politiques est celle de P.-L. Guertin, *Et de Gaulle vint...* Claude Langevin, 1970. Voir aussi *Parti Pris*, 5: 1 (septembre 1967), p. 3-17 et 27-43.

6. J.-M. Léger (*le Devoir*), cité, *ibid.*, p. 33. Il précise: «...côté rue, lundi soir, c'était l'explosion d'enthousiasme; côté notables, sur la terrasse de l'hôtel de ville, c'était le malaise, l'irritation, l'inquiétude».

7. *The Toronto Globe and Mail*, réputé sérieux, titre EXPO CROWDS CHEER, BOO DE GAULLE, un reportage qui dit: «A few boos [...] were hardly audible over the waves of applause». *The Montreal Gazette* découpe une photo de façon à pouvoir écrire (erronément) en légende: «Nobody waved goodbye». Les reporters québécois rectifient immédiatement les erreurs «les plus évidentes» de leurs confrères: cf. *Québec 67*, p. 91-93.

8. Une fois l'hôte écarté, *The Peterborough Examiner* note: «... Il est ironique que ses paroles aient été considérées comme anti-canadiennes lorsqu'il est plus que probable qu'il a parlé d'un Québec libre et indépendant non pas tant par rapport à la domination canadienne qu'américaine» (*Québec 67*, p. 84).

9. D'après Jean Tainturier (du *Devoir* et du *Monde*) qui rend compte de la réception feutrée du Ritz-Carlton en résumant la thèse discutable de Claude Julien (*le Canada, dernière chance de l'Europe*): «L'indépendance du Québec signifie en effet une disparition à plus ou moins brève échéance du Canada dont l'originalité par rapport aux États-Unis est sa dualité culturelle [...] Souhaiter l'indépendance, c'est encourager une expansion de l'hégémonie américaine...» Cf. *Québec 67*, p. 51-53.

10. En ajoutant: «Reconnaître le droit à la non-intervention dans les affaires dites intérieures d'une puissance coloniale équivaut en fait à reconnaître à cette puissance la liberté de maintenir, impunément et sous le couvert d'une pseudo-légalité, sa domination coloniale». (*Ibid.*, p. 88-89)

11. De la part du Quai d'Orsay, où des «figurants» sont «atterrés et

pas prêts d'en revenir» confie le général à son aide de camp (J. d'Escrienne, *Le Général m'a dit...* Plon, 1973). De Gaulle, lui, a maintenu ses positions: «...c'était l'occasion ou jamais, et je l'ai saisie». (*Ibid.*)

12. Aussi bien le lendemain, à l'Exposition — «Atmosphère électrisante du début jusqu'à la fin», «nouveau triomphe pour de Gaulle» (*le Devoir*) — qu'au mois d'août, lors d'un sondage scientifique de CROP: une majorité de Québécois croient que leur province n'est pas libre, appuient de Gaulle, jugent excessive la réaction d'Ottawa.

13. Selon le très modéré Claude Ryan *la Presse* («plébiscite») et *Montréal-Matin* («Vive de Gaulle!») vont dans le même sens et un peu plus loin. Des grands quotidiens du Québec, seul *le Soleil* accuse de Gaulle de «pêcher en eau trouble» et lui fait grief de parler de «Français canadiens» plutôt que de «Canadiens français»

14. *Signets II*. Montréal, Cercle du Livre de France, 1967, p. 53-54. C'est dans le chapitre «Le français, langue vivante... ou hennissante?» et à propos de *la Mort de mon joual* de Roland Lorrain qu'Éthier-Blais raconte cette anecdote théâtrale.

15. *Le Chemin du Roy* (comédie patriotique). Leméac, «Théâtre canadien», 1969. Créée le 29 avril 1968 par l'Égrégore au Gesù. Rudel-Tessier (*Photo-Journal*, 4 mai 1968) ajoute (cité en appendice au *Chemin du Roy*, p. 134-135): «La première chose qu'il faut dire de ce spectacle de l'Égrégore, c'est qu'*il marche*» (je souligne). «Marchons, marchons...» est un leitmotiv de la pièce (p. 85-89. etc.).

16. André Simard, *la Soirée du fockey*. Leméac, «Répertoire québécois», 1974; Normand Daigneault, *Écoute ton père quand ta mère te parle* (seconde partie d'une comédie musicale inédite, créée à Ottawa en 1973). «Déjà Fridolin, comme plus tard Charlebois, portait le chandail tricolore; et Guillaume Plouffe, dans la continuité radiophonique plus que dans le roman savait nous faire vibrer à ses exploits au hockey [...] Serge Lemoyne a pu produire *Événement Slap-Shot*, et la couverture du dernier livre de Jacques Languirand montrer Pythagore portant le chandail des Canadiens» (R. Bérubé, «Les Québécois, le hockey et le Graal». *Voix et images du pays*, VII, 1973, p. 199-200).

17. Gilbert Tarrab «soupçonne qu'il y a beaucoup plus du Levac que du Loranger dans *le Chemin du Roy*, [...] trop de fraîcheur, de spontanéité, de création enfin, dont honnêtement je ne crois

pas Loranger capable». *Livres et auteurs québécois 1969*, p. 70. Le même compte rendu signale que le sociologue Edgar Morin avait vu et apprécié, à Montréal, ce «spectacle incroyable», cette «espèce de *happening*» avec «participation *effective* des spectateurs».

18. Interview avec M. Dassylva, «Autant de vie qu'il y en a eu dans le cœur des Québécois lors de la visite de de Gaulle». *La Presse*, 27 avril 1968, p. 28.

19. De 1963 à 1967, Claude Levac avait composé neuf spectacles dont deux seulement furent montés: *Boules-à-mythes*, par Buissonneau au Festival de 1963, et l'*Âme à poil*, par le Théâtre de l'Enclos, dont Levac était le fondateur-animateur, en 1967. Cf. *Parti pris*, 5: 5, février 1968, p. 53-55 et *MacLean*, 9: 8, août 1969. Seul un extrait de *Son père ou si le Fils ne meurt* a été publié dans *Études françaises*, VI: 1, février 1970, p. 57-64.

20. En fait, *Double Jeu* devait être créée à la fin de la saison 1967-1968 de l'Égrégore; un concours de circonstances amena un changement d'affiche.

21. G. Tarrab, «théâtre didactique, morale suinteuse» *Livres et auteurs québécois 1970*, p. 90-91; et J.-C. Germain, «*Double Jeu*: un autre épisode dans la vie tourmentée d'Angélique, marquise des Anges». *Digeste Éclair*, mars 1969, p. 8-11, ont été particulièrement sévères pour ces deux pièces.

22. Qu'on peut consulter au Centre d'études québécoises du Département d'études françaises de l'Université de Montréal.

23. La scène 10 n'est pas indiquée dans le texte. Je la situe au «*Sifflet-Hors-Jeu*», p. 89.

24. Les actes ne sont pas titrés dans la pièce, mais, ici comme dans tout ce résumé, nous nous tenons le plus près possible du texte: cf. p. 95. «...Les Canadiens anglais nous aideront à faire l'indépendance en exacerbant l'opinion québécoise. Toute stratégie intelligente devra tenir compte de cet élément positif» (G. Bourque, «De Gaulle, politique et stratégie». *Parti pris*, 5: 1, septembre 1967, p. 11).

25. Un peu à la façon du découpage-décapage de Gérard Miller dans *les Pousse-au-jouir du maréchal Pétain* (préface de Roland Barthes, Paris, Seuil, 1975) ou du «Petit échantillonnage de lubricité» ou Thérèse Dumouchel met en relation «certains faits de notre histoire avec les déclarations de nos politiciens et notables lors de la visite de de Gaulle». *Parti pris*,

5: 1, septembre 1967, p. 40-41.

26. «Pour le public québécois, Maurice Richard, tenace et indestructible, bafoué par des adversaires sans scrupule, par les arbitres, par les magnats de la *N.H.L.*, eux-mêmes, fut le symbole suprême de la résistance à l'oppression anglo-saxonne», représentée par le président Clarence Campbell. P. Rompré et G. Saint-Pierre, «Essai de sémiologie du hockey à propos de l'idéologie sportive». *Stratégie*, n° 2, printemps-été 1972, p. 48.

27. P. Rompré et G. Saint-Pierre, *ibid.* Cf. H. Aquin et A. Yanacopoulo, «Éléments pour une phénoménologie du sport». *Problèmes d'analyse symbolique*, P.U.Q., 1972, p. 115-146.

28. Th. Dumouchel, «Levac, Loranger: théâtre... événement vécu par la collectivité». *Parti pris*, 5: 5, février 1968, p. 56-57.

29. Malgré la prédominance du rouge, le club *Canadien* est surnommé «le Tricolore» — sous-entendu: français — alors qu'à partir des mêmes couleurs les *Rangers* de New-York sont des «Blue Shirts».

30. P. 22. Un environnement semblable était créé, par les mêmes moyens, dans le *Phénoménal Football* (plus sportif et intemporel) du Théâtre de l'Unité, au Théâtre de la Tempête de la Cartoucherie de Vincennes, en janvier 1976.

31. P. 37. «J'ai vu un monument qui s'appelle Charles de Gaulle», avait dit le président Kennedy en voyage officiel à Paris.

32. P. 35, 43. «Lui» encore, ou *«Him»*, p. 62, 64, 83, etc.

33. Paul Buissonneau, «nouveau Toe Blake, a su imaginer une stratégie fort ingénieuse où les jeux de puissance alternent avec les grands retraits de défensive». M. Dassylva, *la Presse*, 30 avril 1968, cité en appendice au *Chemin du Roy*, p. 134. Les critiques du *Star* et de la *Gazette* sont plus sensibles au *«comic»*, à l'*«entertainement»*, à la *«performance»*.

34. J. Fauvet, *la IVᵉ République*. Le livre de poche, p. 153 et *passim*. Sur le personnage ou phénomène de Gaulle, l'art et la littérature surabondent. De Claude Mauriac, secrétaire, aux «secrets» de J.-R. Tournoux, on découvre toujours *Un autre de Gaulle*, le même, fascinant et irritant, inépuisable.

35. Cité par J. Ancelet-Hustache, *Gœthe par lui-même*. Paris, Seuil, «Écrivains de toujours», 1957, p. 12.

36. Comme Hubert Aquin lui-même dans «Profession: écrivain», *Point de fuite*, et jusque dans sa présentation de Globensky, *la Rébellion de 1837 à Saint-Eustache* (éd. du Jour, 1974). Mais

l'épigraphe du dernier roman d'Aquin, *Neige noire* (éd. la Presse, 1974) est: «Je dois maintenant à la fois être et ne pas être» (Kierkegaard).

37. *Hamlet, prince du Québec*. Leméac, 1977. Créée sur le bateau-théâtre l'Escale, le 17 janvier 1968, et parue d'abord aux Éd. de l'Homme.

38. Titre et sujet viennent de *Macbeth* et de «Lady Bird», surnom de Mrs. Lyndon B. Johnson. La Maison Blanche est accusée du meurtre du président Kennedy.

39. N. Leroux, dans *Livres et auteurs canadiens 1968*, p. 69. Les acteurs, tous masculins, masqués (sauf Hamlet), portent le «costume de sot» qui donne le «droit de tout dire», de penser à haute voix.

40. C'est du moins notre interprétation de l'ensemble du texte, même si, dans l'attribution des rôles et des répliques, l'auteur accole au Roi la seule parenthèse de l'«anglophonie» en général (p. 30 et autres).

41. E. Jones, *Hamlet et Œdipe*. Gallimard, «Connaissance de l'inconscient», p. 86.

42. *Œuvres complètes II* de Shakespeare. Bibliothèque de la Pléiade, p. 636.

43. Dans Shakespeare, le Fantôme ne crie pas *vengeance*, bien que le mot vienne à ses lèvres une ou deux fois; ses mots les plus fréquents sont *remember* et *swear*. «Je me souviens, je le jure», condense fidèlement le Hamlet de Gurik. (p. 30)

44. «Vous êtes faite pour vivre seule, sans contradiction d'aucune sorte qui pourrait altérer votre beauté» (p. 75-76). Et ceci, qui est aussi proche de Shakespeare que de... Lesage: «J'ai aussi entendu dire que vous vous fardiez [...], vous zézayez, vous colorez la réalité...» (p. 76)

45. H. Fluchère, Présentation des *Œuvres complètes II* de Shakespeare, p. LX et XCVI.

46. E. Jones, *op. cit.*, p. 69, 77-81 et autres. Voir aussi J. Paris, *Hamlet ou les personnages du fils*. Paris, Seuil, 1953.

47. E. Jones, *op. cit.*, p. 88, n. 3.

48. Ou encore les Indiens, si on veut remonter au «pouvoir légitime» originel: cf. R. Bérubé. «*Le Cid* et *Hamlet*: Corneille et Shakespeare lus par Ducharme et Gurik». *Voix et images*, 1: 1 (septembre 1975), p. 49 et 55 n. 27.

49. R. Bérubé (*ibid.*, p. 44) pose la question entre parenthèses.

50. *Ibid.*, p. 47.

51. *Ibid.*, p. 55 n. 24. L'hypothèse que de Gaulle serait ici «un père du même type que celui d'*Angéline de Montbrun*» semble donc à écarter.
52. «Le théâtre et les mass-médias». Théâtre-Québec, I: 2, p. 23.
53. Interview avec J.-C. Germain, «Robert Gurik: l'auteur qui n'a rien à enseigner». *Digeste Éclair*, novembre 1968, p. 18.

Chapitre 5
Un Grand Cirque
(peu) Ordinaire

«Il serait présomptueux de croire que l'on peut raconter le cirque[1]», écrit Claude des Landes en présentant le numéro que la revue *Jeu* consacre au Grand Cirque Ordinaire. Parce qu'il se veut fête populaire, cirque ambulant, ce groupe défie en effet toute reconstitution complète et fidèle. La difficulté est d'autant plus grande qu'aucun texte complet des divers spectacles n'est disponible. Il faut donc rassembler par fragments une activité qui s'est obstinément définie comme un art éphémère, se reporter ensuite à ses propres souvenirs, aux confidences et impressions recueillies, aux rares descriptions qu'ont pu en fournir les critiques. C'est ce que fait la revue *Jeu*, réunissant un ensemble de textes sur chacun des spectacles du GCO, confirmant ainsi l'importance de cette troupe qui, depuis son premier spectacle, s'est vouée à l'improvisation et à la création collective, et dont l'impact sur la vie du théâtre québécois a été considérable.

La naissance du Grand Cirque Ordinaire est directement reliée à la génération du «Peace and Love» et à l'euphorie de l'Exposition universelle de 1967. Il faut même remonter jusqu'en 1966, car ceux qui allaient constituer le groupe ont d'abord eu en commun (sans se connaître, parfois) le fait de contester certaines règles de l'École nationale de théâtre et, surtout, de revendiquer le droit à un répertoire québécois. Arrive ensuite l'Expo, Raymond Cloutier, devenu régisseur au Pavillon de la jeunesse, se trouve au cœur même d'une effervescence exceptionnelle. Spectacles et expériences se succèdent à Montréal, devenue plaque tournante et lieu de rencontre des courants les plus divers et les plus récents. Témoin privilégié de l'essor soudain de ce qu'on appellera plus tard la «contre-culture», Cloutier participe pleinement à l'euphorie qu'accentuent l'usage répandu de la drogue et, pour les Québécois, l'espoir d'une affirmation et d'une libération collective. «On est parti, rappelle Cloutier, de l'impression qu'après la Révolution tranquille, on avait tout en mains pour construire un pays[2]». Espoir dont il reconnaîtra plus tard qu'il était excessif; mais, dans la foulée du *Flower Power*, l'imagination pouvait se croire au pouvoir! Pour former sa troupe, Cloutier fait d'abord appel à un groupe contestataire qui a présenté, à l'Université de Montréal d'abord, puis en tournée, un spectacle au titre révélateur: *Pot T.V.* Paule Baillargeon, Claude Laroche, Gilbert Sicotte, Pierre Curzi, ont ainsi constitué, avec Suzanne Garceau, Jocelyn Bérubé et Guy Thauvette, le noyau de cette nouvelle troupe qui naît au printemps de 1969 et dont le premier spectacle, *T'es pas tannée, Jeanne d'Arc*, sera créé à l'automne suivant.

Avec tambours et trompettes

Cette troupe s'appelle le *Grand Cirque Ordinaire*, parce qu'on veut créer, dans l'esprit défini par Grotowski, un théâtre populaire, inspiré du cirque, joué sur une piste ouverte où, plutôt que de recréer un décor réaliste pour représenter une pièce linéaire et refermée sur elle-même, on verra se succéder divers numéros. Déjà se dessine une tendance à l'improvisation: partant de schémas ou de scénarios bien délimités, on prévoit des variantes selon le public ou l'inspiration du moment. «Spontanéité, espace, action, *Work in progress*[3]»: cette définition que donne Jotterand du «nouveau théâtre» de John Cage conviendrait assez bien au GCO. Mais l'influence dominante est clairement celle de Grotowski dont la troupe a d'abord utilisé les schémas[4]: le groupe lui doit aussi sa foi inébranlable en un théâtre où chaque comédien a un rôle véritablement créateur à jouer.

Créateur, sans pour autant exclure le dramaturge, dans la plus étroite solidarité avec le groupe comme avec le spectateur. En ce sens, la conception du comédien-créateur et l'improvisation collective constituent la solution du GCO au problème, tant de fois soulevé après les expériences de Françoise Loranger, de la participation. Raymond Cloutier dira: «Le théâtre de participation, c'est rire des gens en leur faisant croire qu'ils participent. Nous, le plus loin qu'on peut aller, c'est de se situer dans un cirque [...] À la fin, c'est la véritable création collective qu'on vise. C'est peut-être utopique, mais j'ai foi en cette utopie[5]». Reconnu comme utopique, l'idéal est poursuivi, diversement mais sans relâche depuis la création, en 1969, de *T'es pas tannée, Jeanne d'Arc*, jusqu'au spectacle entièrement improvisé donné en 1976 et intitulé — pour bien marquer encore le caractère utopique de l'entreprise — *la Stépette impossible*.

Jeanne d'Arc vit au Québec

Le premier spectacle, qui a connu une longue carrière en tournée sous l'égide du TPQ et dont Roger Frappier a fait un film[6], présentait déjà tous les thèmes chers au GCO: la famille, la libération du Québec, celle de l'individu par rapport à tous les tabous religieux et sociaux. S'inspirant de la version brechtienne du *Procès de Jeanne d'Arc*[7], on le transpose et le transforme pour faire de Jeanne d'Arc non plus une figure historique, mais un personnage symbolique, une «médiation» permettant, par un certain parallélisme entre les circonstances historiques qui ont amené son procès et sa condamnation et la situation québécoise contemporaine, de passer jugement sur d'autres personnages-allégories affublés sur scène d'énormes masques en papier mâché et nommés l'Envahisseur, la Justice et l'Église. Le spectacle s'ouvre sur une parade de cirque, au son des tambours, des clairons et des trompettes; la musique, le chant et la danse continueront d'alterner avec le dialogue et les récitatifs dans un ensemble qui récrée une atmosphère de fête populaire. Comme au cirque où le clown fait ses culbutes et pitreries pour dérider l'auditoire entre le numéro du funambule et le saut périlleux, les comédiens font alterner les temps forts et les temps faibles, les épisodes de tension tragique et l'éclatement d'une joie bouffonne. Il ne faut donc pas chercher, ici, l'unité de ton, la structure linéaire d'un récit ou la cohérence de l'intrigue: le canevas est fixé, la plupart des textes sont écrits, mais la marge du jeu ouvert et de l'improvisation est grande puisque au moins trois sketches — «La Ballade au Québec», «La Torture» et «La Famille» demeureront ouverts aux transformations possibles, compte tenu des circonstances.

Ce spectacle se situe évidemment, aussi, dans le courant des œuvres engagées. Théâtre «national» plutôt que «nationaliste», populaire et politique au sens large du terme: celui qui, sans prêcher, sans proposer clairement une option politique, cherche à provoquer une prise de conscience par la manière même dont il reflète une situation contemporaine. C'est pourquoi l'équipe du GCO, tout en affirmant l'importance — voire la priorité — de l'engagement social, a toujours refusé de s'inféoder à toute action de revendication ou de mouvement militant. Cette priorité se définissant et s'exprimant dans et par le jeu[8], on ne conçoit pas qu'on puisse préférer l'efficacité politique à celle du jeu: c'est peut-être la nuance qui sépare le GCO du Théâtre Euh! et d'autres troupes «engagées[9]». Dans une entrevue accordée à Gilbert David, Jocelyn Bérubé définit *T'es pas tannée, Jeanne d'Arc* et *la Famille transparente* comme des spectacles «socio-poétiques[10]»: l'expression me semble convenir admirablement à toutes les activités et préoccupations du groupe, la projection d'un regard poétique sur la société constituant elle-même, d'ailleurs, une forme d'engagement.

Tournées et chevauchées

De septembre 1969 à décembre 1971, le GCO mène une activité très intense, parcourant la province d'abord avec *T'es pas tannée, Jeanne d'Arc* — joué cent trente fois — mais aussi avec des soirées d'improvisation et trois autres spectacles: *la Famille transparente*, tirée d'un épisode du premier spectacle, *Alice au pays du Sommeil[11]* — conte pour enfants, mais inspiré des événements d'Octobre 70 — et *T'en rappelles-tu Pibrac*. L'histoire de ce dernier spectacle est à la fois inusitée et émouvante. En novembre 1971, la troupe arrive dans un petit village du Lac-Saint-Jean, «en chômage total depuis dix ans». Les villageois racontent leur histoire. En trois jours, les comédiens en font un spectacle, d'abord joué devant les villageois dont c'est l'histoire, repris ensuite trente-quatre fois. «Abordant pour la première fois un mode réaliste et une histoire véridique, le groupe prend en même temps conscience de ses contradictions[12]»: avec ce spectacle, il est clair que le GCO délaisse et dépasse une perspective «socio-poétique». Un mois plus tard, le ministère des Affaires culturelles (qui subventionne la tournée) interviendra pour interdire le spectacle. Ceci se produit à un moment où le groupe est épuisé et profondément divisé après plus de deux ans de vie commune et itinérante. On décide de se séparer, sans même savoir si, un jour, le groupe pourra renaître.

Il renaîtra, en février 1973. Cette fois, le groupe se retrouve au Patriote à Clémence, déterminé à reprendre ses activités et se définissant non plus comme une commune, mais comme une coopérative de comédiens. Structure plus souple, moins proche de la cellule familiale que la commune, identifiant mieux le partage des responsabilités et les limites de l'engagement de chacun des comédiens vis-à-vis du groupe. Leur nouveau spectacle s'intitule *l'Opéra des pauvres* et ce titre rappelle évidemment *l'Opéra de Quat'sous* — la pièce de Brecht, mais aussi le théâtre de l'avenue des Pins où le GCO a commencé sa carrière — suggère une réflexion commune sur l'aventure amorcée et à poursuivre: spectacle, jeu, mais où les comédiens, en se retrouvant, font le point sur *leur* théâtre qui est un théâtre-opéra et un théâtre pauvre. Le point, aussi, sur leur pauvreté matérielle[13], qu'on voudrait être le reflet et la rançon d'une richesse intérieure; mais on ne se cache pas, non plus, que les ressources spirituelles sont limitées. C'est pourquoi la «Note de service» rédigée pour présenter le spectacle ressemblera à une prière: confession et profession de foi, regard sur le passé et appel d'espérance.

> Veuillent les dieux de l'Art et de l'Amour nous protéger jusqu'à notre chevauchée finale vers les galaxies pures où seul le mensonge est refusé. Nous sommes enfin heureux et nous ferons tout ce qu'il faut pour le demeurer, n'ayez crainte. Nous avons connu la folie, la laideur, la vieillesse et la haine. Nous y reviendrons sûrement. Mais la conscience des choses est devenue malgré nous aussi importante que la chose elle-même[14].

Ce spectacle marque une étape importante dans l'évolution des thèmes comme dans la construction dramatique. L'optimisme et l'enthousiasme de la Révolution tranquille ont fait place au désenchantement face à un «régime libéral décadent»; à l'euphorie de la jeunesse et du «*flower power*» succèdent la hantise du vieillessement, «la peur qu'on a de devenir bourgeois». D'où, dans l'*Opéra*, une étonnante entreprise de récupération du passé: «on voulait avouer que le passé qu'on avait vécu, ce n'était pas un passé «*fucké*». C'est plutôt le présent qui semble désespéré et, faute de voir une issue valable, un bonheur réalisable dans un enracinement humain et social, il semble que «la folie [soit] la seule solution[15]». Folie, projection dans un espace et un temps oniriques ou imaginaires des paradis impossibles. Ainsi apparaît, dans la chanson *l'Atlantide*, l'aspiration aux bonheurs de quelque galaxie lointaine: «...et vous me lancerez pendant l'ivresse dans un grand paradis magique, dans la galaxie de l'Atlantide[16]». Angoissés par un présent stagnant et par leur propre vieillissement, les comédiens du GCO commencent à «faire le tour de [leur] héritage»; mais le seul avenir souhaitable semble «dans la folie organisée, la Fête, [...] dans le poétique, le cosmique, le délire[17]».

L'*Opéra* marque en même temps une transformation de la forme dramatique. La convention n'est plus celle du cirque avec ses alternances et son rythme de fête populaire. Ici dominent la musique et la chanson dans un ensemble qui tient davantage de l'opéra ou de la comédie musicale. «La musique prenait de plus en plus d'importance pour finalement assumer la rupture définitive entre la fiction et la réalité, la prise de conscience et l'évasion[18]». Plus que jamais, rêve, musique et poésie sont liés et s'opposent au prosaïsme du dialogue et du réel: comme s'il était devenu impossible de *chanter* une réalité dont on désespère, seuls les bonheurs illusoires seront célébrés. L'ivresse, la poésie, comme la musique, semblent désormais habiter quelque Atlantide retrouvée, elle-même au centre d'une mythologie éclectique qui s'imposera dans les fables et allégories du spectacle suivant.

Tragédie rock sur un air biblique

La reprise des activités du GCO, avec *l'Opéra des pauvres*, sera relativement éphémère. C'est avec la *Tragédie américaine de l'enfant prodigue*, créée en avril 1975 après une nouvelle interruption de plus d'un an, qu'on peut véritablement parler d'un retour du GCO. «Retour» à plus d'un titre. Celui de l'enfant prodigue, certes, dont la Bible nous a raconté l'histoire: cette reprise d'un récit biblique dont la seule évocation suggère la faute et le rachat, la confrontation entre le père et le fils, l'héritage trop vite dépensé, rappelle l'usage fait, dans leur premier spectacle, d'un récit également emprunté à la tradition. Mais les variations sur le thème de l'enfant prodigue concerneront le groupe lui-même, ses retrouvailles difficiles, ses rêves perdus, retrouvés ou à retrouver.

Tout ceci est déjà suggéré dans le communiqué publié par le Théâtre du Trident[19] et qui définit fort bien le ton et le mouvement de la pièce:

> Une tragédie rock
>> Sur un air biblique
> Un mouvement acide
>> Quelques allegros pour l'expo
> Puis une descente en mineur
>> Vers un silence qui nous fait peur
> Et demain, qu'arrivera-t-il
>> Aux enfants de la terre promise[20]?

Le canevas est emprunté à la Bible, mais le traitement en est clairement et partout parodique. «L'immense» roi Romuald s'affirme d'entrée de jeu comme une sorte d'Ubu lubrique, et son «fils» Claude, d'abord identifié comme un garçon, est une fille. Parti(e) chercher «la clef d'un coffre qu'on [lui] a volé[21]», son cheminement sera celui que raconte la Bible: elle a tôt fait de dilapider sa fortune et de se retrouver «sans héritage autre qu'un coffre d'illusions[22]». Toutefois, le déroulement n'est nulle part linéaire. Dès la première scène mettant en présence Luc Lucifer et Louison la louve, l'angoisse et la désillusion sont manifestes, alors qu'un certain espoir et, surtout, une farouche volonté de préserver le rêve, coexistent à la fin avec la peur de l'avenir:

> Reviens beau carrosse bleu
> Sans avenir et sans passé
> J'ai peur d'avoir trop rêvé[23]

On ne retrouve pas, ici, l'évolution nette et chronologique de l'*Opéra des pauvres*, où les difficultés de l'âge mûr succèdent à une nostalgique adolescence avant d'évoquer une pénible vieillesse. La pièce tout entière semble plutôt limitée à l'*enfance*, à ce pari fait par Louison sur l'enfant qui «embrassera la terre, dansera la nuit, sera l'étoile du ciel électronique[24]». Mais cet enfant-prince-princesse traverse à la fois tous les âges, tous les lieux[25], dans un mélange constant du rêve et de la réalité à travers une utilisation des plus fantaisistes des symboles et personnages des contes pour enfants.

C'est pourquoi l'élément organisateur et unificateur de la pièce n'est qu'en apparence le récit biblique. Les images importent bien davantage — et d'abord celle du *coffre*: coffre aux trésors ou aux illusions, boîte de Pandore ou palais baroque, voire «cheval-bateau qui traverse mer et mondes», ou ces «cages» et ces «caves» où vivent les «enfants [qui] sont en voyage[26]». Toutes ces images renvoient à une image fondamentale qu'elles transforment, précisent, nuancent: le *carrosse* d'un cortège bigarré, chevauchant le quotidien le plus banal et les splendeurs astrales.

Étiez-vous là
Quand il passa
Ce beau carrosse éblouissant
Nous le suivions
Les yeux mouillés
De la révolution promise[27]

Il y a quelque chose de fou, d'incohérent, de dionysiaque dans ce défilé; mais l'ivresse vient ici des rêves, de la drogue, de l'espoir tenace d'en arriver à un monde nouveau. Espoir fervent, mystique, religieux: «nous serons des pèlerins égarés qui cherchent le nouveau dieu[28]».

Quête d'un nouveau dieu, d'un nouveau monde. Aussi la scène V de la première partie, reprenant et parodiant le récit des sept jours de la création, apparaît-elle comme la plus importante, la plus révélatrice d'une cohérence profonde du texte. C'est d'abord en parlant d'inventer «de nouvelles frontières» et de changer le monde que le père accepte de donner à l'enfant prodigue sa part d'héritage: «Moi ton père Romuald l'immense, en pleine possession de

121

ses facultés, je te commande de me créer un monde meilleur[29]». Suit alors le récit lyrique fait par Lili Mercuriel[30] «en transe»: elle annonce la nouvelle Genèse qui lui est «révélée». En fait, le récit de ce qui adviendra à l'enfant prodigue galopant «sur un cheval de plomb» évoque l'Apocalypse, mais décrit surtout un itinéraire *initiatique*. Entre la rencontre, au premier jour, de «l'arbre velu à sept têtes» et la renaissance du septième jour «chez les demi-dieux [...] dans la cité nouvelle», l'enfant prodigue sera confronté à la séduction des «mille guitares» accompagnant son «plaisir et [sa] plainte» avant de connaître le dénuement, «la boue dans les ongles», le combat et la désolation. «Au sixième jour s'élèveront des odeurs fétides, venues des marais empestés et tu fuiras la plaie de l'ennui»; ce texte, qui reprend de manière si évidente le thème de la *Terre Gaste*, révèle clairement le caractère initiatique de cette chevauchée, de cette création d'un monde nouveau.

Symboles et paraboles sont empruntés à de lointaines traditions, certes, mais la réalité est contemporaine. Ainsi «l'hydre bleu, soldat de l'empire gris» affronté le cinquième jour alors qu'on crie «des slogans inutiles», on l'identifiera clairement, plus tard, au «policier de l'empire gris[31]», dans une scène que le scénario appelle d'ailleurs la «partie montréalaise». Dans ce contexte aussi, les allusions à ceux qui «doivent descendre dans la rue» ou qui «trafiquent des herbes pour de la poudre[32]» ne peuvent renvoyer qu'à des événements et conflits récents bien connus.

Toute la deuxième partie du spectacle, presque entièrement improvisée, illustrera non seulement les conflits entre «l'empire gris» nord-américain et le monde nouveau sous l'inspiration du *Peace and Love*, mais aussi — avec une franchise parfois brutale et vulgaire — la difficile réalisation d'un idéal de fraternité et d'amour, la désillusion de ceux qui, croyant toucher au rêve et à l'enchantement, retombent dans le dénuement et la solitude.

Je croyais comme toi avoir changé la vie

Nous sommes des oiseaux de cabaret
Voilà que le spectacle nous ennuie[33]

Le grand rêve de devenir «le nouvel oiseau sans race, l'homme-femelle de l'espace[34]» est à l'image même de l'aventure vécue par Claude, fils-fille prodigue: aussitôt détruit que réalisé, peut-être parce qu'il n'est fertile et exaltant qu'à l'état de projet, de promesse et d'espoir. Il y a donc malaise[35], *tragédie*, dès lors que ne peut s'accomplir la «révolution promise», se constituer le monde «où tous les cœurs battent au même coup[36]», univers de beauté, de douceur et d'amour éperdu.

Conçue dans l'alternance des récitatifs et du dialogue, de l'improvisation et des chansons, la *Tragédie américaine de l'enfant prodigue* passe aussi du ton le plus solennel au langage le plus incohérent, du lyrisme de certains passages au prosaïsme rocailleux et à la vulgarité. On pense parfois au Claudel de *Jeanne au bûcher*, dans la première partie, mais le rythme musical et les thèmes abordés suggéreraient plutôt une parenté avec *Hair*[37] ou Beau Dommage. Cela semble d'ailleurs correspondre à la conception que s'était faite Cloutier de cette pièce qui, tout en faisant «appel au vieux mode tragique de notre civilisation», serait «un mélange de Zappa et d'Aristophane[38]». Mélange assez réussi dans l'ensemble, d'autant qu'on se laisse emporter par un endiablant rythme rock et par le mouvement de «cirque vif et délirant[39]» dont le GCO semble posséder le secret. Mais un examen plus attentif laisse bien voir que le spectacle «charrie quelques scories sur son passage[40]». Il en charrie même un peu trop: inutilement, car le message ne serait pas moins clair, la «tragédie» moins évidente si le texte en était plus soigné.

Le pas dans le vide

Ce jugement porté sur la *Tragédie américaine*, jugement que je veux nuancé mais où j'ai voulu dégager des faiblesses constantes — un côté «brouillon» et inutilement débraillé

— autant que l'exceptionnelle ferveur, dans la recréation d'une grande fête ininterrompue, je pense qu'on peut l'appliquer à toute la production du GCO, et particulièrement aux deux derniers spectacles[41]. Dans le dernier, *la Stépette impossible*, qualités et défauts sont mis en évidence plus qu'ailleurs, du seul fait de l'extrême spontanéité qui caractérise l'improvisation. Dans ce spectacle, tout devait naître spontanément sans qu'on ait même prévu un ordre d'intervention ou un canevas délimitant le jeu. Le spectateur est alors associé, comme l'écrivait Gilbert David, «à la pénible gestation[42]» de l'œuvre; le comédien doit compter sur ses seules ressources, son habitude du métier et les caprices de l'inspiration, laquelle est tout de même limitée. Aussi ne doit-on pas s'étonner de retrouver, au fil des diverses intrigues inventées, les lieux communs de l'heure, tels «la problématique familialiste[43]», les aspirations à la souveraineté nationale, les conflits sociaux ou les situations dramatiques traditionnelles: le triangle amoureux, la jeune fille et l'amour, les voisins ennemis, la quête de l'héroïsme.

On ne peut résumer ni raconter *la Stépette impossible*: par définition, un spectacle improvisé se renouvelle à chaque représentation. On peut tout de même en dégager une démarche générale, un canevas dont l'utilité première est de faire alterner temps forts et temps faibles. À la musique des joyeuses fanfares et des violoneux succèdent, dans le recueillement, les improvisations: «le pas dans le vide, la fanfare dans le silence, la danse vertigineuse de l'homme qui invente le monde pour l'habiter[44]». Le groupe prend place dans un grand cercle autour de la scène, se recueille dans un silence total qui s'impose à la salle, dans l'attente du jeu à naître. Puis un comédien se détache du cercle, s'avance vers le centre de la piste. Un geste, une parole, quelques phrases lancent le jeu qui sera complété et modifié par la participation des autres comédiens. Le spectateur, lui, doit comprendre le jeu à mesure qu'il s'invente, suivre l'évolution du comédien avec cette même intense attention que l'on met, au cirque, à voir évoluer l'équilibriste. Au-delà des «histoires» à inventer et à comprendre — on évoquera «la noce, la guerre, l'enfance et la violence, le drame éternel de l'amour et de la folie» — l'intensité dramatique créée chez le spectateur tient davantage à un courant d'empathie qui le tient rivé au jeu du comédien, lequel assume pleinement la difficulté de «créer le *show* qui n'existe pas», risquant le saut dans le vide, «les pieds liés sur le fil de la mort et de la vie[45]».

Cela dit, un tel spectacle met en cause les fondements mêmes du théâtre et tout autant ceux de la critique dramatique. Portant sur *la Stépette impossible* un jugement très dur — il parle d'une «recherche à vide» conduisant tantôt à un «récit assez fragile», à des «jeux réalistes», tantôt à un «hermétisme assez gratuit» — Gilbert David demande: «pourquoi improviser si on n'a rien à dire[46]?» Question pertinente, mais qui implique à mon avis un jugement trop rapide, peut-être même le rejet de toute improvisation puisque celle-ci se nierait en évitant toute «recherche à vide». Comment éviter, en tout cas, l'éclatement du récit linéaire et le risque d'une dispersion? Il faut voir, par contre, l'intérêt d'un jeu où le comédien assume successivement plusieurs fonctions dramatiques et sociales[47] et ne laisse jamais l'illusion du réel supplanter la réalité du jeu. Ceci implique une extrême distanciation et détermine une nouvelle alliance entre le jeu et la vie: alliance qui repose moins sur le message, le *dire* ou même le geste — langage premier du théâtre — que sur l'*être* même du comédien, son engagement profond, total, aussi bien qu'éphémère puisqu'il ne peut s'agir de faire œuvre durable.

En somme, il faudrait être naïf pour exiger de l'improvisation une perfection formelle qui ne peut s'y retrouver que par une sorte de miracle. *La Stépette impossible* n'échappe pas plus que d'autres spectacles aux risques du genre: il faut en signaler et déplorer les «scories», mais en reconnaître les qualités. Il faut surtout observer que ce spectacle n'a été rendu possible que grâce à la longue habitude qu'ont les comédiens du GCO du jeu en commun. Dès le départ, avec *T'es pas tannée, Jeanne d'Arc*, ils ont défini le comédien comme un créateur, et le théâtre comme un cirque: dans la même logique, la «*Stépette*» est «à l'état pur» un théâtre de *comédiens funambules* qui, pour la première fois, osaient jouer sans filet. En ce sens, la *Stépette impossible* constitue un jalon important dans l'histoire récente du théâtre québécois comme dans l'évolution du GCO lui-même. On a l'impression très nette que le GCO termine ainsi un grand cycle et laisse en même temps entrevoir des orientations nouvelles. Ceci n'a pas échappé au critique Lawrence Sabbath, qui décèle dans ce spectacle «*the stamps of the group's move into fresh directions*[48]», ce qui, effectivement, modifierait sensiblement le climat de spontanéité recréé et maintenu depuis les débuts.

Sans doute une nouvelle orientation est-elle inévitable: mais laquelle? Depuis le printemps 1976, rien de ce qu'on a pu voir ne justifie l'optimisme. *Les Fiancés de Rose Latulippe*, pièce conçue comme le pendant du spectacle féministe monté par les comédiennes trois ans plus tôt, marque bien «le cul-de-sac de l'improvisation[50]»: cette «tragédie des mâles dans un monde écroulé[51]» ressemblait davantage à un divertissement peu inspiré, souvent vulgaire, qu'au spectacle rigoureux qu'on aurait espéré. Le véritable tragique se trouve plutôt dans le *Mandrake chez-lui* de Raymond Cloutier: mais ce *one-man-show* serait-il la flagrante contradiction qui marque la fin des activités d'un groupe dont la création collective et le fonctionnement coopératif ont été la raison d'être? Cloutier parodie le magicien Mandrake dont la magie n'opère plus. Tout ceci semble bien indiquer que le charme est rompu[52].

À mots couverts, c'est aussi ce qu'exprime Claude des Landes, suggérant que si la revue *Jeu* cherche à «rallumer les feux de la fête[53]», c'est sans doute pour la dernière fois, le temps de dresser le bilan. On doit toutefois reconnaître que celui-ci est largement positif. Quoi qu'il en soit dans l'avenir, le GCO demeurera ce groupe — non pas unique, mais à l'influence déterminante — qui a fait renaître la fête et contribué à «dénoncer nos peurs ataviques et [à] transformer notre histoire nébuleuse en un miroir de notre contemporanéité québécoise en terre américaine». Fête souvent anarchique, mais fervente, fête confuse et amère après les grands paradis entrevus, les spectacles du Grand Cirque Ordinaire auront été «l'expression euphorique de notre vie tragique[54]». Commentant au nom du groupe le nom choisi, Claude Laroche dira que «le cirque c'est l'élément mensonge», mais qui sert à «dire toute la vérité», et que «l'ordinaire, c'est la vie[55]». Définition paradoxale qui ne touche pourtant que les paradoxes les plus grands et les plus fertiles. Car, si le jeu doit toujours inventer (et donc mentir) pour révéler les vérités profondes, le portrait ainsi projeté d'une société n'est jamais innocent ni «ordinaire»: le Grand Cirque non plus qui a eu l'audace de danser sur la corde raide pour vivre intensément le tragique de la vie.

J.-C.G.

Références

*   Une première version de ce chapitre a fait l'objet d'une communication au congrès de l'ACFAS 1977, à Trois-Rivières; le texte en a été publié dans *Aspects du théâtre québécois* (textes colligés par Étienne F. Duval). Trois-Rivières, UQTR, 1978, p. 127-142.

1. Claude des Landes, «Les feux de la fête». *Jeu*, nº 5, printemps 1977, p. 4.

2. Cf. H. des Rosiers, «L'enfant prodigue voyage à travers le temps». *Journal de Montréal*, 3 avril 1975, p. 19.

3. F. Jotterand, *le Nouveau Théâtre américain*. Seuil, «Points», 1970, p. 72.

4. Ceci m'a été confirmé lors d'une entrevue avec R. Cloutier et C. Laroche, le 17 février 1976.

5. Cf. Micheline Handfield, «Parce qu'ils n'en connaissent pas d'autre, les Québécois sont ouverts au théâtre populaire, le GCO». *Québec-Presse*, 23 août 1970.

6. Film intitulé «Le grand film ordinaire ou Jeanne d'Arc n'est pas morte, se porte bien et vit au Québec», réalisé avec la participation de la S.D.I.C.C. et distribué par Faroun Films.

«Sans être un documentaire, le film reprend plusieurs tableaux du spectacle *T'es pas tannée, Jeanne d'Arc* tout en nous faisant revivre le travail des comédiens en tournée au Québec et, avec humour, leurs aventures de groupe.» *Jeu*, n° 5, printemps 1977, p. 97.

7. Voir la présentation que fait Laurent Mailhot de *T'es pas tannée, Jeanne d'Arc. Jeu*, n° 5, p. 32-39.

8. Position que m'ont confirmée C. Laroche et R. Cloutier, lors de l'entrevue du 17 février 1976.

9. Voir Jean Garon, «La confrontation de deux conceptions du théâtre». *Le Soleil*, 17 novembre 1970. Voir aussi «Dossier théâtre populaire, théâtre militant: le Grand Cirque Ordinaire et le Théâtre d'la Shop». *Stratégie*, n° 9, été 1974. «Il faut dire qu'on est d'abord artiste...» dira Paule Baillargeon, *ibid.*, p. 36.

10. *Jeu*, n° 5, p. 42.

11. «Cette pièce s'intitulera aussi *Alice au pays des merveilles* [...] D'abord, le GCO voulait faire une adaptation de l'œuvre de Lewis Carroll qui porte le même titre. Finalement, il n'en garda véritablement que l'héroïne et quelques faits pour écrire, en octobre 1970, un scénario original.» *Jeu*, n° 5, p. 94.

12. Pour ce spectacle, que je n'ai pas vu, je m'en remets à diverses descriptions et, surtout, à la «Petite histoire du Grand Cirque» présentée par l'équipe du GCO «Pibrac, pour moi, c'est le meilleur *show* du Grand Cirque». *Jeu* n° 5, p. 46. Quant à Gilbert David, il y voit une «Geste des temps modernes» qui «inaugure une pratique populaire du théâtre, dépassant en quelque sorte le seul niveau culturel et nationaliste de *T'es pas tannée, Jeanne d'Arc*», *ibid.*, p. 52-53.

13. «On a commencé l'*Opéra des pauvres* avec mille piastres dans le trou et notre vie personnelle pour la plupart d'entre nous était loin d'être drôle. Ce qu'on a montré, c'était *rough*, parce que ce qu'on vivait pis ce qui nous attendait plus tard, c'était *rough*, aussi.» *Jeu*, n° 5, p. 57.

14 Cf. «Petite histoire du Grand Cirque». *Ibid.*, p. 11-12.

15. *Jeu*, n° 5, p. 57.

16. «L'Atlantide». *Ibid.*, p. 56.

17. Lorraine Hébert, «L'Opéra des pauvres». *Ibid.*, p. 59.

18. *Ibid.*, p. 61.

19. La *Tragédie* a été jouée plus de trente-cinq fois, d'abord au Théâtre de Quat'sous à Montréal, puis au Palais Montcalm de Québec, en collaboration avec le Théâtre du Trident.

L'analyse qui suit a paru dans le n° 5 de *Jeu*, p. 74-80.

20. Théâtre du Trident, Québec, communiqué n° 35.
21. La *Tragédie américaine de l'enfant prodigue*, p. 29. Je cite le texte polycopié qui a servi aux comédiens, seul texte disponible de la pièce.
22. Communiqué du Trident.
23. Chanson-thème, «Suite pour un truchement», dernier couplet.
24. *Tragédie américaine*, p. 9.
25. Ce qui explique, entre autres, ce refrain de «Ti-cul la lune»: «Mais moi j'sus dans l'métro / en dessous de Montréal ou de Toronto», tout comme la présence de «la galaxie de l'Atlantide» évoquée dans la chanson reprise de *l'Opéra des pauvres*.
26. *Tragédie américaine*, p. 32.
27. «Suite pour un truchement», refrain. Signalons l'évidente parenté entre ce refrain et le thème général du second disque de Beau Dommage, *Où est passée la noce?*
28. *Tragédie américaine*, p. 21. Il est évident que tous les spectacles du GCO révèlent une certaine préoccupation religieuse, voire une sorte de courant «mystique» qu'il faut rapprocher de celui qu'on retrouve souvent chez les tenants de la contre-culture, du *Peace and Love*. Dans l'entrevue accordée à G. David, Raymond Cloutier dira que «ça a tout le temps été comme ça, au Grand Cirque [...], c'était quelque chose de religieux [...], une messe pas avouée.» (Cet extrait n'a pas été publié dans le n° 5 de *Jeu*.)
29. *Ibid.*, p. 24.
30. *Ibid.*, p. 24-25.
31. *Ibid.*, p. 32.
32. *Ibid.*
33. «Sommes-nous partis», chanson, 1er couplet.
34. *Tragédie américaine*, p. 27.
35. Voir la chanson «Beau malaise».
36. «Suite pour un truchement», 1er couplet.
37. Parenté d'ailleurs suggérée par Lawrence Sabbath, dans la meilleure critique du spectacle qu'il m'ait été donné de lire. Cf. «*Rock musical captures Québec's growing pride*». *The Montreal Star*, 15 avril 1975, p. D 15.
38. Cf. Michel Beaulieu, «Le nouveau spectacle du Grand Cirque Ordinaire, un mélodrame pour vieux hippies». *Perspectives-Dimanche*, *Dimanche-Matin*, 13 avril 1975, p. 13. Si on préfère, on peut retenir un autre «mélange» suggéré par Monique

Corrivault, qui propose de «Marier Anouilh et Latulippe». *Le Soleil*, 31 mai 1975.

39. Alain Pontaut, «Un grand carrosse assez éblouissant». *Le Jour*, 12 avril 1975, p. 13.

40. *Ibid.*

41. Je laisse de côté *Un prince mon jour viendra*, spectacle «féministe» monté par Paule Baillargeon et Suzanne Garceau, avec la participation de Luce Guilbeault en janvier 1974. Voir l'article de Yolande Villemaire. *Jeu*, n° 5, p. 65-70.

42. «La Stépette impossible». *Jeu*, n° 2, p. 96.

43. *Ibid.*

44. Feuillet de présentation du spectacle par le GCO.

45. *Ibid.*

46. *Art. cit.*, p. 96.

47. Il ne s'agit pas, bien sûr, d'une caractéristique exclusive à l'improvisation. Au Québec, c'est dans *le Quadrillé* de Jacques Duchesne (1963) qu'on semble rencontrer pour la première fois cette technique. Voir mon article «Le théâtre, ou l'art de la stépette». *Livres et auteurs québécois*, 1975, p. 148-149.

48. «Cirque stage unique spectacle». *The Montreal Star*, 26 janvier 1976.

49. Bruno Dostie, «Les athlètes de l'improvisation au bord de la Stépette possible». *Le Jour*, 18 février 1976, p. 16.

50. Cf. Adrien Gruslin, «Les Fiancés de Rose Latulippe; le cul-de-sac de l'improvisation». *Le Devoir*, 12 octobre 1977, p. 27.

51. Communiqué du GCO, Le Patriote, octobre 1977.

52. Ou serait-ce un désenchantement personnel? Je note qu'au dos de la veste rouge que portait le «magicien», on pouvait lire *Mondray*, qui serait une déformation de Mandrake. Mais il s'agit surtout d'un anagramme, d'un renversement parodique de *Raymond*, le propre prénom de Cloutier...

53. Cf. Claude des Landes, «Les feux de la fête». *Jeu*, n° 5, p. 6.

54. *Ibid.*, p. 5 et 6.

55. *Jeu*, n° 5, p. 24.

Deuxième partie

Univers dramatiques

Chapitre 6
Anti-héros
à la Barbeau

À propos du *Chant du sink*, rappelant ses débuts à la Troupe des Treize de l'Université Laval, Jean Barbeau déclarait vouloir se «diriger vers un théâtre qui fait éclater les formes qu'on connaît[1]». L'intention est louable; il faut reconnaître que certaines pièces vont dans ce sens; d'autres, cependant (et parmi les plus récentes) montrent à l'évidence que nous sommes encore loin d'un éclatement véritable.

À la vérité, la contradiction est profonde entre les prétentions théoriques de Barbeau et la plupart de ses réalisations. Participant à une table ronde sur le «*happening*», ne prenait-il pas clairement le parti de «l'acte concret» contre le texte, du jeu des comédiens contre le rôle du dramaturge? Le théâtre n'appartenant pas à la littérature, souligne-t-il, «qu'est-ce que les auteurs y font[2]?» Comment alors justifier le long monologue de *Solange* ou *Goglu* — monologue à deux? On cherche plus vainement encore la priorité du jeu et de la «machine» théâtrale dans le discours féministe, lourdement didactique, de *Citrouille*: texte que tout cela, traditionnel et d'un intérêt discutable. Affirmant par ailleurs que «écrire du théâtre, c'est le limiter, le dévier de sa signification première, c'est lui enlever ses vraies possibilités[3]», le dramaturge Barbeau porte donc sur lui-même un jugement dur mais, dans certains cas, assez juste. Il faut cependant voir le cheminement du dramaturge pour comprendre ces apparentes contradictions et, parfois, les dénouer.

On sait peu de choses de *Caïn et Babel*[4], première pièce jouée en 1965[5] au collège de Lévis, sinon que déjà s'y affiche l'utilisation ludique du langage et de l'événement historique. Tout naturellement aussi semble s'imposer, dès lors, le travail en collaboration[6]. Suivront *la Geôle*, créée en 1967, et trois créations collectives jouées au théâtre de l'Université Laval, de mars 1968 à novembre 1969: *Et Caetera, les Temps tranquilles*[7] et *le Frame all-dress*. Spectacles qui se veulent «une contestation des formes traditionnelles de théâtre[8]», ce qui est quelque peu paradoxal, Barbeau ayant alors une connaissance et une expérience assez limitées de ce qu'il conteste[9]. Mais nous sommes au tournant de 1968: alors qu'on découvre *les Belles-Sœurs*, le Grand Cirque Ordinaire prépare son premier spectacle et, un peu partout dans le monde, se répand un grand courant de contestation. Dans ce contexte, les prises de position et l'activité théâtrale de Barbeau étonnent moins. À la même époque, plusieurs jeunes artisans du théâtre rejetaient les conventions du passé, plusieurs comédiens se voulaient créateurs. Mais c'est sans doute à Barbeau, comme l'affirme Jean Royer, que revient le mérite d'avoir proposé la première création collective au Québec[10].

L'expérience dure peu, le temps d'un nécessaire apprentissage, et conduit curieusement à la revalorisation du dramaturge. Barbeau lui-même parle d'*Et Caetera* comme «d'une création collective, écrite par une seule personne», affirmant par ailleurs qu'il s'agissait pour lui d'une «expérience technique, [...] la cuisine du théâtre[11]». Quant au canevas du *Frame all-dress*, il illustre à la fois la difficulté de la création collective et le nécessaire recours à l'auteur. Laissés à eux-mêmes et à court d'inspiration, les comédiens devaient en effet partir à la recherche d'un dramaturge; l'ayant trouvé, ils le mangeaient, croyant ainsi assimiler le souffle créateur de l'auteur. Geste au symbolisme évident[12]: reconnaissant leur impuissance, les comédiens du collectif ne peuvent accéder à la création qu'en s'incorporant l'inspiration du dramaturge, celui-ci n'étant mis à mort que pour renaître aussitôt et reprendre l'initiative et la pleine responsabilité de la création. Ainsi, après trois créations collectives où il reconnaît avoir fait son apprentissage, Jean Barbeau opte, en 1970, pour la création individuelle.

Monologues ou comédies plus ou moins légères, drames néo-réalistes sur des problèmes sociaux, les pièces de ce dramaturge formé à la création collective — et qui continue à préférer au titre d'écrivain celui d'animateur — oscilleront tout naturellement entre deux tendances contraires: une dramaturgie fort conventionnelle, et l'éclatement des formes. Mais au-delà des formes et des personnages, traversant et informant le comique autant que le tragique, certaines obsessions s'imposent. Pour jouer *le Chemin de Lacroix*, Barbeau réunit une troupe dont le nom révélera ses préoccupations essentielles: le Théâtre Quotidien du Québec veut retrouver et traduire le vécu quotidien du Québécois, la profondeur tragique du fait divers aux allures de reportage, mais souvent proche de l'épopée. «Brecht serait d'accord», commente avec raison Jean Royer[13]. Plusieurs thèmes seront traités dans cette perspective, dominés par la grande obsession du langage, symbole de l'omniprésente dépossession[14] du Québécois. Celui-ci, à l'image de «l'ouvrier modeste» et exploité qu'est Rodolphe Lacroix, sera un être démuni rêvant d'héroïsme et de réussite, mais voué à l'échec, marqué par le destin: un anti-héros écrasé par ses rêves autant que par son lot quotidien de misère.

Surhommes parodiés, anti-héros

Citrouille, peut-être la moins représentative des pièces de Barbeau, nous présente l'illustration la plus simple, élémentaire et paradigmatique, d'une certaine image que le dramaturge se fait de l'homme et de la femme. Profitant de sa naïve et légendaire lubricité, trois femmes attirent un homme dans un chalet retiré pour le séquestrer et l'humilier. Entreprise étrange, entraînant des situations qui devraient être tragiques, mais dont on rit — ou l'inverse, on ne sait trop. À la scène finale, ayant forcé leur prisonnier à se dévêtir, les femmes entreprennent de le brutaliser et de le violer, le traitant de surhomme mais le forçant à appeler sa mère: «Appelle-la, superman... Elle te brûle les lèvres[15]». La pièce se termine donc (car la réalisation du viol sera laissée à l'imagination du spectateur) sur cette suprême dérision: obliger un «surhomme» à appeler «Maman». Le mythe de l'homme dominateur et victorieux n'est conçu que pour mieux l'anéantir; au fond, l'homme est perçu comme un pitoyable impuissant, incapable d'accéder à l'âge adulte. La femme, dominée-dominatrice, mère, putain ou virago (et souvent les trois à la fois), oscillant «entre la naïveté et la lucidité[16]», conserve malgré tout une sorte de beauté, quelque étrange et fascinante grandeur.

Il semble tout de même paradoxal qu'aucun des trois personnages féminins de *Citrouille*, agressifs, engagés dans le combat féministe contre la suprématie mâle, ne s'impose jamais comme «l'héroïne» de la pièce. Cela s'explique, si l'on songe que toute la pièce repose sur le combat à livrer contre l'homme — lequel devient par là même le centre réel de la pièce. Or, tel est presque invariablement le rapport entre l'homme et la femme dans cet univers dramatique d'une grande diversité. Jules et Julie, Manon et le ministre, Ben-Ur entre sa mère et sa femme, l'écrivain entre sa femme et ses trois inspiratrices: partout la femme, dont l'intériorité profonde n'est jamais livrée, sert d'abord à révéler l'homme à lui-même. *Solange* seule semble faire exception, car la femme est évidemment l'héroïne de ce monologue tendre et sérieux. Cette ancienne religieuse «à qui on a volé sa jeunesse et qui la retrouve dans les bras d'une autre femme[17]», avant de découvrir l'amour fugace d'un jeune révolutionnaire, est incontestablement la plus attachante figure féminine qu'ait fait vivre Barbeau — et l'une des plus belles de tout le théâtre québécois. Elle aussi, pourtant, ne vit désormais que pour son héros, ce beau révolutionnaire à la barbe généreuse qui lui rappelle le Christ de ses élans mystiques. Héros qui, on le sent bien, n'est tel que grandi par l'amour exalté et naïf de Solange. Lorsqu'elle l'aura retrouvé, parions que son Christ lui apparaîtra tel qu'il est véritablement, démystifié et semblable à tous les héros de Jean Barbeau: un anti-héros.

Cette quête de l'anti-héros, à peine perceptible dans *Solange*, semble se dégager lentement, par touches successives, des premières pièces. Comme elle confine à la tragédie, elle ne peut se révéler pleinement qu'à travers un certain tragique: nous verrons tout à l'heure que Barbeau a trouvé là sa veine la plus efficace et la plus prometteuse. Soulignons pourtant que ce cheminement passe par la comédie légère et grivoise, sorte de boulevard québécois: ce genre est si peu (ou mal) pratiqué, ici, que *Manon Lastcall* et *Joualez-moi d'amour* doivent retenir notre attention.

Dans ces deux pièces, le dramaturge n'invente à peu près rien, misant au contraire sur la technique, les situations, les calembours et les quiproquos auxquels nous ont habitués le boulevard et le vaudeville. Comédie légère, théâtre de divertissement — et qui ne prétend pas faire autre chose que divertir. *Manon Lastcall* nous situe dans un musée de la «Belle Province» dont le conservateur, ayant eu la faiblesse non seulement de succomber un soir aux charmes de l'appétissante Manon mais de lui promettre un emploi comme guide, se voit ensuite forcé de remplir sa promesse. Mal embouchée, se comportant dans ce musée comme elle l'aurait sans doute fait dans un cabaret louche et lançant aux visiteurs ce scandaleux «*last call*» qui justifie le titre de la pièce, Manon attire pourtant au musée une clientèle inhabituellement nombreuse, une foule plus évidemment intéressée par la tenue provocante de Manon que par les chefs-d'œuvre exposés. Ceci ne manquera pas de provoquer la jalousie de la femme du conservateur: c'est l'éternel triangle amoureux du boulevard. Le comique ne sera à son comble, toutefois, qu'avec la visite du ministre des Affaires culturelles — mince, petit, élégant, au langage précieux — venu constater *de visu* la miraculeuse et nouvelle popularité du musée et, peut-être, décerner une médaille à celle qui en est responsable. On imagine facilement la drôlerie d'une telle situation où s'affrontent l'affectation de l'un et le naturel «débordant» de l'autre, la logique officielle et le sens des conventions du ministre et le bon sens un peu grossier mais franc et efficace de Manon. Celle-ci remportera évidemment les honneurs de cette petite guerre.

Un peu moins complexe, la situation de *Joualez-moi d'amour* n'est pas moins efficace ni conventionnelle. Un jeune homme «sage», rencontrant une prostituée, décide de se dévergonder. Le malheur veut que la prostituée soit française: d'entendre son argot parisien rendra le pauvre homme impuissant. Il faudra, pour guérir ce mal, non seulement que la demoiselle apprenne à parler «joual» mais aussi qu'elle adopte une certaine vulgarité, un certain sadisme associés, ici, à la figure maternelle[18]; le jeune homme retrouvera ainsi, et heureusement, sa virilité perdue. Morale: pour celle qui saura lui «joualer» d'amour, le Québécois se fera piaffant et fringant[19]!

En apparence, rien de commun entre ces deux pièces et *Goglu*[20]. Courte pièce à deux personnages, Godbout et Goglu; le premier, on s'en aperçoit vite, ne sert qu'à écouter Goglu, à lui servir les répliques qui lui permettront de relancer sa «jonglerie». Pièce lente et lourde, presque insupportable: c'est l'extrême ennui de vivre, le vide de l'existence d'un individu par ailleurs terne et vulgaire. Non, Goglu n'est pas encore un anti-héros. Mais avec lui, comme avec le conservateur et le ministre de *Manon Lastcall* et le Jules de *Joualez-moi d'amour*, c'est comme si Barbeau ébauchait son personnage sans trouver la juste tension entre l'idéal et la réalité qui exprime le drame de l'anti-héros: l'impuissance.

Goglu, à la différence des deux autres pièces, touche au

tragique le plus dénudé, dans un univers suicidaire; le couple Goglu-Godbout illustrant «la tragédie par l'humour[21]», ne semble exister que pour faire voir les caractéristiques essentielles de l'anti-héros. Godbout fume la pipe — «la pipe provoque la sagesse» — lance quelques sujets de conversation, ramène Goglu à la décevante réalité: «toutes mes affaires, tous mes projets, tu brises ça d'même». (p. 67) Il semble immuable, installé dans ses habitudes, faisant corps avec son taxi, satisfait de sa médiocrité: c'est son inconscience qui est tragique. Goglu, au contraire, saute d'un projet à l'autre, passe de l'enthousiasme (bref) à la tristesse la plus profonde. Raconter l'histoire du pont de Québec, devenir beau et prendre femme — lui qui est «let, de nature» (p. 61): on croirait qu'il invente exprès des rêves irréalisables pour le plaisir masochiste de se «caller», de se «descendre». «Tu vaux autant qu'un autre; t'es un gars fiable, travaillant» (p. 68), lui dira Godbout. Mais Goglu n'écoute déjà plus, se détachant de cette réalité pour s'évader dans son grand rêve, loin des neiges et des glaces, étendu sur le sable chaud d'une île lointaine, aux côtés d'une «polytésienne (*sic*), comme on voit souvent dans les films». (p. 69) Point d'accomodement possible entre ce rêve et la réalité. Goglu le sait, qui songe parfois au suicide et dont le grand rêve d'amour «polytésien» se résoudra en masturbation.

«On tourne en rond, maudit qu'on tourne en rond» (p. 72): l'univers de Goglu est un cercle étroit, carcéral, aussi inexorable que le déroulement des jours et des saisons. Goglu en éprouve tout le tragique, viscéralement; en cela il s'oppose à Godbout, homme de l'inconscience et du superficiel, qui s'inquiètera d'abord, lorsque son ami fond en larmes, de ce qu'une passante pourrait le voir et en répandre la nouvelle. Mais Goglu est au-delà du respect humain, de la honte, il pleure parce qu'il est «tanné d'être tout seul comme un chien» (p. 71), dans un univers qui est l'envers du paradis rêvé. «Pour moé, Godbout, l'enfer, c'est icitte... Nous autres, on est morts». (p. 78) Se reconnaissant mort-vivant, prématurément vieilli et sans avenir, Goglu se voit surtout emmuré en lui-même. Aussi, de toutes les distractions que Godbout lui suggérera, il ne retiendra que la plus illusoire, celle qui donnera l'oubli: «on f'ra la Sainte-Catherine à quatre pattes, s'il le faut, mais on va être saouls...» (p. 72)

Cinq ans après *Goglu*[22], les deux amis Marcel et Gaston prennent la «brosse» promise à Goglu par Godbout. *Une brosse*[23] est une pièce simple, en deux parties fort différentes. Dans la première, les deux chômeurs attendent un coup de fil qui, peut-être, signifierait la fin du chômage. Ils parlent: de correction grammaticale, de pollution, de travail et d'argent. À chaque fois que le téléphone sonne, ils parient une bière — et la boivent. Au début du deuxième acte, ils sont donc fins saouls, sur ce trottoir où se sont empilés détritus et canettes vides; ils finiront par se vautrer dans les ordures, y trouvant comme les devins de l'Antiquité matière à prophétie, se transformant en joyeux justiciers pour condamner l'ordre politique et le grand Capital.

L'ivresse constitue évidemment le thème principal, l'élément déterminant de cette pièce. D'abord défenseurs de l'ordre — linguistique, économique, écologique — nos deux comparses découvrent, avec les vertus de l'alcool, celles de la «nouvelle science de l'ordurologie[24]» et les joies du «pollutionnaire[25]»; «pour une fois qu'on pollue dans la joie». (p. 91) Transformation radicale non seulement des personnages mais aussi du ton et du rythme de la pièce. On quitte le registre réaliste pour passer à «l'expression des phantasmes et du subconscient» et arriver, à la scène finale, à un «surréalisme de l'action doublé d'un traitement expressionniste[26]». Il faut noter, toutefois, que le seul ordre initial qui soit maintenu est celui du langage. Dans un cheminement à la Ionesco, Gaston se convaincra que le policier lui vole ses mots en notant le compte rendu qu'il lui fait des événements. Vol et viol, atteinte intolérable à son identité, puisque la langue «est la seule chose qui me reste, qui m'appartienne en propre». (p. 104) D'où l'éclatement d'une violence anarchique: on tuera le policier d'abord, ensuite la prostituée avec qui on vient de coucher, l'épouse, sans compter les personnages symboliques d'une fable où tour à tour on tue le Capital, étrangle le Premier ministre, éventre un député et fusille la police.

Commentant cette scène, Martial Dassylva montre que l'ivresse conduit ici à la réalisation de désirs refoulés. «Quels beaux meurtres ne commet-on pas quand on est paqueté? Quels profonds désirs n'assouvit-on pas quand on est *sur une brosse*[27]?» Il est sûr que seul l'état d'ivresse — qu'il ne faudrait surtout pas confondre avec l'inconscience — permet cette orgie de violence, en même temps qu'il la déréalise: «les deux chômeurs se droguent de la boucane de fusil, d'alcool, pour réagir enfin face à la ville telle qu'elle existe[28]», précisera Barbeau. On ne doit toutefois pas dissocier l'ivresse et la violence du thème de la pollution et des ordures, car dans ce lien se trouve le sens profond de cet épisode. La laideur et la puanteur, l'ordure et la fécalité sont, en effet, et depuis longtemps, un lieu commun de notre littérature théâtrale; et toujours, on le trouve associé à la misère (physique et morale) dont on cherche à se libérer[29]. Aussi faut-il souligner la pertinence de cette réplique des deux personnages arrivés au sommet de leur «puissance», réplique qui reproduit d'ailleurs une expression populaire connue: «Il fait chaud, ça pue, on est ben...» (p. 107) Expression de profonde et étrange satisfaction, presque de jouissance, mais qui illustre justement l'ambivalence de cette «victoire» de même que le caractère de fatalité attaché à ce qu'elle symbolise. Marcel et Gaston se révoltent, transgressent lois et tabous, se libèrent des contraintes sociales, pour goûter au chaud confort... d'un monceau d'ordures avant de s'installer dans un nouvel ordre familial, celui de la fraternité[30]. Certains fantasmes sont ainsi exorcisés, mais on revient à la situation initiale et au problème fondamental dont Barbeau, dans *le Chemin de la Croix*, a mieux qu'ailleurs exprimé la complexité tragique: l'impuissance.

Liturgie de la parole

Le Chemin de Lacroix a d'ailleurs tout pour exprimer cette tragédie de l'impuissance. Le schéma d'abord, emprunté à la liturgie: celui du chemin de Croix, utilisé avec autant de fidélité que d'à-propos, symbole par excellence d'un cheminement douloureux, marqué de chutes et de rechutes, d'humiliations et d'échecs. Avec toutes les transpositions nécessaires et qu'on imagine, Barbeau s'en tient donc aux quatorze stations — sauf la douzième, qu'on escamote[31]; du coup, la structure de la pièce se trouve définie, chacune des stations constituant une nouvelle scène de cette pièce en un acte. L'anecdote, inspirée d'un événement véridique, est la suivante: Rodolphe Lacroix, à l'occasion d'une manifestation rue Saint-Jean à Québec, est arrêté par la police. C'est la «condamnation à mort» et le début du chemin douloureux, marqué par les trois chutes, la rencontre de sa mère, de l'ami Simon, de Véronique et des «saintes femmes», la mise à nu et la flagellation, enfin la mise au tombeau. Mais Lacroix est évidemment un Christ peu orthodoxe, les rencontres qu'il fait ne le sont pas davantage. Sa mère, rencontrée en cellule, a été arrêtée pour vagabondage, c'est-à-dire pour s'être livrée à la prostitution. Simon, camarade d'enfance devenu policier, allégera bien peu ses souffrances; il n'en a d'ailleurs pas grande envie. Véronique ne sera représentée que par le symbole des empreintes digitales et par la serviette humide à travers laquelle les policiers frappent Lacroix au visage. Quant à la mise au tombeau, c'est le moment où Lacroix, usé par tant de tortures, d'échecs et d'humiliations, se fera «muet comme une tombe». (p. 46) On aimerait, après cela, espérer en la résurrection de Rodolphe. Il la croira lui-même possible, décidant, pour en finir avec des «folies» qui font de lui une victime chronique des forces de l'ordre, de se faire à son tour bourreau — et donc policier. Vain espoir, et Thierry le lui dira sans ménagements: «Tu peux pas rentrer dans la police, Rodolphe... T'as un dossier!» (p. 50)

«Le thème de la pièce est l'injustice sociale», affirme Barbeau[32]. Sachant par ailleurs que Lacroix reprend le célèbre «Finies les folies» de Pierre-Elliott Trudeau, prononcé au lendemain de la crise d'Octobre, on comprend que le dramaturge fait directement allusion au thème de la «société juste» exploité par ce chef politique. Il propose un «chemin» parmi d'autres, exemplaire de la situation du «Québécois moyen»; malgré ses aspects spectaculaires, la répression policière sert ici de métaphore d'une société qui, au nom d'un ordre social officiel, refuse toute contestation. «Lacroix n'a pas le choix entre deux routes, deux cheminements, mais entre deux piétinements: écraser ou être écrasé[33]». Structure de pouvoir manichéenne où la justice appartient au plus fort. Le parallèle entre Lacroix et le Christ — un Christ révolutionnaire, qui n'est pas sans rappeler le séducteur de Solange — accentue la polarisation et rejette tout l'odieux de cette «mise à mort» de l'individu sur un pouvoir politique identifié à l'ordre des bourreaux.

Le Chemin de Lacroix est donc sans issue, un cul-de-sac. On aurait tort, toutefois, de croire que tous les obstacles viennent de l'extérieur, de la société, des autres. Pierre Gobin note que le «thème de l'alinéation culturelle n'apparaît d'abord que comme ancillaire par rapport au thème de l'injustice sociale», mais que le jeu de la Passion fait de cette pièce «un *mystère*, où Rodolphe Lacroix met en scène ses propres souffrances[34]». Lacroix porte en lui-même, comme une fatalité, tous les germes de son impuissance radicale. Si la pièce raconte les démêlés de Rodolphe avec la police, on ne tarde pas à comprendre qu'elle est surtout quête d'un langage, drame de l'expression associé, lui aussi, à la montée du Calvaire. Lacroix sera accompagné, tout au long de son récit, d'un Français nommé Thierry qui lui servira de conseiller juridique, mais surtout, comme le dira Rodolphe, de «conseiller pour la langue, une sorte de coach pour la grammaire». (p. 12) Thierry veillera donc à ce que Rodolphe substitue les termes justes aux termes vulgaires qui lui viennent spontanément. Cela provoquera des jeux de mots et des malentendus amusants, des situations cocasses, inattendues. On rit des efforts que fait Lacroix pour parler une langue correcte, et autant de ceux de Thierry qui veut la lui enseigner; on rit aussi des saillies de la naïve Monique — la «*steady*» de Rodolphe — comme de ses crises de jalousie quand le hasard lui révèle les infidélités de son ami. Mais ce rire est l'envers d'une tristesse: la tristesse d'une expression toujours entravée autant par la norme de correction suggérée par Thierry que par l'indigence de Lacroix.

Un rapprochement s'impose, ici, avec une œuvre du poète et «prophète infoniaque», Raoul Duguay. On trouve en effet dans *Lapokalipsô* un poème intitulé «le chemin de... l'homme» et qui, tout comme la pièce de Barbeau, parodie le chemin de Croix. Il y a là déjà, dans l'utilisation d'un même rite liturgique, une coïncidence significative; que Duguay suggère par son titre l'équation — moins explicite mais non moins réelle que chez Barbeau — entre l'ascencion du calvaire et la vie de l'homme me paraît une ressemblance plus remarquable encore. Mais il y a plus. À la dixième station de son «Chemin de l'homme», Duguay écrit: «l'homme est dépouillé de sa langue natale[35]». Comment ne pas songer, alors, à la 13e station de Lacroix où celui-ci devient «muet comme une tombe»? (p. 46) Chose certaine, la tragi-comédie du langage est indissociablement liée, dans la pièce de Barbeau, au thème de l'injustice sociale qu'on évoquait tout à l'heure. Or, si le *Chemin de Lacroix* conduit à un cul-de-sac, c'est à l'impasse du langage, surtout qu'il faut songer. «Ouais! Je suis pogné, moé... J'suis pogné pour apprendre à parler, parce qu'on sait ben, j'parle mal...» (p. 48) Dilemme, impasse, car au langage incorrect correspondent l'humiliation et la défaite, alors que la conquête du «bien parler» apparaît utopique. Du reste, faisant appel au Français Thierry pour «apprendre à mieux faire les choses» (p. 12), Lacroix vit doublement son échec, car le modèle de la perfection et «meneur de jeu[36]» doit venir de l'étranger. À l'image des Sansoucis, «condamnés à s'montrer tel qu'on est, pauvres, difformes et mal engueulés[37]», Rodolphe Lacroix n'a d'autre choix, ayant reconnu le tragique de sa vie misérable, que de s'y résigner.

Héros en couleurs, héros dérisoire

Prolongeant avec *Ben-Ur* sa réflexion, Barbeau montre que même le langage de l'imagination est aliéné, car les héros qui ont hanté notre enfance et qui habitent notre mémoire viennent d'ailleurs; les Québécois cherche en vain les figures héroïques qui soient véritablement siennes, donc imitables! C'est pourquoi Ben-Ur, lecteur et admirateur passioné des exploits de Zorro, de Lone Ranger et de Tarzan, dira: «C'est de valeur que tous ces héros-là soient américains... il me semble que ce serait l'fun si... si on avait les nôtres, nos héros». Puis, quand le président d'une société d'histoire lui parle de Dollard des Ormeaux, il réplique: «J'pensais pas qu'il y avait des *cartoons* de Dollard... J'trouve pas ça diable comme héros... Ben, un jour, on apprend qu'il a sauvé la colonie; le lendemain, ils disent que c'est un voleur... On sait plus nous autres[38]». Ben-Ur entend par là qu'un héros doit être «immortel», tout-puissant, qu'on ne saurait donc douter de sa valeur. Faute de vrai héros, dit-il (et il a bien raison) nous nous contentons de nos joueurs de hockey et de nos chanteurs populaires. Il se met à songer, à dire enfin tout haut ce que tant de ses semblables pensent: «J'aimerais ça, moi, être le héros en couleurs... Ben-Ur, héros national...» (p. 99)

Héros en couleurs, héros national: il y a loin du rêve à la réalité, comme ne tardera pas à le rappeler à Ben-Ur sa femme Diane qui l'interrompt en criant: «Ben? C'est la dernière fois que j'te crie par la tête... Si tu viens pas souper, j'prends le p'tit, pis j'men vas chez ta mère». (p. 99) Le destin de Ben-Ur, diminutif dérisoire de Benoît-Urbain Théberge, se passe entre sa mère et son curé, d'une part, sa femme et l'ex-curé devenu patron et exploiteur, d'autre part.

Rêvant d'héroïsme, il doit s'abstraire du quotidien et revivre les aventures des héros de son enfance: ce sont les scènes merveilleuses, les plus belles de la pièce, où il recrée en les jouant les aventures de Lone Ranger et Swinggate, de Zorro et Tonto, de Sam le Terrifique, aventurier d'Afrique et sœur Miséricorde, évangélisatrice... Revivant ces aventures, Ben-Ur connaît un bonheur presque extatique. Pourtant, lorsque la «vraie vie» lui fournit l'occasion de devenir un héros aux yeux de la société, il s'effondre. Accomplissant son devoir de gardien à la Brooks (anagramme évident de Brinks), il tue un bandit. Toute la galerie des héros lui apparaîtra alors lorsque Lone Ranger lui dira: «Benoît-Urbain Théberge, tu es promu maintenant au rang de super-héros». (p. 106) La compagnie lui décernera une médaille pour bravoure, et lui offrira un voyage à Acapulco. Mais Ben-Ur pense surtout, avec tristesse, que l'héroïsme passe par la mort des autres: cela lui donne envie de déchirer toutes ses bandes dessinées. Il se ravise, en pensant «aux autres Ben-Ur» qui viendront après lui: «Avec quoi ils vont rêver», se demande-t-il[39]? Et s'ils n'ont pas au moins ces rêves pour «se défrustrer» (p.108), comment supporter de vivre?

Comme le *Wouf wouf* de Sauvageau et dans l'esprit de *T'est pas tannée, Jeanne d'Arc* qui a précisément inspiré à Barbeau cette création[40], Ben-Ur illustre bien l'étrange usage que l'on fait depuis quelques années, au Québec, de l'épopée. Ces pièces, centrées sur l'identification à un héros tout-puissant, sont conçues comme des fresques épiques, utilisant comme l'épopée le merveilleux, le sens mythique du quotidien, le grossissement du geste ordinaire. Mais toujours, c'est sur le mode parodique que cette recherche se fait, à travers la dérision, les rêves ne s'envolant très haut que pour préparer une chute plus brutale. Le personnage central de *Wouf wouf* est un jeune homme préoccupé essentiellement par ses besoins naturels élémentaires. Il se transformera progressivement en une véritable bête dont le langage lui-même finira par éclater, réduit à une sorte d'aboiement vocalique. Ben-Ur est d'abord un enfant bafoué et ce nom, emprunté à une super-production américaine (après l'histoire romaine), lui est donné comme un sobriquet. Ayant ensuite fait de beaux rêves de richesse, de grandeur et de domination, il devra à la fin s'occuper du «p'tit qui chiâle»: ce petit Ben-Ur pour qui, précisément, il conservera tout de même ces belles histoires qui lui ont permis de rêver. Mais ces rêves, toujours, on les vit en creux parce qu'on est incapable de sortir d'un cercle de dérision. C'est pourquoi l'action d'éclat qui fera de Ben-Ur un «vrai» super-héros porte à son comble la parodie de l'héroïsme et ne consolera jamais tous les Ben-Urs de leurs échecs et de leur impuissance. Albert Millaire, responsable de la mise en scène lorsque la pièce fut jouée par le TPQ, écrit dans sa présentation qu'il «faut aborder Ben-Ur comme une grande tragédie[41]». Je ne sais si elle est «grande», mais tragédie il y a: celle d'un peuple qui, perdant contact avec ses héros ou ne les ayant jamais connus, semble incapable de retrouver une force vive. Mais surtout, celle d'un homme, Benoît-Urbain Théberge, incapable de revenir aux sources d'un courage essentiel, d'être pour lui-même son «héros national». De quelle «nation» d'ailleurs? Son prénom-surnom en a fait un «paria au sein de la communauté culturelle où il a grandi», son destin l'amènera à comprendre que «cette communauté est elle-même aliénée[42]». Même lorsqu'il joue les héros, il triomphe dans l'art de la chute: «...j'étais le meilleur là-dedans, mourir...» (p. 61) Suprême dérision, mais qui n'est pas sans évoquer un mal atavique, ce qu'Hubert Aquin appelait «l'art de la défaite».

Dans *Ben-Ur* comme dans *le Chemin de Lacroix*, parmi les plus réussies des pièces de Barbeau, on retrouve une sorte de structure *en abyme* assez habile. Lacroix ne revit pas son expérience tragique, il *joue* à la revivre. Quant à Ben-Ur, il se situe par rapport au rêve comme le spectateur par rapport au théâtre: il y adhère dans la mesure où il demeure rêve, irréalité, mais refuse que «l'illusion se renverse sur la réalité elle-même». Prise de distance constante, donc dénonciation de l'illusion du réalisme. À sa manière,

Barbeau affirme, comme Anne Ubersfeld, qu'«il n'y a pas d'*illusion théâtrale*» et que la vérité du personnage dramatique est fragile, constamment menacée.

Disons plus: au-delà, c'est l'existence du dramaturge qui semble être mise en question, comme si Barbeau, se souvenant de ses premières théories et expériences, se sentait coupable et vulnérable dans son rôle de dramaturge. Ceci est évident dans la situation du héros-dramaturge du *Chant du sink* [43], qui se retrouve enfermé dans une camisole de force entre les quatre inspiratrices qu'il est le seul à voir (ses «créations») et les brutales nécessités de la vie, entre les exigences du monde imaginaire et celles d'un monde incohérent. «Tout seul, toujours tout seul, loin de la mêlée, à tenir ton boutte, à jouer au souque à la corde, tout l'temps... pis t'es jamais dans la bonne équipe.» (p. 79) Solitude pathétique du dramaturge dont la présence se devine au-delà des héros qu'il crée, aussi profonde, sinon aussi visible, que celle de Thierry au côté de Lacroix. Peut-être même faut-il voir dans ce personnage du dramaturge, déchiré entre l'importance de sa mission et son inexistence, le plus pathétique de tous les anti-héros.

Autocritique et cherchant à se nier en même temps qu'il s'affirme et s'impose, le dramaturge Jean Barbeau passe du rêve au réel, du réel au rêve, cherchant sans doute (comme dans *Ben-Ur*) du côté de la fresque épique plus encore que dans le réalisme quotidien l'efficacité dramatique qui lui permette de retrouver l'unique convention nécessaire: la vérité. Il y arrive avec une sorte de désinvolture, à travers une peinture de la société où se mêlent indissociablement le comique et le tragique. «Comme par une espèce de pudeur, explique-t-il. Ici, au Québec, on essaie inévitablement de prendre nos distances en face de nos sentiments tragiques[44].» Le phénomène est bien connu et Gratien Gélinas, déjà, l'avait bien compris. C'est pourquoi Barbeau — sans nier le caractère novateur de certaines œuvres — me semble se situer clairement dans la tradition établie d'un théâtre très proche du quotidien, mais qui sait en retrouver la profondeur mythique, sans doute pour le mieux démystifier. Or, le mythe le plus obsédant auquel il revient sans cesse est celui du héros: c'est ainsi que s'impose la figure attachante de l'anti-héros. Moins grand, moins tragique que le héros; en ce sens, Barbeau n'a pas tort de ne pas croire au tragique «pur». La vie ne le supporte pas, qui cherche aussi le rire — impur, lui aussi: «c'est un comique cynique, amer». Puis, Barbeau ajoute ces trois mots, lourds de sens: «Non gratuit: incarné»!

J.-C.G

Références

1. Martial Dassylva, «Jean Barbeau, sa plomberie et celle des autres». *La Presse*, 17 mars 1973, p. D 4.

2. Cf. R. Tembeck, *Rapport* (dactylographié) *du Teach-in sur la création et la recherche dans le théâtre québécois*. Université Laval, 1969, p. 34.

3. *Ibid.*

4. Et non «*Caïn et Abel*» comme le rapporte Alain Pontaut. Cf. *Dictionnaire critique du théâtre québécois*. Leméac, 1972, s.n.

5. La pièce aurait cependant été écrite deux ans plus tôt si l'on en croit Jean Royer qui, en 1970, affirme qu'elle a été écrite «il y a maintenant six ans». Cf. «Jean Barbeau» in *Pays intimes*. Leméac, 1976, p. 55.

6. *Caïn et Babel* a été écrite par Jean Barbeau, Serge Laliberté et Guy Tremblay; *la Geôle*, par Jean Barbeau, Jacques Lessard et Guy Tremblay.

7. Le canevas de ce spectacle aurait été élaboré à partir d'une pièce de Barbeau, *l'Homme charogne ou le Fils de Géritol*. Cf. Pierre Lavoie, «Bibliographie sur Jean Barbeau». Centre de documentation des études québécoises, Université de Montréal.

8. J. Royer, *Ibid.*

9. Assez curieusement, les auteurs qu'il cite à ce propos sont par exemple Ionesco et Pirandello, alors qu'il ne précise nulle part la «tradition» théâtrale remise en question. Cf. Donald Smith, «Jean Barbeau, dramaturge». *Lettres québécoises*, n° 5, février 1977, p. 34.

10. Jean Royer, *loc. cit.*

11. Cf. Donald Smith, *art. cit.*, p. 34.

12. On peut penser que Barbeau s'est rappelé, ici, une leçon d'histoire sur les Saints Martyrs canadiens, dont on dit que les Indiens mangèrent le cœur après les avoir martyrisés, croyant s'imprégner ainsi du courage de leurs victimes.

13. J. Royer, «*le Chemin de Lacroix*: un théâtre du quotidien». *L'Action*, 11 avril 1970, p. 19.

14. «À travers des situations particulières et très différentes, Lacroix, Ben-Ur et Goglu vivent, en somme, une même situation fondamentale. Barbeau parlait de violence, de victimes, d'exploitation. Nous pourrions parler d'une façon plus générale de "dépossession"». Yves Bolduc, «Jean Barbeau ou la mise à mort du héros vaincu». *Livres et auteurs québécois*, 1972, p. 354.

15. Adrien Gruslin, «Et les types de femmes dans l'œuvre de Jean Barbeau». *Le Devoir*, 7 juin 1975, p. 18.

16. Jean Barbeau, *Citrouille*. Leméac, «Répertoire québécois», 1974, p. 98.

17. Jacques Garneau, «Le monde ordinaire de Jean Barbeau», introduction à *Manon Lastcall*. J. Barbeau, *Manon Lastcall* suivi de *Joualez-moi d'amour*. Montréal, Leméac, «Théâtre canadien», 1972, p. 11.

18. Pierre Gobin propose une étude fort intéressante de cette relation amoureuse reliée à la *langue maternelle*. «La Française redoutée parce qu'elle portait une culture inhibitrice, méprisée parce qu'elle faisait commerce de ses charmes, a réussi à assumer et à exorciser la figure effrayante de la mère en accueillant la parlure maternelle, honteuse et chérie.» *Le fou et ses doubles: figures de la dramaturgie québécoise*. P.U.M. «Lignes québécoises», 1978, p. 115.

19. Ce lien entre la virilité et le joual, Barbeau dit l'avoir d'abord trouvé chez Tremblay: «Avant d'écrire la pièce, j'avais vu *la Duchesse de Langeais*. Elle se virilisait en parlant joual.» Cf. Donald Smith, *art. cit.*, p. 37.

20. Jean Barbeau, *le Chemin de Lacroix* suivi de *Goglu*. Leméac, «Théâtre canadien», 1971.

21. Jean Royer, «Un théâtre du quotidien», présentation à *le Chemin de Lacroix* suivi de *Goglu*. Leméac, 1971, p. 5.

22. *Goglu* a été créée à Québec, le 22 juillet 1970. *Une brosse* a été créée au Théâtre du Trident, à Québec, le 24 avril 1975.

23. Jean Barbeau, *Une brosse*. Présentation par Jean Royer.

«Théâtre», Leméac, 1975.

24. Martial Dassylva, «Une brosse avec Barbeau et le Trident». *La Presse*, 1er mai 1975, p. C 15.

25. Ce néologisme, entendu aux bords d'un lac d'Abitibi, a fourni à Barbeau l'idée initiale de cette pièce. Cf. Donald Smith, *art. cit.*, p. 39.

26. Martial Dassylva, «Une brosse avec Barbeau et le Trident», *loc. cit.*

27. *Ibid.*

28. Cf. Donald Smith, *art. cit.*, p. 39.

29. Notons par exemple que la révolte de Gertrude, dans *Encore cinq minutes* de Françoise Loranger, se manifeste d'abord par un usage du langage ordurier: «c'est toi qui me fais chier!», répond-elle à son fils. Cercle du Livre de France, 1967, p. 48. Toute la présentation de la première pièce de Jean-Claude Germain, *Diguidi, Diguidi Ha! Ha! Ha!,* reprend ce thème. «Y faut que je r'vienne me mette les pieds d'dans jusqu'aux oreilles... OSSSTI D'FAMILLE À MARDE». Leméac, 1972, p. 36. D'autres pièces traitent aussi de ce thème, véritable lieu commun et obsession. Qu'on songe aussi au théâtre de Tremblay. Dans *Ti-Jésus bonjour* de Jean Frigon, l'obsession tourne véritablement (hélas!) à la fixation anale caractérisée.

30. Dans une parodie du mariage, Marcel et Gaston échangeront un anneau, «en signe de [leur] loyauté, et de [leur] fidélité éternelle», p. 111. Il s'agit d'un serment de «fraternité». Mais après la «cérémonie», les deux amis s'installeront ensemble dans une vie à deux que ne justifie pas la seule fraternité: il s'agit bien d'une relation homosexuelle. L'homosexualité est d'ailleurs abordée, à la blague, par Goglu et Godbout. *Une brosse* constitue de ce point de vue également une suite à *Goglu*; cette fois, sous le couvert de la fraternité, Marcel et Gaston en arrivent à la liaison rejetée et décriée par le premier couple d'amis.

31. Comme si le dramaturge avait voulu éviter l'incohérence «dramatique» dénoncée par les comédiens d'*Un pays dont la devise est je m'oublie*: «... la Ré-sur-rection... s'pas jusse un boutte de trop... ST'IN ERREUR!... s'pièsse-là... a finit quant-y meurt!» J.-C. Germain, *Un pays dont la devise est je m'oublie*. VLB, 1976, p. 114.

32. Cf. Jean Royer, «Jean Barbeau, un théâtre du quotidien». *Loc. cit.*, p. 57.

33. Laurent Mailhot, «*Le Chemin de Lacroix, Goglu,* et *Ben-Ur* de Jean Barbeau». *Livres et auteurs québécois,* 1971, p. 112.

34. P. Gobin, *op. cit.,* p. 115.

35. Raoul Duguay, *Lapokalipsô.* Éd. du Jour, 1971, p. 110.

36. Thierry domine sur tous les plans, étant à la fois le professeur de langue et le juriste, dans une pièce conçue aussi comme un procès. «Je m'adresse à vous comme un avocat à un jury» (p. 44). Notons encore que Thierry est le meneur de jeu, à qui Lacroix est venu «demander son aide, pour monter ce spectacle» (p. 44); mais cet «exégète pédant qui exerce une contrainte intellectuelle» n'est pas moins «arbitraire» et violent que les «policiers brutaux qui se livraient à des violences physiques sur Lacroix». P. Gobin, *op. cit.,* p. 117.

37. Jean-Claude Germain, *Si les Sansoucis s'en soucient, ces Sansoucis-ci s'en soucieront-ils? Bien parler, c'est se respecter!* Leméac, 1972, p. 143. Signalons que cette «sotie» de Germain, créée un an après la pièce de Barbeau, se présente également comme un procès et comme une refléxion sur le langage.

38. J. Barbeau, *Ben-Ur.* Leméac, «Répertoire québécois», 1971, p. 98.

39. «...le besoin de transmettre la source de ses rêves est plus fort que sa conscience morale. Même si l'héritage culturel est frelaté, il a modelé tout un univers mental que Ben ne peut se résoudre à abolir.» P. Gobin, *op. cit.,* p. 120.

40. C'est à la suite d'une représentation de *T'es pas tannée Jeanne d'Arc* et en causant avec Raymond Cloutier que Jean Barbeau sentit naître le besoin de mettre en scène un «Ben-Ur» québécois, explique Albert Millaire dans la «Présentation» de *Ben-Ur* de Jean Barbeau (Leméac, 1971. P. 5). Le dramaturge a lui-même précisé ce rapprochement dans son entrevue avec Donald Smith. Cf. «Jean Barbeau, dramaturge». *Loc. cit.,* p. 38.

41. *Ben-Ur,* Présentation, p. 5.

42. P. Gobin, *op. cit.,* p. 122.

43. J. Barbeau, *le Chant du sink,* présentation par Jean-Guy Sabourin. Leméac, «Répertoire québécois», 1973. La pièce, médiocre par ailleurs, est éclairante de ce point de vue. Pierre Gobin y a vu «un modèle paradigmatique de l'interférence des visions du monde chez un personnage, et des troubles psychiques qui en résultent». Pour lui, «les quatre inspiratrices

correspondent en effet aux quatre grandes préoccupations des Québécois, à leur quatre références nationales.» *Op. cit.*, p. 22.

44. Cf. J. Royer, «Un théâtre du quotidien», présentation du *Chemin de Lacroix*, p. 6.

Chapitre 7
Le procès de
(Jean-Baptiste) Gurik, ingénieur

Problèmes et théorèmes

Robert Gurik[1] s'intéresse avant tout aux «nouveaux signes»
et aux problèmes posés par les ères industrielle et postindustrielle. Organisation du travail, mécanisation, «surpro-
ductivité non essentielle», fractionnement et aliénation, environnement et communication(s), consommation et récupération, prospective et intégration, technocratie et liberté:
tels sont les sujets et les cadres du théâtre de Gurik. Ses
pièces sont des programmes de recherche, des expériences
de laboratoire, des explorations archéologiques ou futuris-
tes, des échafaudages, des chantiers. Ce sont, plus exactement, des problèmes. Les productions de Gurik partent
d'idées claires (trop claires?), de termes précis, de situations
bien dessinées. Soties, fables, parades, paraboles, les spectacles se développent comme des jeux scientifiques, mathé-
matiques, techniques: numéros des *Louis d'or*, blocs du
Tabernacle à trois étages, partie d'échecs de *Lénine*. Gurik
travaille vite, d'une façon qu'on pourrait dire instantanée
(automatique, électronique), non seulement dans ses improvisations ou *Sept courtes pièces* mais dans ses théorèmes les
plus élaborés. «C'est le problème, quand on connaît quelque
chose à fond, ça n'existe plus». (*Le Pendu*, p. 84) «Une fois

le problème posé, comme ingénieur, j'ai besoin d'aller vite à la solution[2]», dit-il. Trop vite. Qu'est-ce qu'une solution?

Gurik ne pose chaque fois que des questions (sur le bonheur, la mort, l'avenir de l'homme), un problème général qu'il articule à l'actualité immédiate. Abstraction concrète? Quelques idées sont concrétisées, traduites, illustrées, mais la méthode de Gurik est de tirer de l'observation empirique des lois abstraites, des conclusions dont il fait ses prémisses. Il raisonne, calcule, publie beaucoup de schémas; il *écrit* peu. «Aujourd'hui, il devrait être interdit d'écrire un chef-d'œuvre. C'est de l'esthétisme et ça ne m'intéresse pas [...] Les mots, la civilisation du mot, sont en train de disparaître[3]», annonce-t-il après McLuhan. En ce sens, il est peut-être d'avant-garde.

Il n'y a guère de thème, à proprement parler, dans le théâtre de Gurik, mais des obsessions, des réflexions, des équations. Peu de connotations, malgré des jeux de mots et la présence d'objets chargés de sens: jouets, gadgets, machines, armes sophistiqués, *la Palissade* et *les Tas de sièges*. Ses symboles sont algébriques (numéros-noms, personnages à plusieurs inconnues), ses figures géométriques (*le Pendu* est une potence, une croix, une cible). Il n'y a guère non plus de structuration, mais plutôt des plans, esquissés ou détaillés, des décalques, des épures, des bleus d'architecte, des meccanos. Le temps est rabattu dans un espace très limité; le langage est aplati, fonctionnel. «Tous mes personnages réagissent par rapport au temps qui les sépare de la mort[4]», affirme Gurik. Ce temps est mince, dur, ponctuel. La mort n'est pas seulement «la seule vérité humaine dont je suis sûr», mais, ajoute-t-il, «un étalon», c'est-à-dire qu'une mort figée, métallique, vue à distance? Une formule, un problème (militaire, médical, politique)?

Sortir le spectateur (et le spectacle) du théâtre — cet art toujours menacé par la littérature et l'esthétisme — est évidemment l'ambition de Gurik. D'où les changements à vue (décors, costumes, rôles), les chansons-pauses, les projections (fixes ou animées), l'information objective à la

Piscator, les fragments d'idéologie, l'ironie et les caricatures. Les pièces de Gurik sont des pages de journal, de
revue; la critique d'un pouvoir, la vulgarisation d'un savoir.
On apprend, on rit, on proteste. Comme à un congrès ou à un
procès bien réglés. En toute bonne conscience, malgré l'incertitude de Hamlet et les contradictions de Jean-Baptiste M.

«La pièce à message et l'auteur à mission ne sont pas le
fait de Robert Gurik», prétend Hélène Beauchamp-Rank.
«L'auteur donne tous les morceaux de la mosaïque, le
spectateur est libre d'en régler l'assemblage à son gré[5].»
Gurik, toujours selon le même critique, «nous saisit d'un
problème qu'il a décelé, l'expose en se servant de techniques qui éclairent ce problème mais sans le résoudre
puisque ces techniques ne sont que techniques, n'existent
qu'en fonction d'une démonstration[6]». Ce dernier mot est le
plus juste. Hélène Beauchamp-Rank marque ainsi le sens et
les limites de la dramaturgie de Gurik. Ses pièces sont des
thèses, très peu dialectiques. Ses jeux sont des guerres froides statiques. Ses «structures» sont des échafaudages techniques sur des blocs idéologiques. Que le déroulement soit
«a-chronologique», que les personnages, l'écriture et la scé-
narisation soient des «fonctions», cela ne change rien à
l'ouverture ou à la fermeture du spectacle. Gurik intervertit
les rôles (accusateur/accusé), les couleurs (blanc/rouge,
blanc/noir), il renverse l'ordre des choses et remplace les
pouvoirs; il n'en modifie pas la direction et le poids. Les per-
sonnages-fonctions ou «pièces à conviction» font d'aussi
beaux esclaves que les personnages-personnages puisqu'ils
«servent la démonstration[7]». En proposant «au spectateur
un problème que ce dernier doit seul résoudre», en l'*obli-
geant* à un «effort d'abstraction remarquable», Gurik intervient comme ces technocrates qu'il dénonce.

«Autour d'une problématique où le contrôle du réel par
des pouvoirs abusifs est condamné, Gurik ne pouvait pas
utiliser des mécanismes théâtraux de contrôle abusifs et
dictatoriaux[8].» C'est pourtant ce qu'il a fait, à quelques
nuances près. Et c'est ce qui amène Beauchamp-Rank elle-

même — devant «ce théâtre qui est si radicalement nouveau, au niveau de son contenu et surtout par ses structures[9]» — à conclure que Gurik opte «résolument pour l'individu et ses droits[10]», le «sens de l'homme», qu'il replace l'individu «au centre du monde» et «revient aux humanistes de la Renaissance[11]»! Tant de technique nouvelle pour d'anciennes redites? Un «médium froid» pour un humanisme tiède?

Gurik situe de façon plus nette les rapports du théâtre avec les mass media et les diverses techniques de manipulation. Au «principe de fractionnement qui est l'essence même de la technologie mécanique», à des activités et des relations humaines atomisées, le théâtre doit répondre, dit-il, non par une addition de gadgets et d'effets — «Participation plus musique plus diapositives plus architecture lumineuse...» — mais par une intégration qualitative. «La lumière explicitée à l'extrême de ses limites, soit le film, la photo, la télévision doivent être récupérés en tant que signes[12].» Le théâtre s'opposera à la technologie en la dépassant. Le médium message théâtral «doit être et ne peut être que l'homme», c'est-à-dire d'abord l'acteur, centre, plaque tournante de la représentation. Gurik parle fort bien de l'influence de l'électrotechnique sur la perception, de la «non-convergence» de la vie moderne, du théâtre comme «seule manifestation encore possible de contestation[13]», du théâtre «commencement d'un monde», dont la fonction est «de nommer les choses absentes, de faire vivre celles qui n'existent pas[14]». Ces théorèmes sont logiques. En pratique, la «réceptivité mosaïcale» que vise Gurik est brouillée par une médiocre utilisation des langages; binaire ou unidimensionnelle. La raideur des mécanismes produit des antagonismes[15] inexpiables, de faux dilemmes où la mort (meurtre ou suicide[16]) l'emporte nécessairement.

Pièces d'identité

Le jeu de masques des *Louis d'or* — proche du roman-poème, *Spirales* — se situe à la même époque et dans le même genre que la farce ubuesque *Vive l'Empereur!* de Morin (avec qui Gurik collaborera à *Allô... police!*), *les Comédiens* de Dumas, le dessin-danse (prêt-à-porter, «prêt-à-mourir») du *Quadrillé* de Duchesne et, un peu avant (1962), le *Qui est Dupressin?* (qui est aliéné?) de Derome. Ces diverses formes de théâtre, antipsychologiques, pirandelliennes, brechtiennes, faisaient éclater les rapports de la parole et de l'action. Derrière l'apparence, derrière le signifiant, une autre apparence, un nouveau signifiant, et non la *réalité* ou la *vérité*. Sous le miroir brisé, des fenêtres *en abyme*. Le théâtre combat sur son propre terrain; il se défait et se refait lui-même, avec cruauté, avec plaisir.

Les Louis d'or sont à jouer tantôt «boulevard», tantôt *commedia dell'arte*, voire «comme un tableau tachiste» où des bribes de mémoire se glissent entre des désirs et des rêves, où un éclairage réaliste s'intensifie jusqu'à l'éblouissement du *flash* ou de la métaphore surréaliste. Le «grand complot» (l'intrigue cachée) est éventé, l'enquête policière piétine. Louis, mis au trou, a un monologue répétitif, troué, insondable: «Il devrait y avoir une loi interdisant de creuser, sauf pour les mineurs et les termites...[17]» En surface, deux hommes et une femme se partagent tous les rôles. L'acteur nº 1 sera Louise Saize, écrivain, journaliste (interrogeant/interrogé), critique (sous le nom de Louis Saite, prononcé Sai), «habillé en travailleur» (avec marteau pneumatique), au téléphone, prêtre bénissant et consommant un mariage. L'acteur nº 2 est inspecteur de police, premier peintre féminin cosmique, Louis (Saize) à son tour, faux marin, Louis enfant, mime. L'acteur nº 3 est journaliste et (à la place des deux premiers) Louis peintre, puis serveuse, mère, fiancée. À la fin, tous sont Louis, mais Louis est seul dans son «beau grand trou noir». Se mêlant à ceux des acteurs (1, 2, 3), les numéros des Louis (16, 6, 20, 7) sont sans suite; dynastie interrompue, pièces d'or lancées au hasard, héritage dilapidé. Les nombreuses transactions, néanmoins, multiplient la valeur (non monnayable) du Louis final, unique, inconnu. Les numéros d'acteurs (affrontements binaires) sont interchangés, interchangeables; client/agent, créateur/répresseur, adulte/enfant, chercheur/inquisiteur. La seconde partie de la pièce reprend la première. *Les Louis d'or:* pile et face.

Les vérifications d'identité brouillent toute identité: «Regardez, ça ne vous ressemble pas!» (p. 19), fait remarquer l'inspecteur à Louis Saize. La préposée aux billets d'avion se fait répéter, inutilement, la destination, le numéro (AZ237953892166) et l'adresse (444, avenue des Belles-Lettres). L'interview — croisée — à l'*Écho* est aussi nuisible à la biobliographie de l'écrivain qu'à la silhouette du reporter. Photo de passeport, signes distinctifs, souvenirs, menus objets, abonnements et cartes de crédit, toutes ces preuves sont des «allégations». Partout, dans les pièces de Gurik, les renseignements et documents d'identité sont sujets à caution, compromettants. La carte d'accréditation du journaliste d'*Allô... police!* (p. 66) n'accrédite que sa mort. De leurs fiches d'*Api 2967*, A 23 et E 3253 tirent des initiales («Appelez-moi E tout court») et des noms, Adam et Ève, qui sont encore des archétypes ou une forme d'anonymat (Évelyne Dupont).

Louis, nom et prénom, souverainement banal, inter-colonial (franco-anglais), convient parfaitement aux figures humaines réversibles des pièces de théâtre. Louis, chez Gurik, est souvent mêlé à un «grand complot», agent double, sophistiqué, naïf. Divers personnages, moins brillants que *les Louis d'or*, portent ce prénom-patronyme royal et décapité: le bavard de la majorité silencieuse du *Tabernacle à trois étages*, l'amoureux espion-espionné d'*Allô... police!*, le médecin-victime qui se prête à la comédie du *Signe du cancer* — sans compter une Louise spécialiste de la dénonciation électronique (*J'écoute*). Louis c'est «Lui», hésitant et pluriel, lointain et très proche.

De rares personnages historiques prêtent leur nom et leurs costumes: Jumonville et Washington[18], de Gaulle, Lénine. Parfois, une figure mythique apparaît en filigrane: le Christ, Shylock, Louis Riel, Martin Luther King se profilent derrière Yonel, *le Pendu*. Plus souvent, les héros ou martyrs politiques sont présents par une citation, une indication scénique, une allusion: Trotski, Kennedy. Ho-Chi-Minh et Mao sont occidentalisés en Oncle «Haut» et «M. Tsé Tung» (*À cœur ouvert*). C'est l'actualité, et non l'histoire et la littérature, qui fournit à Gurik le plus fort contingent de décalques ou de caricatures: de l'incident de Gaulle-Pearson à l'affaire Meloche, de la Mary Jo de la baie de Cheesapeake au (*dear*) Henry et à Roger(s)[19]. Dans ce domaine, deux grands noms se détachent: Trudeau et Bourassa, Pierre, Pete, Pet ou pet, de l'agence Elliot, et Robert, Roberte, Roberto se tiennent *D'un séant à l'autre* (dans *les Tas de sièges*) pour former l'équation constitutionnelle *Un plus un égale zéro* (dans *Sept courtes pièces*) où, hypostasiés en Lui et Elle, ils portent les pseudonymes rigoureusement complémentaires de «Main de fer dans un gant de velours» et «Chaussure à son pied». Un autre Pierre, le même, sauf qu'il est marié à une certaine Baptiste, «tragique» et «pure», est voisin de Robert, au plus haut niveau du *Tabernacle à trois étages*, Pierre figurait déjà dans *Hamlet* (Laërte); Roberto coiffe la mafia locale dans *Allô... police!* où l'on aperçoit quelques comparses: le désarmorceur qui fait «plouffe!», le capitaine-à-la-télévision-couleurs, le patineur Cournoyer et son homonyme «Cournoyeur».

Le commun des mortels est banalisé (en plus de Louis, Lulu, Jean, Jean-Guy, Eugène, Jules, Belle, Janette...) initialé (J.-B. ou *Jé-Bi*), typique et fonctionnel (*Big Bad Guy*, Père, Jeune Homme, Voix, Clown), transsexué (la Baptiste du *Tabernacle*), numéroté et anonyme. Dans *À cœur ouvert*, les Noirs n'ont pas de nom propre, contrairement aux Jaunes (diversifiés et traduits); le seul Rouge nommé est Ansky, désinence slave. Les surnoms sont ironiques: «mon beau sapin» (de Noël, à cause de son camouflage) désigne, pour la prostituée de *Face à face*, le soldat de 2e classe, 3e bataillon du 4e régiment, matricule 67-68-69-70-71, Pierre Édouard Joseph André Parmentier.

Les Tas de sièges — flirt programmé, écoute électronique, exercice militaire — sont des proverbes érotico-politiques, des devises détournées, au métal moins pur que *les Louis d'or*. Ils sont monnaie courante, monnaie de singe, triple tas vulgaire, et non collection de numismate. Les *Sept courtes pièces* sont également de plomb, de carton, de papier: faux viol ou «baise-ball», *Phèdre* au cirque, miracle à l'envers, équation impossible, énigme meurtrière, évocation masquée («*63*») ou réaliste (*le Trou*) du terrorisme. Un couple, pour se stimuler, joue à ne pas se connaître et se court après dans un parc (*Play-Ball*). Une ancienne actrice, tragédienne, jalouse d'une dompteuse de tigres, se donne la mort en récitant Racine. L'improvisation *la Sainte et le Truand* est une farce macabre d'enfants-jouets-de-leur-parents. Madame de, bourgeoise cultivée, se réfugie dans le passé avec son serviteur indien, pendant qu'un nouveau Jumonville s'endort chez elle après son attentat de 1963. Dans *le Signe du cancer* — astrologie théâtrale, ascenseur pour l'échafaud — Denise coincée entre deux étages avec Louis, joue au malade, à la victime, à la comédienne[20]. On ignore, même à la fin, si le «tueur des *buildings*» est elle, lui ou un autre. *Le Trou* est un marchandage («Est-ce que ma femme fait partie de l'offre?») entre chef de police et ravisseurs, à propos d'un otage britannique et d'un sauf-conduit cubain. Ces personnages déguisés, dédoublés, aliénés, circulent des *Sept courtes pièces* à d'autres: *Phèdre* est tirée du *Tabernacle*, *Un plus un égale zéro* des *Tas de sièges, le Trou* pourrait être un épisode d'*Allô... police!* (malgré son Dr Meloche qui ressemble au Dr Jacques Ferron). «Tout l'monde doit devenir policier même sans uniformes; tous policiers dans l'âme[21]...»

Cadres, machines

Les personnages de Gurik sont articulés comme des marion-nettes, cassées comme des poupées. Le maquillage se fait à «gros traits argent», noirs, jaunes, rouges (*À cœur ouvert*), quand les masques (*Hamlet*) ou les uniformes ne le rendent pas superflu. Les machines remplacent les ouvriers, les jouets tuent les enfants. «Tout ce qui retrousse doit être abaissé». (*Allô... police!* p. 14) Telle est la loi des grands ensembles. On ne sort pas du groupe, de la classe, ou plus exactement de la série. On est fractionné, fracturé, égalisé. «Le plus grand ennemi n'est pas le tenant d'un système social adverse ou d'un groupe social différent tant par le niveau de vie que par l'idéologie — le plus grand ennemi est l'individu en tant que tel qui ne peut s'inscrire dans une structure logique et organisée». (*À cœur ouvert*, p. 29) C'est le sergent de l'escouade (capitaliste) des cœurs qui tire cette réflexion d'un «petit livre rouge».

Les codes ne sont pas éthiques ou esthétiques, ni même juridiques, mais économiques et financiers. C'est le cas en particulier des *briefings* policiers inspirés et contrôlés par la haute pègre (*Allô... police!*) et de la charcuterie militaire (*À cœur ouvert*). Un huissier-musicien, pour les percussions, mais aucun détective au *Procès de Jean-Baptiste M.*: ce n'est pas nécessaire puisque la Loi et l'Ordre sont représentés aux plus hauts échelons. Jean-Baptiste lui-même aime et regrette l'armée. (p. 66) Il n'y a pas d'autre foi que celle du marché, pas d'autre Code que les règlements (administratifs, de comptes), les interdictions. Les simples permis sont insuffisants, ce qu'il faut c'est un «permis combiné de chasse, pêche, d'inhumer et de travaux profonds». (*Les Louis d'or*, p. 42) L'Ordre n'est pas seulement le silence et la tranquillité publique, il est au fond l'abstraction, la théorie pseudo-scientifique sur quoi se fonde tout fascisme.

La nature est absente. Le paysage urbain est froid, massif, sans environnement. Les seuls décors sont des constructions abstraites, géométriques: capsule spatiale, palissade, potence, tabernacle, échiquier mondial. Le temps et l'espace sont mesurés de façon maniaque, à la seconde, au millimètre[22]. Les accessoires sont des tableaux de bord, des machines, des objets symboliques: corde de pendu, pomme, argent, mitraillette. Tout est noir et blanc, des vêtements aux

163

idées, aux discours. L'aveugle guérie aperçoit des arbres, de l'herbe, du soleil, aussitôt recouverts par le malheur et le vide: «j'vois tout noir, comme avant» (*la Sainte et le Truand*). La solitude, la mine, le cachot sont des trous noirs où l'on monologue. Le travail, la maison, la vie sont des camps de concentration[23]. Les animaux n'apparaissent que comme monstres, cobayes ou comparaisons anthropomorphiques défavorables: cochons, singes, chiens sales, «cheptel» humain. Ils ont tellement de choses en commun». (*La Palissade*, p. 126)

Les «cadres» des pièces de Gurik ne sont pas différents — sauf qu'ils sont dénudés et gardés à distance — de ceux du pouvoir officiel. Le dramartuge tente de distinguer et de séparer la technologie de la technocratie, mais il le fait au moyen de programmes ou de langages qui sont eux-mêmes rigides, directifs, oppressifs. Il ne s'en dégage pas. Il utilise à profusion statistiques, budgets, rapports, prospectus, recettes, guides «pour toutes les relations humaines» sur le modèle de la vente. (*Le Tabernacle*, p. 60) Les échanges sont nombreux, allant jusqu'aux meurtres-suicides mutuels[24]. Le dramaturge fait diverses traductions-adaptations: de l'anglais au français, des chiffres aux mots (*Api*), du fait divers au drame, du reportage au réquisitoire, du cirque à la tragédie (*Phèdre*), de la révolution au jeu d'échecs. Il colle çà et là des coupures de presse, des citations d'anthologie, et surtout des couplets de chansonnier (au sens parisien), des promesses électorales, des annonces commerciales. Les multiples communiqués bloquent toute communication[25].

L'actualité est privilégiée, ou plutôt *les actualités*, les films des événements, leur retentissement. *Hamlet, prince du Québec* est «l'expression de l'environnement politique tel que je le reçois par les médias d'information[26]». À *cœur ouvert* traite du racisme et du capitalisme d'État, à propos de la guerre du Viêt-nam, en s'inspirant d'une phrase de Marcuse: «Il ne suffit pas d'élire librement ses maîtres pour éliminer les maîtres et les esclaves». Comme Armand Gatti pour Sacco et Vanzetti (*Chant public devant deux chaises électriques*), Gurik élargit, en appel, *le Procès de Jean-Baptiste M.* dont l'idée lui est venue «après une discussion avec Serreau à la suite des événements de la Saint-Jean-Baptiste de 1970 sur la place Jacques-Cartier[27]». *Les Tas de sièges*, c'est le théâtre bouleversé, l'état de siège d'Octobre 1970 à trois niveaux, en trois duos: *Face à face* sur le trottoir. *J'écoute* (et je dénonce), bien assis, *D'un séant à l'autre* ou la géopolitique de l'«unité[28]».

L'actualité ne serait rien sans le journal, le film, la radio ou la télévision qui captent, découpent, tranchent, garnissent et servent. Le dramaturge fait un second montage qui s'attaque moins aux supposés problèmes (inaccessibles directement) qu'aux reflets et aux fausses solutions. Les pièces de Gurik sont truffées de microphones, d'amplificateurs, d'écrans, d'horloges-poinçons, de boutons-poussoirs, d'appareils de communication et de projection. L'amour se fait en trente secondes, au téléphone, par agence spécialisée. Le téléviseur est un meuble indispensable: interplanétaire dans *Api*, saisi par les compagnies de finance dans *Play-Ball*, rêvé par le capitaine aux pots-de-vin. Le huitième art est une petite lucarne dans *la Palissade* (p. 123) quotidienne, un «carré de lumière» éclairant le visage du prisonnier «qui assistera en spectateur» aux scènes d'*À cœur ouvert.* (p. 42) Photos, diapositives, documentaires, cinéma-vérité[29] relaient, en gros plans, la télévision. Il naît même, dans *Api*, «une petite bobine métallique» qui se développera instantanément.

Les trois coups d'ouverture du *Procès de Jean-Baptiste M.* sont des coups de feu: spots sur les visages sanglants de Roy Marshall, Doug McPherson et Dave Lalonde (né à Ottawa, comme Jé-Bi), patrons ou plutôt cadres de la Compagnie Dutron. Quatrième spot sur une autre victime — la principale — M., qui téléphone à sa femme. Après ces fiches d'identité, le procès. «Les juges seront les trois victimes!» Jean-Baptiste, bébé, sera examiné et «passé comme une feuille de papier. Au bout du cercle, ils le laisseront tomber à l'écart». (p. 17) Jeu du travail, jeu de l'armée, jeu de la famille. Humilié par son père, attaqué dans sa virilité, le jeune homme tire une première fois sur ses juges. Le procès reprend avec la publicité de Dutron, «le plus grand empire chimique au monde». Scène des chômeurs qui deviennent employés et gérants. Jean-Baptiste défend le «petit personnel» contre le «*big bad guy* qui est responsable de tout»; introuvable, car «les actionnaires, c'est tout le monde». Jean-Baptiste passe d'un supermarché à une banque, au CN, à la prison (pour tentative de cambriolage, aggravée par un précédent attentat — subi — à la pudeur). Il attaque les homosexuels, le gouvernement, tous ceux qui «ne sont pas des hommes». Lui en est un, ambitieux, *clean cut*, sûr de lui: carte de mode, carte de crédit, disent ses compagnons de cellule. Successivement *car jockey*, commis de librairie bilingue, agent de collection, il est renvoyé de la *Multinational Credit* à cause de son casier judiciaire. Après la vie publique, la vie privée, c'est-à-dire les femmes, «comme dans les téléromans», et le chômage.

La seconde partie nous ramène au procès proprement dit — journaux, rumeurs, réactions, cas du pompier de Longueuil, expertise psychiatrique — et à l'autobiographie de l'employé modèle, qui doit ses promotions rapides à son titre d'ancien militaire. Séminaire de vente: le travail comme «entreprise humanitaire»; «l'homme réglemente le monde et le fait agir à son profit en découvrant petit à petit de nouvelles lois et en les respectant». (p. 57) Jean-Baptiste est d'accord, malgré «une difficulté de communication avec M. Marshall». Il note des numéros, presse des boutons: la cascade des ordres, sous-ordres et contre-ordres est impressionnante. Chacun transmet, rien ne se règle. «L'important ce n'est pas le résultat mais la marche parfaite des rouages.» (p. 65) Jean-Baptiste voudrait, au contraire, simplifier le travail. Insomnie, dépression, tranquilisants, délire. Sa femme et un agent de relations humaines entourent l'incompris suicidaire. Retour au travail, au bercail, aux cadences, aux slogans. Jean-Baptiste est congédié pour insubordination. «À qui ça sert de se battre? — À quoi ça sert de continuer?»

166

(p. 84) disent les jurés-témoins. Mais ils «exultent, hurlent comme une femme qui accouche» lorsque Jean-Baptiste tire sur MᶜPherson: «Encore! tous ! tous!» Puis ils reprennent le travail: «rien vu», «rien entendu».

Jean-Baptiste M. se défend habilement: en attaquant. Le procès qu'il subit est moins important que le procès qu'il intente (ou qu'on intente à sa place). «La société ne peut être coupable» puisqu'elle laisse prononcer le verdict par des hommes (jurés, juges, spectateurs fictifs ou réels), soutient Marshall, MᶜPherson et Lalonde qui parlent en son nom («faire respecter les règles du jeu») tout en se déclarant «pas responsables». «Jean-Baptiste est-il *coupable* d'avoir tué trois *innocents*?» demande Marshall (p. 88), forçant l'antithèse. Ces patrons-cadres sont faibles, maniaques, inconséquents. Ils semblent tout ignorer des lois de l'économie, ils s'expriment comme de médiocres publicitaires ou des vendeurs autodidactes. Le personnage le plus réaliste de la pièce est Louis Robillard, bandit fort bien réhabilité, directeur exécutif de «Réinstallation inc.», qui fait le lien entre la Dutron et Jean-Baptiste. C'est lui la clef, l'huile, la salive, le poison. Il s'entremet dans la vie conjugale comme dans l'industrie: «Est-ce qu'entre vous, ça va?» demande-t-il à Christiane M. Il envahit le langage avec ses phrases toutes faites que répéteront aussi bien les patrons («Quand on veut, on peut. Vous avez toute la vie devant vous») que Jean-Baptiste («...je vais devenir quelqu'un de bien, tout l'monde a sa chance, tout l'monde peut devenir premier ministre»). Ce Robillard ne représente ni le capitalisme ni les valeurs bourgeoises, mais la «protection» tarifiée, la pègre respectable et vulgaire. C'est cet intermédiaire inutile — son double «réussi» — que Jean-Baptiste aurait dû d'abord éliminer. Parce que le révolté s'est trompé de cible, le procès est à recommencer.

«Si je ne peux me faire réembaucher, je me tire une balle dans la tête *devant eux*», menaçait Jean-Baptiste (p. 79), exhibitionniste velléitaire, qui adore son rôle de victime. De victime active: «c'est mon rêve d'être quelque

chose qui s'écroule», dit-il. (p. 83) Qu'est-ce qui s'écroule:
le rêve ou la chose? Le débat ne porte pas sur la peine de
mort, ni sur la responsabilité (mentale) de M. ni sur l'alter-
native meurtre-suicide, mais sur la machine, les cadres et le
théâtre du procès.

Lénine rassemble des «matériaux pour un jeu dramatique et didactique sur la révolution». La scène est un bel
échiquier, mais la «partie du siècle» est interminable. Un
Narrateur dit qu'il va nous la «raconter». Il tire les ficelles,
fait avancer les pions-péons, les cavaliers-officiers, la reine-
Saint-Synode, les tours-Saint-Pétersbourg-Eiffel-Empire-
State-mât du Stade olympique de Montréal. Il fournit des
citations d'auteurs russes, des renseignements sur la plus-
value, sur les stratégies impérialistes («Diviser pour mieux
régner») et marxistes-léninistes («Réunir les exploités»).
Scènes paysannes, bourgeoises, ouvrières. Le tsar perd un
pion. Lénine, en prison, «trempe sa plume dans le lait»
(encre sympathique). Grèves, déportations, évasions (c'est
plus facile que dans *l'Archipel du Goulag*). Pause: Lénine
boit un Nestlé Quick, le tsar «un bon Coke glacé». Leçons de
vocabulaire: bolchevik = «majoritaire». Le parti est l'avant-
garde consciente de la classe ouvrière et sa force est de dix
fois ou cent fois supérieure à son nombre. Le pouvoir d'une
centaine peut-il surpasser celui d'un millier? Oui, si cette
centaine est organisée». (p. 51) Délégations nationalistes et
revendications réformistes. Léger détour (déviation)
trotskyste. Intermède Kérenski. Soviets. «Vous avez peur
du pouvoir? Pas nous!»

La seconde partie du jeu est incertaine. Les bavardages
de l'entracte (soixante ans) se prolongent: «Je trouve ça très
brechtien. — Brechtien, mon œil!» Le Narrateur suggère
qu'on passe de l'Est à l'Ouest. Roger Larose et Réal Bernier
n'ont pas été convertis par le match (de hockey) Canada-
U.R.S.S. Liliane Thévenet, à Paris, veut un lave-vaisselle.
Chant de l'ouvrier de l'Occident: «Soixante-quinze opérations à la minute». Paternalisme patronal. Réapparition de
Lénine, le manuscrit de la pièce à la main, «en train de

repasser son rôle». La référence s'estompe. Attentats synchrones: 1918 et aujourd'hui. Vérification générale des identités, y compris celle de Lénine (antistalinien). Il est trop facile de choisir entre *l'Internationale* et les chants de la haine, de la démission, de la peur et du bonbon. (p. 107-111) «On retrouve l'image du début» à la fin. Mais une partie ne se recommence jamais. Ni dans l'Histoire ni au théâtre. Où sommes-nous, en fait? Plusieurs passages[30] l'indiquent: nous réfléchissons (devant) la télévision.

Consommation en bloc

La consommation qui devrait enrichir, développer l'homme, le rend malade, le tue. «Même dans ce qu'il y a de meilleur, il y a quelque chose de pourri». (*Le Pendu*, p. 26) Robert se préoccupe de sa ligne politique («On mange trop»), pendant que les «caves» de l'étage inférieur du *Tabernacle* jeûnent jusqu'au cauchemar. Les pièces de Gurik sont farcies de recettes, de menus, d'énumérations publicitaires, d'appétits. On ne cesse de se mettre à table, de toutes les façons: aux parties-partouzes du samedi soir, au poste de police, au tribunal, dans les parcs, en prison, en plein conseil d'administration (strip-tease *À cœur ouvert*). *Api 2967* tourne autour d'une pomme juteuse, à croquer: «J'ai ici plusieurs documents qui nous font supposer que l'Api, appelé aussi fruit défendu, pomme ou pêche, péché et bien d'autres termes encore, est une des pierres angulaires sur lesquelles reposait l'édifice de la civilisation disparue». (p. 51) Les amoureux forcés, d'*Un plus un égale zéro* comparent longuement leurs goûts alimentaires: Lui adore les «cornichons trempés dans du lait chaud», elle les préfère dans «du lait froid». Toute vie commune est donc impossible. Lui (Trudeau) expose en termes savoureux sa conception de l'unité (nationale): «...si j'ai plusieurs œufs, j'en fais une omelette, si j'ai plusieurs fruits j'en fais une salade».

Tous les spectacles (sportifs, judiciaires, policiers, politiques, érotiques) sont consommés en même temps que *chips, hot-dogs, pop corn,* et surtout chocolat. Le chant de l'ouvrier de l'Occident, dans *Lénine,* insiste moins sur la monotomie du travail que sur les produits de toilette et le petit déjeuner. «L'appétit vient en parlant», remarque Eugène, qui échange des sandwiches avec Jean près de la Palissade. (p. 98) L'assimilation des mots est difficile. Les dialogues de Gurik sont des sandwiches: on y est serré, écrasé, assaisonné. Pour les pompiers-incendiaires d'*À cœur ouvert,* il s'agit de tirer «les marrons du feu». Or, ces marrons (ou citrons pressés) sont des hommes, des Jaunes. «Ce que j'aime c'est la céréale au riz, la céréale des bérets verts», ont retenu les enfants. (p. 12) Les manifestants sont toujours un «menu» de choix, dans *la Palissade* (p. 136), dans *Allô... police!* et autres. Dans *Play-Ball,* le pénis est comparé à une saucisse. *Le Pendu* se termine par un banquet avec chansons du vin («Buvons-le jusqu'à la lie») et du pain, «froment des soulèvements». La «fête du monde» (p. 86), sa faim, est aussi sa fin. On dévore la corde et le pendu:

> De la viande d'homme à vendre
> De la vraie viande de pendu.

La surconsommation provoque des indigestions; l'anthropophagie, des anorexies. L'appétit est coupé; on vomit autant que l'on consomme. Un ancien et une recrue s'attablent après avoir découpé le cœur d'un vieux blanchisseur: «Qu'est-ce qu'il y a? tu ne manges pas? — Je n'ai pas très faim». (*À cœur découvert,* p. 55) Pour le premier: «L'odeur du sang, ça nourrit». (p. 25) Le pacifiste incarcéré à qui on offre un «surplus du cœur» (surplus de l'armée) est naturellement écœuré, de même que le soldat bilingue de *Face à face* qui éjacule et vomit sur le cadavre de l'honnête prostituée. «On mange!» chantent (*ter*) les locataires du premier casier du *Tabernacle,* malgré l'avertissement de l'un d'entre eux: «On ne devrait pas manger d'ce pain-là», c'est-à-dire du meurtre gratuit. «Ils sont graduellement pris de convulsion et mourront lentement et péniblement...» (p. 69) Du gâteau-tabernacle (à plusieurs étages) jaillit «comme mue par un ressort la femme du casier 2, un couteau planté dans la poitrine». (p. 60) Elle est partagée sur-le-champ: une cuisse à Louis, son mari, l'autre cuisse à Robert («j'ai horreur de la poitrine»), les tripes pour Pierre, fin gourmet. Janette? «Un doigt, je n'ai pas très faim.»

À la limite de la déshumanisation — active et passive — la consommation est concurrence (commerce), rivalité personnelle, guerre internationale. Elle va d'un anéantissement à l'autre, du racisme au lynchage, de la nécrophilie à la nécrophagie. La carte géogastronomique proposée par le nouveau geôlier (rouge) au social-traître «comprend à la fois du «Viêt-nam au napalm», «du Hongrois en goulash et du ragoût de la baie des Cochons», «de l'Arabe à la Kosher ou du Juif en couscous»; comme vins, «un Biafra 1968» ou un «Bidonville d'Amérique du Sud». *À cœur ouvert* se termine par «Bon appétit, messieurs!» (*bis*).

Le Pendu est plus subtilement anthropophagique. Assis sur un chariot bas dans sa cabane de troglodyte, un vieux mineur en chômage, paralysé sur tous les plans, vit de rêves et d'expédients, de patience et de chocolat. Pourrissant, puant et postillonnant, il dévore, se gratte, s'agite comme un vieux chien galeux; mou et boursouflé, larvaire, il rampe, flaire, se couche. Il ne cherche pas à vivre, mais à survivre, à *les* enterrer tous. Or, malgré sa pancarte, ses lunettes noires et sa canne blanche, son fils Yonel, faux aveugle (il vient de guérir des suites d'un coup de grisou), ne rapporte plus un sou à la maison. «Plus on avance, plus on s'enfonce» (p. 27); «...tous les jours, on s'enfonçait un peu plus et les échafaudages étaient de moins en moins solides». (p. 31) Le vieux parle ici de la vie et de la mine, mais plus précisément de sa cabane et de son propre corps, disjoints, bancals, poudreux, à demi-souterrains, sans veine, sans filon, sans feu. Il est lui-même cette mine abandonnée, inexploitée, dont il attend passivement la réouverture.

Pour le moment, c'est de son fils qu'il entend tirer parti, adaptant aux circonstances la légende de la mine des Pendus. Le jeune homme sera plus rentable comme candidat au suicide que comme mendiant. Comédien et metteur en scène sans scrupule, le père convainc Yonel de se passer une corde autour du cou et de lui laisser vendre quelques bons bouts de ce porte-bonheur, «tant que le nœud ne serre pas». Il espère ainsi tenir son fils (et le village) en laisse, en faire ses «doigts de lapin», ses «pattes de renard», son talisman. Mais Yonel s'élève tout de suite au-dessus de son rôle de figurant, de chien et de fils. Il devient héros, prophète, thaumaturge. Il fait marcher son père comme, au sens figuré, il fait *marcher* Jules, le bossu prostitué dont la bosse et les fesses faisaient une concurrence palpable à sa propre cécité, comme il fait *marcher* Pompon, le policier Ponce-Pilate qui pêche à la ligne en tirant les ficelles, comme il fait avancer et reculer monsieur Cardinal, le directeur de la mine voisine, qui, à la suite d'un marchandage serré, payera huit dollars un pied de corde destiné à étrangler sa femme.

«Le jour va se lever pour nous tous» prononce de son piédestal le pendu, «celui qui va monter très haut». Tout paraît en effet changer au village: l'alcoolique se désintoxique, le borgne voit, les enfants raisonnent. «Quand il était petit, il construisait avec ses blocs des maisons, des tunnels, des ponts... ça m'foutait le cafard», se rappelle son père. (p. 77) Il échafaude maintenant des idées («pour qu'on puisse se casser la gueule plus vite?») et des images: la justice, «comme un grand soleil qui brillerait pour tout le monde», la grande nouvelle, la bonne nouvelle, la bible égalitaire et humaniste. Lulu, danseur bègue, très évangéliste avec ses cruches de vin, est un infirme paré pour le miracle. Le miracle (de la naïveté ou de la charité) a lieu. On prépare la fête. Dans son discours, Yonel parle de changement et d'organisation; sa révolution repose sur le hasard, la magie. «Mais si tu descends, la corde ne vaut plus rien!» lui fait remarquer Jules. «Tu crois pas qu'on va se tuer pour les autres?» proteste le boiteux. Le policier a le mot de la fin: «Si ça devient politique, c'est sérieux!» «Qu'il vende la corde s'il le veut, mais qu'il ne la donne pas; surtout pas à des pauvres. » Le philanthrope est pris au mot et à la gorge par ceux qu'il a temporairement gavés sans les éduquer.

Cette corde est analogue à la livre de chair du *Marchand de Venise*. Dans les deux cas l'homme est sujet et objet de la transaction, dans les deux cas l'amour et la haine de l'humanité, trop égaux, se neutralisent. Et le cycle recommence: bégaiement, aveuglement, paralysie, sacrifice. *Le Pendu* est «une Passion moderne», disait Gurik. C'est moins la parabole du saint, du chevalier ou du réformateur, que celle d'un prophète mal inspiré, d'un poète sans poésie, d'un idéaliste infantile, étouffé par son père, que la politique (des autres) dévore parce qu'il n'a pas su ou voulu y toucher. Yonel est seul, même dans la Cène à la Buñuel. Pas de saintes femmes au pied du gibet (aucune femme dans *le Pendu*), pas de saint Jean pour prendre des notes et consoler la douleur. Yonel se cherche des apôtres: «Chacun va refaire ce que j'ai fait dans tous les coins du monde...» Fragile, éphémère, la «toile d'araignée d'espoir» se referme sur lui.

Le Tabernacle à trois étages est le contraire d'une arche d'alliance ou d'une fête de la moisson, de la consommation. C'est une maison de rapport, un garde-manger, une réserve. Au premier niveau de vie, les casiers 1 et 2 (caves, taudis) contiennent respectivement trois jeunes gens et un couple usé d'assistés sociaux, Belle et Louis. À l'étage noble, Pierre (Trudeau[31]), nasal, sadique, d'une élégance agressive, et une jeune femme-esclave prénommée Baptiste; Robert (Bourassa[32]), planificateur en culottes courtes, conservateur bien peigné, et une Janette exubérante et «fofolle». Au-dessus d'eux, comme un toit, une voûte ou une vitrine céleste, un vaste écran rectangulaire où sont projetés les cauchemars de la société de production. Dans le casier 5, l'écran sert surtout d'écho («Est-ce ainsi que les hommes...»), de bande sonore. L'accompagnement est violent: halètements érotiques, accouchements, verre brisé, cris, sonneries, machines.

Les appétits sont exacerbés, en bas par le travail et le chômage, en haut par le pouvoir et le cynisme. Partout, par l'ennui. «On mange!» ou on cherche à manger. Le réfrigérateur est vide, le désir absent — «On est trop pauvre pour s'aimer» — chez Belle et Louis, l'intellectuelle de gauche et le «gars de la masse» qu'elle avait épousé pour «rejoindre le peuple». Les couples dont Gurik nous sert par *flashes* les tranches de vie sont pris en sandwich, écrasés, divisés, dévorés. La cloison la plus étanche n'est pas entre les compartiments d'âge, de classe, de mœurs, mais à l'intérieur de chaque duo, de chaque solo. Chaque parole est arrêtée, dépecée[33], ou enchaînée comme du saucisson[34]. On passe du désespoir monotone à la confiance aveugle (primes, prix, loterie), de la léthargie aux coups «réalistes» qui rythment la pièce: scènes de livreurs-cogneurs, claques et pleurs du cirque. Au centre de la table, victime exquise de la société qui consomme: Belle, enfant gâtée, enfant-gâteau d'anniversaire, offerte en holocauste.

Le Tabernacle à trois étages est un jeu de blocs, de façades, d'opposition, de voyeurisme, de cannibalisme. «Une société juste est une société qui donne son dû: à chaque ventre la pitance que ses bras peuvent saisir, à chaque yeux (*sic*), la beauté que ses mains peuvent attraper...» (p. 65) Justice égale force, jeu égale guerre, société égale sacrifice humain. À plusieurs points de vue, les casiers et les rites du *Tabernacle à trois étages* ressemblent aux balcons et aux jumelles (à la lutte des angles, des façades) du roman new-yorkais d'Izzy Abrahami, *The Game*, ou *le Jeu des grands ensembles*[35], «parabole de l'ascension en flèche du niveau de vie», selon Marshall McLuhan. Les étages du *Tabernacle* sont des degrés d'usure, des niveaux de mort. L'ascension et l'empiétement sont réservés aux alvéoles dorées. La seule flèche ici est le «couteau planté dans la poitrine» qui découpe Belle, redevenue Louise.

Le choc des mots

Louis, symbole de la majorité silencieuse et peureuse, dans *le Tabernacle*, est obsédé par la solitude et par les mots. «C'est tout ce qui t'es (*sic*) resté, le vocabulaire...» (p. 14), remarque son ex-amoureuse, toujours éducatrice. «C'est tout de même pas de ma faute si les mots ne peuvent pas tout dire!» (p. 36), se plaint le «faux ouvrier», «faux homme», dont les gestes eux-mêmes bégaient[36]. «Ne pas savoir le dire... ne pas savoir le montrer c'est comme ne pas aimer». (p. 22) Louis voudrait s'occuper, écrire, chanter, fumer — et il récite deux fois, mécaniquement, son mono-logue sur la cigarette. Le sec et grand Robert répète platement, lui aussi, sa jonglerie chiffrée sur l'horaire du laitier. La femme du casier 3, Baptiste, clown à vocation de tragédienne, repasse son rôle de Phèdre jusqu'à la mort[37]. Même les indications scéniques (musicales) de l'entracte (p. 43) doivent être lues, répétées jusqu'à l'usure. À propos d'un *mais* qu'il risque timidement, Louis est rabroué par Pierre: «Il n'y a pas de mais. On commence par un mais et ça finit par le chaos. Le danger est là.» (p. 66) Aux puissants les discours, les textes-lois, les regards-lectures; au peuple la présence épaisse, le service, l'écoute. Au colin-maillard qui dégénère en par-touze, dans le chic appartement 4, Louis a les yeux bandés, la bouche bâillonnée. «L'usure des yeux, l'usure des lèvres...» (p. 17) Lâche, traitre, il a changé de peau inutile-ment. Il meurt sous les coups d'autres muets-aveugles, qui s'écrouleront à leur tour, «pris de convulsion». Eux aussi, sans doute, comme Belle et Baptiste, ont appris trop tard le sens et le poids des mots: «Dès que je parle vraiment, on ne me croit plus [...] Quand chaque mot résonne dans mon ventre et que les larmes me montent aux yeux» (p. 18), dé-clare la première victime, affamée d'amour, qui sera dévo-rée sans amour. L'autre refuse sa «tête de Charlot» et meurt dans les mots mêmes de *Phèdre*, dont elle se fait l'auteur après l'héroïne. C'est encore plus évident dans la version de *Sept courtes pièces*: «J'pourrais même devenir un grand écrivain! Il suffirait que je me rappelle ce que je dis...» (p. 31) Impossible! Tous les personnages de Gurik — mimes, numéros, symboles — sont décapités du langage des mots.

Api 2967 avait pour titre complet, dans sa première version, le peu de mots hamletien *Api or not Api, voilà la question, Api = appius* = pomme = *happy*. Le bonheur, le paradis, la tentation et l'arbre originels sont ici reportés en l'an 2967, autant dire à la fin de l'Histoire, après (en dehors de) l'humanisme connu. Millénarisme? Science-fiction[38]? Non. Tout en utilisant l'ordinateur interplanétaire et les statistiques instantanées, la géométrie futuriste, le plastique et le blanc abstrait des combinaisons antibactériologiques, tout en servant des repas en capsules et des «rations de conservation», Gurik a fait une pièce qui donne le choc du *présent*. Si l'interrogation est radicale, le dépaysement n'est pas effrayant (surtout au deuxième acte, où les sourires sont moins figés, les mouvements moins «lents, cassés, inusités»), l'imagination est disciplinée, voire conventionnelle.

Que peuvent bien vouloir dire les mots *paix, dieu, idéal, éternel, triangle, zut, zouaves, îles vierges, baiser* (et «baiser le cardinal») dans cette civilisation Api dont A 23 et E 3253 cherchent à interpréter les «graphos»? «Les civilisations antérieures reposaient sur le verbe comme sur un sable mouvant» (p. 46); la civilisation de 2967 repose sur le chiffre comme sur un ciment qui la fixe et l'emprisonne. «Notre vie est une mort élonguée (*sic*), alors que leur mort est une vie abrégée» (p. 53), dit d'eux et de nous le savant professeur à son assistante de recherche. Il tend, lui aussi, à idéaliser le passé; il voit l'âge d'or au fond et en arrière. «Pas d'éprouvettes! Quel manque d'hygiène!» s'exclame la jeune femme en étudiant l'accouplement. Elle ne supporte aucun corps étranger en elle, mais cèdera inconsciemment au sexe après avoir croqué la petite pomme (d'api). Lorsque le couple s'étreint, séduit par la sphère ovoïdale et le plexiglas satiné du fruit rouge — «sensation étrange», attraction non-newtonnienne — l'amoureuse s'écrie, égarée: «C'est peut-être ça le syndicalisme!» (p. 58) Équations devenues homme et femme. A et E recommencent l'aventure de la Bible, du mythe, de l'erreur, de l'espérance. Ils réinventent le cidre et le calvados, le péché et le plaisir, la vie et la mort.

Insatisfait des quatre-vingt-quatorze pages que lui concède officiellement l'Annonceur électronique, le couple réinvente notre lourd dictionnaire: «Si tu me laissais le temps, je trouverais tout: Naples, les cosaques du Don, le cardinal, l'oie dite de Toulouse ou de Strasbourg». (p. 73) À partir des mots, tout paraît possible: la gastronomie, le tourisme, l'art, la géographie et l'histoire. Mais qu'est-ce que l'histoire, qu'est-ce que la vie? A et E n'avaient perdu — et n'ont retrouvé — que la mémoire. Ils apprennent, répètent, copient. Ils ne projettent aucun avenir. Ces personnages d'aquarium — sous globe, sous cloche, à la «démarche glissée», à la pensée flottante — sont passés de l'air sec à l'eau claire. Ils n'ont ni sang ni encre. Ève(lyne Dupont) et son Adam redécouvriront le «progrès», recommenceront la fin de l'Histoire. Ils élargissent un peu le cercle, ils n'en sortent pas. La pomme (la Terre) est à peine source de discorde, d'éclatement des cœurs, des muscles. Elle accouche d'une «petite bobine métallique», montage de «vieux films 1900» que les heureux parents commentent, eux-mêmes «projetés en diapositives de chaque côté de la scène». (p. 79) De leur incursion dans le passé, ils n'ont retenu que des choses inutiles: explications de proverbes, demi-vérités spécieuses. Le sexe est toujours «le petit appareil», la mort est une hypothèse. «Rien ne vaut la vie», mais la vie est absente. Le mot *Api* lui-même est lexicalisé: nom propre, il est une étiquette scientifique; nom commun, ses sens sont numérotés: il renvoie au ventre de la femme enceinte, à la boule de cristal des voyantes, etc. Une fois assimilés, la pomme et l'amour disparaissent du champ sémantique. Il ne reste qu'une activité intellectuelle dérisoire («curiosité s'écrira toujours avec une majuscule dorénavant», prélude à une restauration du pouvoir et de l'arbitraire. Le Professeur remplace brièvement l'Annonceur: «Je suis là, vivant, encore vivant, le dernier, je règle tout: dehors, ils sont tous morts, statufiés, vides... moi seul, je connais les mots. Beau, bonheur, amour et tous les autres...» (p. 83) Voilà le retour de l'immobilité et de l'abstraction, du pouvoir *sur* les mots et les êtres. On réinvente le dictionnaire, on n'en est pas encore à découvrir (à ouvrir) le texte.

Il subsiste quelques signes d'imperfection, donc d'humanité, chez les numéros clefs (démangeaisons, doigts dans le nez, appétits) et: incohérences, faiblesses («Si vous devez sortir, n'oubliez pas votre parapluie»), reportages différés, «circonstances indépendantes de notre volonté». Ces «erreurs» sont tout de suite corrigées, chez l'un comme chez les autres, et ne donnent lieu à aucune rêverie, à aucun brouillage. Les trois documents archéologiques que soulèvent et laissent tomber les chercheurs sont un *Manuel du scout parfait, Comment gagner à la roulette, la Cuisine facile à la portée de tous*. De littérature, point, *Api 2967* est un bel objet (trop) symétrique, sans noyau, sans pépins. Ce n'est pas un fruit savoureux ou pourri; c'est une forme «à mi-chemin entre la sphère et le volume ovoïdal tronqué en deux extrémités» (p. 42), avec deux pôles, une surface lisse, des lignes transparentes. Ou encore une palissade, l'écran d'un avenir figé, dur, bloqué. On ne *lit* pas, on ne *joue* pas *Api 2967;* on l'interprète, on la traduit, on la parcourt comme un «photo-roman». (p. 80) Ses mots sont de chiffres, ses phrases des formules, ses séquences des questions et des réponses qui s'ajustent parfaitement. «Il semble que certains mots aient eu plusieurs sens» (p. 46), autrefois, chez les «êtres larvés des couches antérieures» (p. 40); ici, dans le post-Api ou l'anti-Api, A et E n'échangent que des syntagmes figés («trente-six chandelles»), des comparaisons modernistes («... comme un morceau de polystirène qui se déchire»). Ils ne (se, nous) parlent pas, ils enregistrent et corrigent aussitôt des erreurs: «La méthode Ogino n'est pas infaillible»; les cosaques n'ont pas de «don» particulier. Cette pseudo-conversion à l'humanité n'est que le détraquement d'une machine, une désobéissance ou une distraction.

Le temps était moins gardé à distance que bloqué dans *Api 2967:* l'avenir et le passé formaient un double écran opaque. Dans *la Palissade*, c'est l'espace qui est arbitrairement vidé, divisé, réfléchi. Deux miroirs éloignés qui se rapprochent et reflètent leurs reflets[39] dans *Api*; un miroir à double face, réversible, dans *la Palissade*: «Ça n'a aucune importance, c'est pareil des deux côtés». (p. 141) Si l'on en croit 353, le personnage-numéro qui surgit au second acte, l'«autre côté» de *la Palissade* est seulement un peu plus avancé (enfoncé) dans l'avenir du progrès: travail universel et uniforme, alimentation calculée, vacances organisées. L'accès au mur est «interdit par un champ magnétique». (p. 129)

Qu'y a-t-il dans cette ville-labyrinthe en reconstruction, dans cette rue masquée, aveuglée, au-delà de la palissade dont quelques hublots ne percent pas le mystère? Une curiosité inutile, la fascination du Rien, le rêve automatique, l'espoir «intolérable à la longue»? Le sujet est celui de *De l'autre côté du mur* de Dubé, et des *Terres Neuves* de Thériault. De part et d'autre d'une crête, d'une clôture-ouverture, des hommes cherchent autre chose, l'ailleurs, et tombent sur d'autres hommes, identiques ou symétriques à eux, qui à leur tour... «Rien, il n'y a rien. C'est pour cela que c'est drôle» (p. 94) ou dramatique. Devant la palissade de Gurik défilent un professeur clochardisé mais toujours philosophe, une serveuse et un jeune col-bleu, un marchand de glace indicateur et ses policiers, un millionnaire gauchiste à qui ses psychiatres ont enseigné que les barrières sociales n'existent que si on ne les franchit pas. Tout à coup, un billet signé «353» tombe, roulé en boule, au pied de la palissade: c'est le rendez-vous d'un *antipode*, qui apparaît les jambes en l'air avec sur son pantalon des dessins qui «donnent l'impression d'une figure».

La palissade est une série de clôtures en chicane, qui «bifurquent», se perdent à l'horizon. La construction de bois est un obstacle matériel, une frontière, un rideau de fer, un mur de Berlin, une muraille de Chine[40]. Tout a «surgi d'un seul coup!», du soir au matin, comme un «don du ciel». La palissade est donc un signe: de changement et de peur, d'arrêt, de prison, de mort. Pour l'administration, la palissade est un cadre, une précaution, une option. Le permis mentionne: «érection d'une palissade pour travaux futurs». Pour l'homme de la rue, c'est «un coup de publicité». Pour les ouvriers, c'est une barricade à prendre d'assaut. Il y a une «maladie», une «fièvre», une «folie» de la palissade; des candidats à l'escalade. Si concrète soit-elle, la palissade de Gurik — le symbole, non la pièce — est «écrasante de significations[41]». «On se perd en conjectures» (p. 95), comme on s'égare «invariablement» à vouloir contourner l'obstacle. Il faut l'oublier, le nier, vaincre son obsession. Il faut que la palissade disparaisse pour que son signe joue. «La Palissade» est l'enseigne du restaurant où travaille Julie. La palissade est le fil de fer, le sommet, le chemin étroit où marchent les amoureux: un partage, un équilibre, un vertige. Eugène, envieux et sceptique, fait remarquer à Jean vers la fin: «...tu reviendras au pied de cette palissade lorsque tes yeux seront aveuglés de couleurs, ta bouche usée par les baisers, ton corps fourbu; quand les montagnes ne seront plus prétexte à l'escalade, mais seulement un obstacle sur ton chemin». (p. 140) Jean était déjà parti au loin, et revenu de ses illusions. Les hublots dérisoires devant lesquels les badauds s'agglutinent «pour ne rien voir», dans la crainte «que quelque chose arrive juste au moment où ils se seraient absentés» (p. 97), ont la même fonction que la télévision, dont la lucarne magique est évoquée à plusieurs reprises dans la pièce: «À la télévision tu vois les beaux pays, ils t'en montrent tous les jours et dans les journaux, des pages entières en couleur [...] Ça te donne l'impression de vivre sur une autre planète». (p. 123) Une planète-évasion, une planète-piège, alors que c'est notre terre qu'il faudrait rendre habitable. Jean et Julie le comprennent: «Ou bien on restera où on est et on plantera des arbres, des paysages...» (p. 141)

«Aux palissades» et des slogans tout cuits scandent les bandes d'actualités projetées sur la palissade-écran, avec d'autres films «sur les murs latéraux du théâtre». Des proverbes à peine retouchés émanent régulièrement des passants-types: «Je ne vis pas pour travailler, je travaille pour vivre, comme dit mon copain Molière»; (Eugène, le fakir anarchiste): «Toute la vérité, rien que la vérité...» (le même, désabusé); «...rien n'arrêtera la marche du peuple opprimé» (monsieur Georges, qui subventionne les agitateurs); «L'appétit vient en parlant» (Jean qui dévore des sandwiches). La palissade est un mur de papier, de plastique ou de verre, un haut-parleur, un instrument à mots, une machine à stéréotypes. On en arrive à la plus plate tautologie: «Si on détruit les palissades, il n'y aura plus d'autre côté» (p. 132); «Ça n'a aucune importance, c'est pareil des deux côtés». (p. 141) *La Palissade* vaut-elle le déplacement, le détour? Elle est moins une interrogation qu'une comparaison dont les termes se rabattent exactement l'un sur l'autre. Une figure en trompe-l'œil, du même type que le dessin (visage) sur le pantalon de 353, qui apparaît la tête en bas avant de se redresser comme tout le monde. N'oublions pas la police — la Palice — qui surgit en double exemplaire au moindre indice, à la moindre indication: «Sale anarchiste. — Voyou, ordure». (p. 99) Considérons enfin les difficultés particulières de Jean, le métallurgiste amoureux, avec le langage: «Quand on dit des choses essentielles comme 'passe-moi la balle' ou 'je suis fatigué', ou 'j'ai soif', ça va, mais dès que je veux dire plus, je ne sais plus [...] j'ai toujours peur de ne pas avoir assez de temps, alors je cherche à tout dire d'un seul coup et je n'y arrive pas». (p. 112-113) Tout dire en même temps, tout projeter sur un symbole passe-partout, voilà le statisme, le mutisme de *la Palissade*. Un mur sans porte et à fausses fenêtres, des vérités de la Palice, évidences sans profondeur. *La Palissade* — lapalissade — tombe d'elle-même.

Les mots, chez Gurik, sont univoques ou équivoques, blocs erratiques, sans aire ni jeu. Ils peuvent être ambigus («exécution»), ils ne sont pas polysémiques. Qu'ils soient drôles, vulgaires ou gratuits, ils sont généralement plats: «pile ou fesse», «Api... Après», *puck* et *fuck*, bander et scorer, «se faire fourrer[42]» sexuellement, militairement, politiquement. Les jeux de mots sont volontairement atroces, terrorisés, dans *À cœur ouvert*: «Citron pressé» (au Jaune qu'on va trucider), «dégouttent» pour «dégoûtent», «cœur à l'ouvrage» et «Vingt cœurs! Tu exagères» (de la part d'un vaincu). Les faux amis et les amalgames abondent: intellectuel = efféminé = agitateur professionnel; dans tout «syndicalisse» — lire aussi artisse, journalisse, socialisse — «il y a un politicien qui sommeille». (*Allô... police!* p. 62-63) On en arrive à d'impossibles ou d'ironiques définitions: patrie contre terre natale, (*Les Louis d'or*, p. 48-49), escouade immorale de la moralité, «Un soldat qui doit penser n'est plus un soldat». Les mots sont traités comme des sigles, interchangeables et arbitraires: C.I.A. = «Catalogué interdit absolu!» «Honni soit qui mal y pense» s'épingle à la Jarretière, ville «des Anges» traduit Los Angeles, Patawawa est «un pet en indien». Le dictionnaire d'*Api* ne donne naissance à aucun texte.

«Quand les mots sont mûrs, ils s'ouvrent comme des grenades». (*À cœur ouvert*, p. 35) Les mots de Gurik ne sont pas mûrs. Les êtres de raison de la publicité — parfal, teflar, dytar, katon, *dutek* (*Le Tabernacle*, p. 23), presque l'anagramme du nom Gurik — s'intègrent parfaitement à son théâtre. Le langage de Gurik n'a pas d'épaisseur, de résonance. Une fois utilisé, il s'écroule comme un mur défoncé, s'arrête comme une machine désuète. Dans l'usure générale du travail et du temps — «Tu ne peux pas arrêter l'usure, tout ce que tu peux faire c'est changer de peau, pour aller plus vite...» (*Le Tabernacle*, p. 38) — le langage est le premier instrument à se détériorer. Il ne se détraque pas dans une splendide explosion. Chez Gurik, il s'amincit, se rouille, s'encrasse, se bloque. La pauvreté de la parole et de l'écriture devient signe de déshumanisation[43] avancée. On est trop petit, trop fatigué, trop pauvre pour l'amour, l'honneur, la révolte, la révolution, la liberté, le bonheur. Ces mots, détournés et dévalués, n'ont plus «de signification que dans le contexte des affaires, de la propagande et du divertissement[44]».

*   *   *

Les pièces de Gurik sont des étaux ou des sandwiches lors
même qu'elles s'attaquent aux machines broyantes et à la
société de consommation. Elles sont des arrêts dans tous les
sens du terme: piétinements, interventions, arrestations,
décrets, règlements (de comptes). Ces improvisations,
décalques, schémas (moins complets, moins tissés que les
canevas de Levac), ressemblent à des procès-verbaux, à des
modes d'emploi, à des bulles de bandes dessinées. Gurik ne
fait pas jouer le texte et l'intertexte, comme Ducharme ou
Sauvageau; il n'a pas de langage spécifique comme Tremblay ou Garneau. Il insère seulement, dans une langue
neutre, quelques images isolées, des dialogues-duels, de
«bonnes» histoires et plaisanteries: «Antoine dit à
Cléôpatre...» Une fois prononcées, ces tirades (ainsi que les
gestes, les mouvements) retombent. Comme dans une traduction approximative ou une bande mal synchronisée, un
décalage subsiste — voulu par l'auteur, efficace parfois.
Quelques phrases d'emballage, et le cadeau ou la bombe
sont livrés: on entend le tic-tac, on sent la poudre, l'huile; les
rouages grincent.

Les rôles ne sont jamais complétement remplis, les
scènes et les pièces jamais terminées. Cela va de soi dans
une parade comme *Allô.... police!* mais *À cœur ouvert, la
Palissade, les Tas de sièges, Sept courtes pièces*, et même *le
Procès* ou *le Tabernacle* sont traitées à peu près de la même
façon. Les situations se succèdent comme autant d'exem-
ples, de messages-massages. L'organisation n'est en rien
mosaïquée ou kaléidoscopique. Il n'y a pas contiguïté dynamique, influence réciproque des touches et des tableaux.
Jeux, répliques, numéros et machines se remplacent sans se
toucher. Il en est ainsi dans chaque pièce et d'une pièce à
l'autre. On peut identifier les sujets du théâtre de Gurik —
technologie et humanisme, écologie et mort collective —
aux préoccupations de notre fin de siècle; on peut
difficilement relier les *Louis d'or* et *le Pendu, Hamlet,*

183

prince du Québec et *Api 2967* à un même univers dramaturgique. Gurik le reconnaît: «Chaque pièce, qu'elle soit
réussie ou non formellement, est une étape *qui se ferme* (je
souligne)... ainsi, *les Louis d' or* a été une étape de définition
d'individu, *le Pendu*, de théâtre traditionnel, *Hamlet*, de
théâtre satirico-politique, *À cœur ouvert*, de théâtre global et
Jean-Baptiste M. se voulait un 'théâtre-dossier'. Chaque
pièce explore une avenue du théâtre[45].» Mais les avenues du
théâtre, véritable place de l'Étoile, coïncident-elles avec les
voies du monde et de la société? Gurik nous présente celles-
ci comme des impasses, celles-là comme des boulevards
qu'on peut arpenter l'un après l'autre, aller-retour. Les
avenues du théâtre sont moins explorées que visitées — à la
carte ou sur papier quadrillé — par Robert Gurik.

L.M.

Références

1. Robert Gurik, d'origine hongroise, né à Paris, vit au Québec
   depuis 1950. Après la Polytechnique (1957), il travaille
   comme ingénieur technique ou commercial dans diverses
   entreprises. Depuis 1972, il s'occupe exclusivement de
   théâtre. Il fut un des fondateurs et plusieurs fois président du
   Centre d'essai des auteurs dramatiques. Il a publié un roman
   Spirales (Holt, Rinchart et Winston, 1966). Il a signé le
   scénario et les dialogues du film *les Vautours* (1974), de Jean-
   Claude Labrecque. Ses débuts au théâtre datent de 1963: *le
   Chant du poète*, primé et publié par l'A.C.T.A.
2. Robert Gurik dans *l'Envers du décor* (T.N.M.), 5: 1, octobre
   1972, p. 3. «J'écris vite et je ne cherche pas à m'en justifier.
   C'est mon principal défaut. Je dispose de très peu de temps
   pour écrire, aussi il m'arrive de négliger le second stage (*sic*)
   de la création. Je ne fais pas le travail artisanal de la correction» cité par Jean-Claude Germain, «Robert Gurik: l'auteur
   qui n'a rien à enseigner». *Digest Éclair*, novembre 1968, p. 17.
   Il a écrit *Hamlet, prince du Québec* «d'une seule traite, en
   quatre jours». On a souligné, en particulier, la faiblesse et le
   caractère bâclé des dénouements de Gurik: «Il ne sait pas
   terminer la pièce» (François Piazza, au sujet d'*Api 2967*).

3. À Martial Dassylva, «Une phrase de Marcuse a inspiré *À cœur ouvert*», *la Presse*, 15 novembre 1969, p. 30. Notons que les principales influences que reconnaît avoir subies Gurik sont celles d'Armand Gatti et de Peter Weiss, de Marcuse et de McLuhan, de Jean-Luc Godard et de Claude Simon.

4. À J.-C. Germain, *Digest Éclair*, p. 20.

5. H. Beauchamp-Rank, «*La Palissade* de Robert Gurik et les *Terres neuves* d'Yves Thériault: un thème en deux structures». *Co-incidences*, 3:2, mars-avril 1973, p. 38 et 36.

6. H. Beauchamp-Rank, «Pour un réel théâtral objectif — le théâtre de Robert Gurik», (*Voix et images du pays*, VIII, P.U.Q., 1974, p. 187) utilise ce concept et ce terme à diverses reprises.

7. *Ibid.*, p. 186. H. Beauchamp-Rank, après avoir nié au départ l'organisation en «démonstration» du théâtre de Gurik — «ce qui serait contraire à son option de base» (*Voix et images du pays*, VII, p. 184) — utilise ce concept et ce terme à diverses reprises.

8. *Ibid.*, p. 184.

9. *Ibid.*, p. 190.

10. *Co-incidences, art. cité*, p. 37.

11. *Livres et auteurs québécois 1972*, p. 109-110. On a dit à peu près la même chose d'*Api 2967*.

12. Robert Gurik, «Le théâtre et les mass media». *Théâtre-Québec*, 1:2, 1970, p. 20-21.

13. À J.-C. Germain, *Digest Éclair*, p. 19.

14. À A. Paradis, «Gurik: le théâtre de l'anarchie». *Québec-Presse*, 1er avril 1973, p. 5.

15. Non seulement entre père et fils, chefs, partis, classes, groupes militants, mais jusque chez les figurants et comparses: fossoyeurs de *Hamlet*, chauffeurs de taxi du *Procès*, soldats et recrues d'*À cœur ouvert*, etc.

16. «Si je ne peux me faire réembaucher, je me tire une balle dans la tête devant eux», menace Jean-Baptiste (*Le Procès*, p. 79). Cf. *le Tabernacle*, p. 52 (entre le viol et le meurtre). Sans compter *la Palissade*, où «deux alternatives» (p. 102) se réduisent en fait à une seule. «La mort change la vie [...] Devant la mort, les mots ne veulent plus rien dire. À cause de la mort, tous les êtres ont raison.» (R. Gurik à J.-C. Germain, *Digest Éclair*, p. 20)

17. *Les Louis d'or*, dans *Théâtre vivant*, n° 1, 1966, p. 59. La première étape du monologue «du trou» (p. 12) ou monologue-

trou avait donné lieu, au milieu du premier acte (p. 19-20), à une fausse fin: «Dans l'obscurité, on doit sentir que la pièce est terminée. On entendra ensuite les trois coups et la lumière reviendra doucement, *fade-in* sur Louis...»

18. Dans *«63»* — 1763 et 1963 (débuts du terrorisme montréalais) — une des *Sept courtes pièces*. Washington n'est pas seulement le nom d'un général-président, mais d'un pdg, d'une capitale, du capitalisme, de l'impérialisme. (cf. p. 67) Quant à l'Indien Kawio, il vient de la série télévisée *Kanawio* (ou «Belle Rivière», p. 63), de Guy Dufresne.

19. Dans *À cœur ouvert*, dont le prologue s'inspire de l'investiture de J.F. Kennedy: «Ma bonne conscience sera peut-être ma seule récompense...» (p. 10) Les manufactures Hexagone représentent évidemment le Pentagone. Les trois catégories humaines mises à contribution sont les Blanchisseurs, devenus inutiles à cause des *laundromats*, les Charbonniers, dépassés par le pétrole et l'atome, les Pompiers enrégimentés. Autrement dit: les Jaunes, les Noirs et les Rouges (non pas, ici, les Amérindiens, mais les communistes, qui reprendront les slogans et les méthodes de la Banque du Cœur).

20. «...*Sans qu'on sache vraiment si elle joue ou non*» (*Sept courtes pièces*, p. 94. C'est moi qui souligne). «...J'ai appris à respirer comme une autre et j'ai désappris à être moi-même». (p. 92)

21. *Allô... police!*, p. 78. Cf. *la Palissade*, p. 137 («Si j'étais un homme et pas un policier...»), *les Louis d'or*, p. 15, 25, etc.

22. Cf. *la Palissade*, p. 136: *À cœur ouvert*, p. 28, 78, 82; *le Tabernacle à trois étages*, p. 20-21, etc.

23. Cf. *le Procès de Jean-Baptiste M.*, p. 32, 66, 87; *la Palissade*, p. 90. Gurik prétend même, dans l'avant-propos du *Procès* (p. 9), qu'à Rome «la majorité des esclaves avait une qualité de vie supérieure à celle de la plupart des ouvriers d'aujourd'hui».

24. À la fin de *Hamlet, prince du Québec*, dans *le Pendu, le Procès, le Tabernacle, Sept courtes pièces*, p. 58 et 35 (où «Phèdre se dédouble pour mieux s'atteindre»).

25. Le verbe *communiquer* et le substantif *communication* (au singulier) sont employés ironiquement: *le Procès*, p. 60, *Sept courtes pièces*, p. 47.

26. R. Gurik à J.-C. Germain, *art. cité*, p. 18.

27. *Id.* à A. Paradis, *art. cité*, p. 5.

28. L'union (la Confédération) est compromise dès le point de départ: un entrefilet intitulé «Méfiez-vous des ordinateurs pour la formation des couples». À la fin, Lui et Elle «s'étranglent sauvagement» — d'où le titre de la seconde version: *un plus un égale zéro* — aux accords (brisés) d'*Ô Canada*. *Les Tas de sièges* ont été écrits «pour apaiser l'agitation incontrôlables» de l'auteur: «Ma main et mon stylo se mirent à voir des enlèvements et des perquisitions à toutes les deux lignes» (Présentation, p. 5).

29. «Un malade agonisant sur un lit d'hôpital» (*À cœur ouvert*, p. 71), de vieux films muets, et surtout des scènes de guerre, de révolte, de torture, de famine, ponctuées de spots publicitaires.

30. *Lénine*, p. 70 (reportage sportif), 73 (téléjournal agricole), 74-75 (publicité), 99.

31. Cf. *le Tabernacle à trois étages*, p. 51 («Fini les folies» et «Je suis le meilleur!»), 65 («Une société juste...»), 67 («pet»).

32. Cf. p. 26 («nouveaux emplois»), 48 («Il faut savoir se montrer libéral ou du moins en donner l'impression...»).

33. Par exemple, à propos du mot *confiture*, qui rime avec *usure* (p. 17), et sur lequel Belle et Louis reviennent. (p. 18, 32)

34. «Après les 'sans' voici les 'avec'. C'est une vraie manie. Il suffit que tu t'accroches sur une idée pour déballer toute une série» (p. 23). Une série de couleurs amène une série d'objets alimentaires: «...bleu marine, sous-marin, port, cochon, charcuterie...»

35. Trad. fr. chez Robert Laffont, 1974. Dans *la Vie imaginaire de l'éboueur Auguste G.*, d'Armand Gatti, autre jeu de casiers et d'ensembles, la scène est divisée en sept lieux de couleur différente.

36. «Même pas une vraie gifle, puisque tu veux la reprendre... une fausse gifle et un bégaiement» (p. 14), dit Belle à Louis. Il a dépensé aux courses l'héritage de sa compagne, il cherche dans les paquets de cigarettes un coupon gagnant, il hésite, discute, tergiverse, crie, bégaie («liiiiibre») jusqu'à l'assassinat de Belle et à sa propre mort.

37. Les monologues de Louis et de Robert sont répétés p. 25-26, 40-41, et 20-21, 41-42. Celui de Baptiste, intégré à une scène (disque) de cirque, est répété p. 29-32, 69; il deviendra, sous le titre *Phèdre* — on pense aux *Trois petits tours* et à *la Duchesse de Langeais* de Tremblay — une des *Sept courtes pièces* de Gurik (p. 23-35).

38. On pourrait comparer *Api 2967* aux romans d'anticipation d'Aldous Huxley (*Brave New World*) et de Georges Orwell (*1984*), qui présentent un monde mécanisé, étroitement surveillé («Big Brother»), autoritaire et froid.

39. «Ce recours à un futur antérieur constitue à mon avis une trouvaille géniale: cerner l'homme d'aujourd'hui entre deux miroirs, celui du passé et celui du futur, c'est souligner doublement sa nature et montrer par quel genre d'angoisse il est déchiré». Luc Perreault, «Le point de vue de Sirius». *La Presse*, 10 avril 1967, p. 10. La structure et le dénouement d'*Api* — de même que le titre du compte rendu («Sirius») semblent contredire ce jugement optimiste.

40. Cf. *la Palissade*, p. 95 («Plus loin que la Russie?») et 134-135 (projection des actualités internationales).

41. Lise Gauvin. *Livres et auteurs québécois 1971*, p. 110. «Au lieu de s'attaquer à ses frustrations, l'homme s'attaque à leur symbole» (H. Beauchamp-Rank, «*La Palissade...*», *loc. cit.* p. 33).

42. *Face à face*, dans *les Tas de sièges*, p. 51-52. Le mot de passe (!) des (faux) terroristes d'*Allô... police!* est:«Entéka, on en a assez de s'faire fourrer, ça va changer!» (p. 38)

43. Le mot *déshumanisation* est employé tantôt au sens strict: extermination de l'espèce (*À cœur ouvert*, p. 68), tantôt au sens plus large de diminution de la qualité de vie.

44. Robert Gurik, cité dans l'introduction au *Pendu*, p. 13.

45. *Ib.*, à A. Paradis, *art. cité*, p. 4.

Chapitre 8
Les p'tits enfants de Germain
par eux-mêmes

Entre la chaire et la taverne

Jean-Claude Germain a fait plusieurs fois le parallèle entre l'Église et le Théâtre qui abandonnent en même temps leur majuscule, leur langue morte, leur cérémonial séculaire, leur architecture à l'italienne, pour se rapprocher de «la base», conserver sinon élargir leur «clientèle». La montée du joual sur la scène coïncide avec «celle des langues profanes dans le rituel de la messe[1]». «Situé à mi-chemin entre l'église et le cabaret, le théâtre québécois oscille depuis toujours entre les deux[2]...» Il va du collège au stade, au bingo, aux *shops*; des fils du père Legault aux imitateurs de Michel Chartrand. Germain prend à son compte cette affirmation: «Le véritable décor c'est ou bien la rue Sainte-Catherine ou bien une église. C'est ça le vrai costume du théâtre québécois[3]». Faut-il s'en dévêtir, en sortir? Oui, après l'avoir investi, retourné. Comme ont fait, le 8 décembre 1968, dans l'allée centrale et le chœur de Notre-Dame de Montréal, les guérilleros culturels du Manifeste-agi, dont on peut rapprocher les slogans («Place à la couleur», «Mort aux sépulcres blanchis», «Place à la folie»...) du *Refus global* de Borduas. Germain voit dans ce *happening* un «signe», une intervention «prophétique», le «premier acte de libération» du «théâtre révolutionnaire québécois». «Et ce n'est pas un fruit du hasard que la révolution par le théâtre ait débuté dans une église[4].» Il s'agit de transformer le théâtre-messe, pour croyants et initiés, en un théâtre-spectacle[5] le plus ouvert possible.

Germain se sert des rites et des mythes canadiens-français pour dénoncer joyeusement une aliénation toujours contemporaine. Camillien Houde et Duplessis, Aurore et les Bérets blancs, la Bolduc et Willie Lamothe, la Vierge pâle et le Sacré-Cœur quittent le musée, l'autel, la galerie. Derrière les chromos, les personnages ou les types — «sainte trinité» familiale, patrons électoraux, religieux, athlétiques, artistiques — ce sont les attitudes, les refoulements, les désirs que cherche à mettre au jour (et à jour) Jean-Claude Germain. Il fait évoluer de pseudo-vedettes, naïves, puériles, ridicules, émouvantes, aussi «communes» justement que le commun des mortels. Les «Enfants Sans Souci», «Sots», Fous du (peuple-)roi, jouent le jeu de l'illusion et de la vérité, du comique tragique, des histoires, des fêtes, des rêves, des déceptions. Ils passent de l'autel à l'hôtel, du dimanche matin au samedi soir, de la cuisine à la rue, de la gigue aux monologues, des improvisations aux grands tableaux, de l'ironie à l'humour et à la tendresse.

Germain n'est pas d'abord un théoricien[6] ou un critique (culturel, social, politique), mais un créateur et un récréateur. Son théâtre est profondément accordé à une thématique, à un rythme, à un intertexte et à un contexte. «Ce qui fait qu'on est québécois et non français, c'est la rythmique; toutes les significations données aux mots le sont par la musique et le joual a plus de sons que le français. Au Québec, celui qui chante en dit plus qu'en parlant. Il se permettra de dire des choses sur les curés ou les gouvernants qu'il n'oserait jamais dire en parlant[7].» Tel est le cas, entre autres, de la «diva» Sarah Ménard, dont *les Hauts et les Bas* parlent (chantent) «par eux-mêmes». Ce n'est pas l'actualité immédiate et événementielle qui retient les Enfants de Germain — même dans *l'Affront commun* — mais un certain genre (composite), un certain ton, la résonance entre les moyens techniques (dont la langue et la musique[8]) et des complexes psychiques collectifs. Il existe un univers Germain, une dramaturgie inséparables des mythes qui en sont le prétexte et le tissu. Le Théâtre d'Aujourd'hui est la seule troupe professionnelle permanente dont la politique soit de produire exclusivement des œuvres originales.

Germain est un des rares directeurs à aborder (autrement que pour quêter) la question financière. Par-delà ses coups d'épingle au ministère[9], à Jean-Louis Roux et à Yvette Brind'amour, Germain cherche à définir une «économie» du théâtre (synonyme ou non de théâtre économique) une adaptation réaliste aux circonstances. «On peut même presque affirmer que c'est à la suite de contraintes budgétaires que Jean-Claude Germain en est venu à capitaliser autant sur l'espace imaginaire et symbolique; que c'est le peu de moyens matériels dont il disposait qui l'a amené à faire un théâtre *simple*, au sens où il se joue dans un lieu théâtral qui crée lui-même son propre extérieur par la parole, et *complexe*, en ce qu'il repose essentiellement sur des lieux imaginaires que des simples objets ou de simples mots peuvent faire surgir[10].» Le premier spectacle du TMN a coûté 25$, finalement récupérés. L'absence — ou le refus — de toute subvention est «une importante source d'inspiration»; «l'esthétique d'une compagnie est soumise à son économie[11]». Non seulement à son budget, mais à ses locaux, à son organisation, à ses ressources techniques et humaines.

Dans les nombreuses reprises de la saison 1972-73, Germain voit l'indice d'une «déculturalisation» du théâtre au profit de la commercialisation. «Menacé tantôt d'asphyxie, tantôt d'apoplexie, à la suite d'une crise de subventionnite aiguë, la situation du théâtre québécois reste précaire[12]...» Pour deux ou trois raisons matérielles, structurelles: le caractère non institutionnalisé des troupes et compagnies, l'exiguïté, la vétusté, la dispersion des rares salles disponibles. La «sous-exploitation» chronique de la créativité — malgré les universités, les cégeps et quelques lieux marginaux — n'est nullement résolue par la *sur-*

exploitation occasionnelle d'un certain répertoire. Pour sa part, Germain a toujours tenu compte aussi bien des dispositions du public que du nombre et de la qualité (tempérament, formation, expérience) des comédiens, musiciens, etc. Il a fait des rétrospectives (par exemple à l'automne de 1972, où *Diguidi, les Tourtereaux* et *le Roi*... on été remaniées, redistribuées) et a présenté son «anthologie personnelle et critique» du théâtre québécois (*les Jeunes, s'toute des fous*, en février 1972). Il a rapidement retiré de l'affiche le trop fantaisiste *Beau, bon, pas cher, ou la Transe du bon boulé* (au printemps 1975). Il a reconnu que sa *Charlotte électrique*, doublement exilée, n'avait pas brûlé de tous ses feux à la Place des Arts.

Rien de moins figé, de moins froid que ce théâtre-inventaire, «vente de feu», à l'encan. Un mouvement emporte mots, gestes, figures, caricatures, objets, scories, analyses et morceaux de bravoure. Tout ne vit que dans et par l'ensemble. Le spectacle est total et totalement spectacle. Pourtant, le canevas est bien rempli, le texte est à la fois dit et écrit. Ces spectacles sont des pièces, pas seulement des projets, des schémas ou des *catalogues*. Ils sont portés, sans être écrasés, par un langage spécifique, proche mais différent de celui de Tremblay ou de Barbeau. Ils font indiscutablement partie — entre le conte, le discours, la chanson et l'essai — de la littérature la plus québécoise.

Pour les P'tits Enfants de Germain, le théâtre est un engagement et un divertissement, une rupture et une reconnaissance, un miroir et une porte (d'entrée, de sortie); un aller-retour du passé au présent, de la ville au village, de la cuisine à la rue, du procès (ou de la prise de conscience) à la célébration. Autrement dit, une tradition vivante, un héritage encombrant, stimulant. On joue avec le temps («Je me souviens», «Je m'oublie») comme avec l'espace (*le Pays dans l'pays*). On en accuse les points forts ou faibles (ce sont parfois les mêmes), les piétinements, les redites. On en détache des «familles» politico-pieuses, socioculturelles, historiques, actuelles: le Grand Théâtre, les «Aurore Sisters», les

«Cheufs», les Sansoucis, les Sansfaçon... En 1973, Germain rapproche, dans une même soirée baroque, burlesque, à la Frankenstein, à la Feydeau — «étude comparée des ravages de l'amour[13]» — les mœurs, capes et seringues d'un vieux mélodrame, *le Sérum qui tue*, de Marc-René de Cotret[14], et celles, contemporaines, hippies, anti-Gogol, des *Méfaits de l'acide*, qu'il signe d'un anagramme, Claude-Jean Magnier.

La création collective, selon Germain, n'implique pas la disparition de l'auteur de pièces, tout au plus celle du «littérateur» dramatique, prophète distant, isolé, dont le metteur en scène était le pontife. La «démocratisation» théâtrale, en désacralisant le Texte, le rend accessible, discutable, partageable. «Pour moi, la création collective est une affaire qui change de fois en fois. Mais ça implique toujours, en tout cas pour moi, un texte fixé, écrit[15].» Germain s'est pertinemment moqué du spectacle miraculeux, engagé et improvisé — qu'il intitule *la Contestation ou le Complexe de la Pentecôte* — dont les deux parties dialectiques seraient «la Confusion» et «les Langues de feu» (où «une pensée collective claire et lucide doit naître spontanément[16]...») La création collective qu'il pratique n'est pas plus la «réunion d'un conseil syndical» qu'une «opération du Saint-Esprit». Ni tour de table ni tour de Babel, elle vise à provoquer, coordonner, articuler, les expériences et les talents. «Les comédiens ont pleine liberté. Chez les Enfants de Chénier, les rôles sont interchangeable[17].» Pas tous, pas indéfiniment. Germain distingue les fonctions, précise les étapes. Par exemple, pour *Dédé Mesure*, «on a improvisé pendant une semaine ou deux un genre de mise en train. Il n'y a pourtant rien dans le spectacle de ce qu'on a improvisé. Ce sont seulement les mécanismes qu'on a improvisés [...] La mise en scène est faite de façon géométrique, c'est-à-dire que les comédiens savent comment ça fonctionne. Mais je ne m'attarde pas aux détails. Ce sont eux qui les règlent[18].» Entre la chaire, la table et la chaise, les P'tits Enfants grandissent et s'émancipent.

Après avoir été chroniqueur et critique dramatique[19], Jean-Claude Germain fonde en août 1969 le Théâtre du Même Nom avec les Enfants de Chénier, qui deviendront (seconde génération, en 1971) les P'tits Enfants Laliberté. Partisan, avec de plus en plus de nuances, de la création collective, c'est-à-dire de la responsabilité des comédiens, Germain crée une cellule vivante, cohérente, mais non itinérante (contrairement au Grand Cirque Ordinaire), illustrée tour à tour par des interprètes comme Gilles Renaud, Maurice Gibeau, Louisette Dussault, Nicole Leblanc, Laurence Lepage et Germain Brisson (pour la musique), avec la collaboration occasionnelle de Michèle Rossignol, Claude Maher... En même temps que Michel Tremblay, le Grand Cirque Ordinaire, le Huitième Étage, les Treize, la Quenouille bleue, etc. Germain et son groupe préconisent, réalisent un théâtre culturellement et formellement québécois, populaire dans ses références et ses signes. L'animateur-auteur-metteur en scène connaît bien la (grande et petite) littérature, particulièrement le folklore, les monographies, les portraits d'«hommes forts», les politiciens-prédicateurs-acteurs. Conteur-né, Germain comme Jacques Ferron ou Roch Carrier, récupère à la scène les traits essentiels de notre tradition orale, rythmique, physique.

La longueur, la richesse des titres des pièces de Germain n'ont d'égales que la variété des genres qu'elles se donnent ou qu'on leur prête: «récréation collective» du premier spectacle (d'adieu), «méli-mélodrame» ou «famil-loroma» (*Diguidi*), «conte de Noël tropical pour toutes les filles pardues dans'a brume, dans'a neige ou dans l'vice» (*la Charlotte électrique*), «gigantesque court-circuit permanent entre l'opéra, le *rock and roll*, la musique tzigane...» (*Sarah Ménard*). À côté du «*western*-tourtière» (*Rodéo et Juliette*) et autres plats cuisinés, exotiques, le «radio-drame» personnel des *Tourtereaux* et le «spectacle de haute couture» de *Dédé Mesure* s'imposent par leur transparence. Mais *les*

Tourtereaux ont un sous-titre actif, inquiétant, *Dédé Mesure* n'est pas qu'un nom propre et une opération manuelle. *L'Affront commun* est une «fable québécoise» complexe, épique. Inversement, sont plutôt conventionnelles les fantaisies ou parodies qui s'intitulent *Beau, bon, pas cher, ou la Transe du bon boulé* (autour d'un soldat méconnu) et *la Garde montée ou Un épisode dans la vie canadienne de Don Quickshot*, «beluette rose et musicale» pour festival estival, signée Claude-Jean-Magnier[20].

«On trouve d'abord le titre et le spectacle vient ensuite», déclare l'animateur-scripteur[21]. Le titre est déjà un spectacle: un double geste (chatouillis et éclat de rire de *Diguidi*), une menace (*les Tourtereaux ou la Vieillesse frappe à l'aube*), une annonce ou une marque de commerce (*le Roi des mises à bas prix*). Le titre est un spectacle — presque une pièce, en tout cas un morceau — parce qu'il peut se décomposer, s'articuler, subir diverses coupes: «mises à bas», «à bas prix». Cela commence par *les Enfants de Chénier dans un autre grand spectacle d'adieu* où trois mots au moins («autre», «grand», «adieu») tirent l'œil et l'oreille. Les titres-noms ou titres-mots sont l'exception. Les compléments déterminatifs de *Mise à mort d'la Miss des Miss* («Aurore II») s'appuient sur une allitération, une exécution. La plupart du temps, le titre est une phrase (ou deux), une proposition ironiquement affirmative, négative, exclamative, interrogative, conditionnelle, toujours allusive, complète ou à compléter. *Nous autres aussi on fait ça pour rire*[22]. *Si Aurore m'était contée deux fois*, qu'en resterait-il? *Les Hauts et les Bas d'la vie d'une diva* sont curieusement dessinés et ponctués: *Sarah Ménard par eux-mêmes*[23].

L'exemple extrême est sans doute celui-là, et l'exemple-synthèse celui-ci, dont les deux phrases n'en font qu'une (aucune) et dont tous les modes sont faux; pur exercice (de diction, de représentation), héritage, affiche, sonorité-spectacle. *Si les Sansoucis s'en soucient, ces Sansoucis-ci s'en soucieront-ils? Bien parler c'est se respecter!* admet officiellement une version abrégée (la première phrase), une version très abrégée (*Si les Sansoucis*) et une version pratique (le nom propre). C'est un titre coupable, littéralement, comme se sent «coupable» le musicien-accusé, encagé, divisé, qui en perd son nom (Lepage) et sa tête:

> THARAISE, *au Musicien* — À l'avenir, quand on vous d'mandra vote nom, vous répondrez COUPABBE.
> LE MUSICIEN — Laurence COUPABBE!
> THARAISE — COUPABBE... TOUT COURT. (p. 118)

Coupable tout court, à p(r)endre haut et court, tel est l'état du titre de la pièce et du titre familial (depuis «l'premier du nom, l'chevalier d'Sansouci», vaincu, cocu, vendu en 1759), du titre-table, Banc de la Reine ou lit de Procuste dans lequel se glissent les héritiers, entre un futur hypothétique et un indicatif impératif.

Parmi les titres inédits, les spectacles annoncés et toujours différés, deux ou trois sont proches des *Sansoucis*: *le Pays dans l'pays*[24], inspiré d'une chanson du Musicien (p. 163-165), *Cheu nous c'ta pas comme ça* (problèmes de partage, d'héritage) et sans doute *Un pays dont la devise est je m'oublie*. *Les Chips du chef* devait porter sur les petits commerces de la police provinciale. Quant aux *Amours passionnées, provisoires et imaginaires de Camillien Houde et de la Bolduc*, elles cachaient un troisième personnage, sosie de Louis Cyr: «Ça sera pas un gros *show* mais un *show* de gros», disait Germain[25]. Mais venons-en aux quatre pièces publiées et aux autres spectacles connus et importants.

La première production du TMN fut *les Enfants de Chénier dans un autre grand spectacle d'adieu* (inédit[26]), en septembre 1969. Le titre est déjà caractéristique de la manière de Germain: enfants de ch... réhabilités, convertis en Patriotes (comme leurs successeurs, autres Fils de la Liberté; adieux interminés, interminable au revoir, comme chez ces vedettes du *music-hall* qui n'en finissent plus de se retirer et de tourner. D'emblée, les Enfants de Chénier — héros historique ranimé par Ferron, opposé à Dollard — se situent comme comédiens, avec les risques que ce métier comporte. Ils en revendiquent moins la gloire que les contradictions, l'ambiguïté. Le «grand» spectacle annoncé s'attaque au «grand» théâtre, celui de la tradition classique et universelle, des troupes officielles subventionnées. Il s'agit d'une lutte à finir, aux points, aux poings, entre les Champions de France (raffinés) et les Amateurs locaux (musclés). Alfrède *de* s'avoue vaincu avant de monter sur le ring. Giraudoux, quoique sportif, est culbuté par une sorte d'Yvon Deschamps. Au deuxième round, antiques, tragiques et mystiques viennent en vain à la rescousse. Shakespeare lui-même se retire, avec Jean Gascon. Car ce n'est pas seulement le répertoire, mais l'approche, l'insertion québécoise, le jeu (du Rideau-Vert, de Radio-Canada, du TNM — dont le TMN se fait l'anagramme et l'épigramme) qui sont ici visés. On déclame, on essaie d'apprendre à rire, à pleurer, dans un espace et un temps étrangers. On est élève (du Conservatoire), disciple (européen); on n'est pas encore chez soi au théâtre.

On le deviendra avec *Diguidi, diguidi, ha! ha! ha!* dont le chatouillement et le gazouillis soulignent les joies d'une naissance. *Diguidi* est encore, dans le cadre familial apparent, un exercice dramatique, théâtral. Les trois comédiens essaient divers tons, crient, rampent, jappent, passent de la scène à la salle et vice versa, interpellent les techniciens et le public. En fait, ils sont statiques, «assis», parallèles l'un à l'autre. Ils réintègrent leurs fauteuils et bouclent leur ceinture. Seule la Mère, à la fin, s'affirme, se révolte. La «grande famille» du théâtre est aussi *pognée* que les familles de nos enfances. «De fils à papa (l'autorité de la culture universelle) qu'il était, le théâtre est devenu fils à maman (le public). Ce qui ne change rien au fait que c'est toujours un théâtre de fils — frustré ou choyé selon les individus[27].»

Dans *Diguidi*, la relation scène-salle, société-théâtre, est d'abord inversée. D'un podium placé au milieu des spectateurs, un comédien s'adresse au duo parental immobile sur l'estrade centrale (il y en a trois), arrimé à des ceintures de sécurité, une bouée de sauvetage autour du cou.

Le premier comédien parle du public au public: il fait les questions et les réponses, les suppositions et les hypothèses. Il secoue, il réveille, jusqu'au rire multiple, «à deux dents», «à huit dents»: «rire de nous autes une fois pour toutes...» (p. 36) L'ironie peut-elle se transformer entièrement en humour? «On attend l'père Nowelle», répond le couple de parents-spectateurs au metteur en scène du prologue. Chacun ne quitte sa rêverie que pour son rêve: Théâtre, Message, images, cadeaux. Pour la mère, c'est la Fée des Étoiles; diadème doré, robe bleue, baguette magique. Le fils joue au Petit Poucet dans la grande ville. Ce «p'tit poussin», «p'tit pigeon» est dressé comme un chien. Il vit entouré de menaces: Bonhomme Sept-Heures, voisine ogresse, police, pompiers, neige, tramways, Diable, père. Les rites familiaux sont cruels, grotesques. La télévision les reflète, les accentue: elle n'est pas seulement façon de (ne pas) voir, mais de manger, de se taire, de feindre, de geindre. Les jappements du fils énervent le père: «Maudit qué bête les enfants... Tu joues avec eux autes pour le fun pi ça s'prend au sérieux, ça s'excite, pis c'est pus t'nable». (p. 53) La première partie se termine par d'atroces histoires d'enfants perdus, égarés et coupables, racontées par le père et la mère à leur héros-victime.

Le deuxième comédien, fat, grandiloquent — «même sincère, il apparaîtrait faux[28]» — s'adresse au public sur un tout autre ton que le premier: il le berce, le flatte, l'entretient, le prie, le supplie. Le théâtre est un «temple», une «grande famille», dont les subventions sont le nerf, le cœur, le cerveau. On revient à la petite famille: leçon de catéchisme, portrait de la belle-mère, alcoolisme, misère, ménage, consolations du curé. Monologue du père saoul, frustré, violent par timidité, violeur par amour, qu'on ramène à la maison muselé, en laisse. Au début de la troisième partie, la comédienne, speakerine et tragédienne — «quasi sincère» à force de naïveté — bégaie un boniment incompréhensible[29]. Retour à la famille, c'est-à-dire à la télévision, au Québec assis: «Chacun sa chaise» et «Laisse donc faire le monde». (p. 83)

Retour au curé, sommet du triangle, œil de la trinité, personnage-clef, psychiatre des pauvres, médiateur-obstructeur. «M'sieur l'curé, dans l'fond, vous êtes pas mieux qu'Georges» (p. 87), finit par découvrir Claudette, mère devenue femme. Le père meurt — assis — pendant que s'élève le cri de sa compagne: «Ch'sais pas pourquoi j'parle, mais y faut que ch'continue... J'VEUX ÊTE LIIIIIIBBBEEE... j'veux ête libre de l'dire sans avoir à l'CRIER». (p. 91) La culpabilité et les rituels funéraires sont refusés au profit de la vie.

Héritage, procès, ventes à l'encan

Si Aurore m'était contée deux fois (1970) reprend certains éléments des deux premiers spectacles, de façon à la fois plus libre et plus concentrée. *Aurore* — l'enfant martyre, l'éducation sado-masochiste, la cuisine-prison, le mélodrame[30] — est une sorte de carrefour. Elle parodie la Donalda des *Belles Histoires* télévisées et *Angélique* (1 et 2), succès de l'écran. Aurore est notre Versailles, notre Trianon, notre fermette royale, et Germain notre Guitry — non pas l'auteur intimiste, boulevardier, mais le machiniste amusé des grands bals historiques. Diverses entreprises de spectacle — du «Champion de Notre-Dame» aux «Aurore Sisters» — participent au Festival d'art aurorique de Saint-Flavius, destiné à stimuler financièrement le procès de canonisation. Le rallye prévoit également l'élection d'une «Miss Aurore». Ce sera Manon Dumas, à qui la «sainte» apparaît aussitôt.

Mise à mort d'la Miss des Miss est le couronnement politique de *Si Aurore*... Gilberte Dumas, avec l'aide de Rosaire et du rosaire, exploite les dons et visions de sa fille. La publicité pieuse (apparitions de la Vierge au mont Saint-Bruno) débouche sur la superstition socio-créditiste. De Duplessis aux Bérets blancs, le messianisme fait le lit de l'autoritarisme[31]. Les lampions sont éteints, le folklore n'est plus une fête.

Entre les deux *Aurore*, en juillet, tour de piste avec

Rodéo et Juliette, dans le cuir et la poussière du festival
«western» de Saint-Tite (première version), puis dans la
plaine monotone de Saint-Lin[32] où des vieillards attendent
sur les vérandas grises que fleurisse un nouveau Laurier. Le
spectacle équestre a lieu sur des chaises berceuses et musicales. Rodéo Cadieux voudrait être le fort et méchant *cowboy;* il est, malgré lui, le bon, le faible, la victime. Juliette
Moquin, mystérieuse Gretchen, qui «donne toutte et ne vend
rien», a quelque chose de *la Vraie Nature de Bernadette*
(film de Gilles Carle).

Les Tourtereaux, ou la Vieillesse frappe à l'aube est
une antithèse multiple, qui fonctionne à plusieurs niveaux et
à deux vitesses: l'espace (le studio) et le temps (les ondes),
la nuit et le jour, l'éternelle jeunesse et l'actuelle décré-
pitude, la satire et le drame, le joual et le français universel,
artificiel, radio-canadien. Gaspard et Ginette s'opposent
l'un à l'autre et, ensemble à «Elle et Lui[33]», émission à
succès, au «Gégés», «événements» (nous sommes en octobre 1970). Usé par le spectacle qu'il se cachait à lui-même,
le faux couple se décompose.

Gaspard, âme scoute et esprit carabin, est emphatique,
optimiste, apparemment increvable: il n'a pas lu les journaux depuis vingt ans. Ginette est compliquée, déprimée,
agressive, alcoolique. Lucide? Encore moins que Gaspard.
Elle s'accroche: «...j'ai besoin de t'entendre dire que tu crois
encore aux Tourtereaux». (p. 68) Les récitatifs théâtraux de
Gaspard — ronsardes, mignardises, marivaudages, Petit
Prince, Gérard Philippe, Michel Simon — sont naturels. Le
naturel (sombre) de Ginette la fait ressembler à tous les
corps sans voix, voix sans corps, vedettes sur le retour; il la
colle aux saisons mélancoliques, aux vieux meubles
décapés, aux injures existentialistes («salaud», «putain»).
«...Notre émission est tellement dépassée qu'y a jusse les
anthropologues qui nous écoutent [...] on est tellement plate
qu'on fait partie d'la culture». (p. 28-29) Ils font même
partie de la critique de la culture. Gaspard et Ginette sont des
figures de musée (de cire) qui tout à coup s'agitent et

saignent, avant de sortir au petit matin dans la rue, vieillis, en sursis. Ils n'ont pas vécu (sauf un instant), ils ont duré.

Robert Spickler, préfacier, voit dans *les Tourtereaux* «un prisme dans lequel converge toute la problématique du théâtre de Germain»: humour tragique, jeu au service de l'énigme, rôle important du public (dont l'écoute peut devenir présence, assistance). La situation de Gaspard et Ginette, bousculés dans l'espace et le temps (studio emprunté, horaire décalé de midi à l'aube), éliminés ou maintenus pour de mauvaises raisons, est analogue à la survivance du Québec par son folklore. Tout est au programme des agneaux-tourtereaux: scènes langoureuses, murmures, échos, sport, horoscope, courrier du cœur, «problèmes épineux que pose le système pileux», éditorial sans politique. Voulant tout récupérer, ils n'ont rien sauvé. Seule solution: changer de médium, de distance, de coefficient. La vitre du studio devient vitrine, verre grossissant, exposition. Gaspard et Ginette paraissent enfin eux-mêmes, même si «c'est trisse de r'sembler à c'qu'on est...» (p. 69) Sans passé et sans avenir, ils disposent d'un bref présent.

Si les Sansoucis (1971) est une pièce notariale, judiciaire, policière, politique. C'est toujours le procès du Théâtre[34] — derrière ou devant la Justice — que font les Enfants de Chénier devenus «Enfants Sans Souci». Le nom, québécois et médiéval, est celui d'une «corporation dramatique parisienne, dont les principaux dignitaires prenaient le titre de 'Prince des Sots' et de 'Mère Sotte'». (*Larousse*, cité, p. 101) Le spectacle est une «non-action», un code, une procédure, un décor, des costumes, des coutumes, des accessoires (l'accusé et les témoins). Meubles-personnages ou objets principaux: le banc et la table.

Les Sansoucis représentent les élites québécoises — de robe, d'argent, de bonne conscience et de bonnes œuvres. Ils ont occupé, comme on dit, la «scène». «Régnaient-ils pour amuser ou amusaient-ils pour régner? La question se pose toujours.» (p. 100) Germain ne traite ici que la branche cadette des Sansoucis, dite branche de la «p'tite tabbe».

Mais les membres éminents de la tribu sont évoqués; ils constituent la table d'honneur. De l'archevêque à l'entrepreneur et au psychologue de la Ford, ils portent tous des noms (ou surnoms) anglo-américains: Fred, Red, Rod, Tony, Phil, Frank, Pitte, Ben, Vic, «pis leu femmes, toutes des constipées qu'y ont jamais eu assez d'importance pour qu'on leu donne un nom à eux-z-autes...». (p. 145)

Tharaise et Chlinne, «clowns parvenus», jouent au ballon, sanglotent, s'interrogent sur le droit de rire et le rôle du bouffon. «Un fou qui rit d'ête fou, s'tun fou qui rit du monde, pis un fou qui rit du monde, s'PAS UN VRAI FOU!» (p. 109) «Pis GOUVARNER que çé que çé si çé pas vouloir mette le rire au pas, vouloir forcer l'monde à rire pareil, en même temps, ensembbe...» (p. 112) Les sœurs Sansoucis, rivales, n'accordent ni leur rire, ni leurs idées, ni leurs folies[35]. Elles tirent à hue et à dia sur Farnand, qui joue l'amnésique, l'indifférent. En dehors du clan, deux personnages malheureusement épisodiques: madame Sansfaçon de la rue Panet, certainement qu'on empêche de prononcer sa conférence sur la survivance au banquet «Bénifitte» annuel, et le Musicien accusé Laurence Lepage qui, lui, plaide coupable à temps et à contretemps.

Fini le temps du théâtre, des variétés, des chansonniers, proclament en duo Tharaise et Chlinne. Maintenant, le théâtre, «s'dans litte», «s'dans à rue», «s'sus à lune», «s't'ailleurs!» «Astheure, çé l'temps des professionnels, çé l'temps des quizzes... çé l'TEMPS DES PROCÈS!» (p. 120) Leur frère n'en croit rien; il défend le public, l'illusion lucide, la «conscience tranquille», le divertissement et la diversion. Farnand est au centre de la famille, du débat, et au centre du centre: entre les extrémistes de gauche ou de droite. Il refuse d'identifier la table, objet du litige. Est-elle seulement identifiable? Pièce à conviction, «*eczibitte*», elle est tour à tour praticable, escabeau, tribune, tribunal, lit, mur... On pourrait la débiter en planches, en bois de chauffage, en «toutepiques». Elle est la «SAINTE TABBE!», la tradition, le rite, la culture. Il y a des rapports entre la table et le sexe:

«toué-z-hommes que j'ai eus j'aurais voulu é-z-aouère sus s'tabbe-là!» (p. 127), dit Chlinne. Et encore: «As-tu pensé s'qui nous arriverait, à Tharaise pis à moué, si on l'avait pus s'tabbe-là... si on pouvait pus l'essayer, pis la frotter, pis la polir, pis passer à main d'ssus, pis sentir que çé dur, que çé solide... pis qu'çé doux?» (p. 126) De son côté, Farnand constate: «j'bande pus», «j'rêve pus». «Tout se passe comme si l'homme ne vivait pas pour posséder mais pour attendre de léguer», remarque Robert Spickler. (p. 18) Procréation sans amour, transmission (ou échange) mécanique.

«J'ME DÉSHÉRITE!» (p. 130). Est-ce possible, est-ce légal? Farnand refuse toute formalité et joue à son propre jeu: piano imaginaire, apartés, apostrophes. Est-il encore un Sansoucis? Il saute de branche en branche (cadette) comme un singe. Pendant ce temps, Tharaise, jugesse, prêtresse — proche des «mouftesses» de *l'Affront commun* — monte sur le banc, le réchauffe, s'y coule, s'y moule. Mais le vêtement, «taillé pour les z-autes», ne lui va pas. «Outrage au spectateur!» prononce un chœur troyen, suivi d'un chœur brechtien («damnés de la scène!») et d'un chœur crétois à la Zorba. Le monologue de madame Sansfaçon — intervention (ratée) du peuple dans l'Histoire — clôt la première partie.

La Cour se réinstalle en bousculant le guitariste, le banc (remplacé par «une vieille chaise haute») et «Votre Honneur». Chanson du pays dans l'pays: «Chaqu'Québécois a son secret» et «Tous les mots ont un double fond». Le Musicien descend de l'estrade, retourne à sa «cage à poules», à son rôle d'accusé-figurant. Aria de la «cacasserie», chaise musicale ou jeu de la vérité: «L'gros nain» *est* un problème, un enfant, un sot; «la grande fouine» a un complexe d'infériorité; «la p'tite éjarrée» se prend pour une autre. On passe, en effet, grâce à Chlinne, aux branches maîtresses des Sansoucis, qui se renvoient la balle avec souplesse, de Red, le chef de police, à Fred, le juge, à Tony, le ministre, à Pitte, la «caisse électorale», puis à des entités plus vagues: les «z-organisateurs», l'«élitte», les curés, la finance, le système. Là, naturellement, la langue anglaise est utilisée: «*200 glorious years of ignorance and incompetence...*» (p. 178) Traduction infidèle et simultanée. «Ch'comprends l'français... Mais chus bilingue en joual!» (p. 183)

La table est toujours là, cadeau de Grecs. Farnand refuse d'être antiquaire, de «faire d'la maintenance», de «faire comme si s'ta à nous-z-autes». Il récuse le notaire, les clercs, les conditions du legs. «J'dis pas si c'était une porte... ou ben un radeau... ou ben un banc d'parc... ou ben un p'tit modèle d'avion... MAIS PAS UNE TABBE DE CUISINE!» (p. 187) Farnand n'accepte pas que l'héritage de la liberté. L'héritier Sansoucis a des grands-pères, des oncles, des cousins partout dans la littérature et le théâtre québécois[36]: Fridolin et Tit-Coq, Lacroix et Ben-Ur, Menaud et Galarneau, les Beauchemin de Guèvremont et ceux de Victor-Lévy Beaulieu. Mais Farnand est son propre père, frère, fils. Il ne s'allonge pas sur la table; il ne la sert pas, il s'en sert.

La preuve: Farnand est seul (avec son ombre, son *alter ego*[37]) dans *le Roi des mises à bas prix*, qui suit immédiatement. La mémoire lui revient par bribes: «tounes», envies, regrets. «Ben oui, ben oui, ch'parle tout seul... pis après? Ça t'dérange?» (p. 20) Il s'ennuie de Speedy, son *waiter* «personnalisé», confident compréhensif, silencieux complice. Farnand est-il «une pré-incarnation de l'homme québécois de l'an 2000?» Cherche-t-il à «entreposer quelque part, dans un pays qui lui appartienne[38]», le mobilier ancestral, table, chaise, tabouret? Il refuse d'être un «homme-meubbe», un citoyen-héritage. Son seul héritage, c'est lui-même. Il se plaint de la multitude des «p'tits bosses» en uniformes qui, au travail, à la taverne, dans la rue, le surveillent et règlent sa vie. Ils lui rapellent tous son père: «Dépêche-toi, Farnand, tu vas manquer l'train...» Farnand, en tout cas, n'est jamais en retard «sus sa bière»; il y noie angoisses et colères, interdictions et règlements. Il rêve «d'bouère deboute», contre la tristesse du «monde assis». Il entend le «dispatcheur» des autobus annoncer les départs pour Saint-Ferdinand-d'Halifax, Saint-Georges-

d'Ormstown, Saint-Frédéric-de-Cowansville et, régulièrement, pour L'Assomption. Farnand est debout, il part, il
monte... Non. Quelque chose le retient: sentimentalité, com-
plaisance, complexe de l'orphelin. Farnand se tâte, s'aus-
culte, se berce, entend des voix («Dieu»). Donc, il est assis,
rassis, alors qu'«y faut sortir d'icitte» et que «Le seul plaisir,
c'est d'sparde en ch'min». (p. 36-37)

Farnand rentre chez lui («À LA BONNE FRANQUETTE
APARTMENTS») après avoir laissé son identité à un policier et
chanté l'opéra bilingue des lois et règlements. Au second
rayon des mises à bas prix, il trouve le «chanteux d'pomme»
— «anthologie vivante et sonore des diverses formes de
chantages domestiques» (p. 45) — caché dans le «bahut-
placard-garde-robe-armoire». D'une voix «mi-femme[39],
mi-tapette», ce personnage fait revivre à Sansoucis les sup-
plices de son enfance, de sa jeunesse, de sa vie conjugale
avec Rita. Farnand porte le pyjama rayé du prisonnier; le
«chanteux d'pomme» revêt la livrée du valet de chambre.
En fait, il est le *Television Man*, l'écho, l'image, la cote,
l'ami, la démocratie. «C'est ça a télévision, s't'un jeu pour
passer l'temps», assure hypocritement l'intrus. (p. 64)
Farnand résiste, compare son hôte à Mario Verdon, Réal
Giguère, Henri Bergeron; puis il prend les opérations en
main, inspire et encourage le «travailleur intellectuel».
Celui-ci, rusé, réintègre son meuble-machine, reprend ses
pouvoirs, multiplie ses effets. Il sait maintenant comment
s'adresser au peuple: «plus de quatre-vingt pour cent des
téléspectateurs adultes parlent à leur récepteur de télévision». (p. 79) Farnand proteste, répond. Retour imaginaire
de Speedy, du monologue, de l'aliénation tranquille. «Aussitôt que ch'sors, tout l'monde que j'rencontre me courent
après pour me donner leu tabbe de cuisine... On dirait que
chus un aimant... j'hérite de toute... pis ch'peux pu m'en
débarasser...» (p. 95) «... On a perdu à maison mais on a
sauvé l'solage pis é meubbes». (p. 96) Quel espace, quel
pays faudrait-il à Farnand pour entreposer, posséder, habiter
son héritage? L'inventaire est un premier déblaiement. Mais

le Roi des mises à bas prix ne va pas plus loin que *Si les Sansoucis...* La succession est toujours ouverte, le procès est en appel.

Fables, soucis, arias

L'Affront commun (1973) est une «fable» québécoise, une épopée critique, proche, malgré sa rigueur, de la sotie des Sansoucis. Germain a pris ses distances par rapport aux événements de mai 1972 (grève générale, emprisonnement des chefs): «C'est une curieuse victoire qu'une grève, surtout lorsqu'elle est générale [...] Cette victoire est une défaite, parce qu'on est acculé à la faire et qu'on n'a plus d'autre choix[40]». Le théâtre a d'autres choix, un front élargi, une plus longue mémoire. Le Parlement («Chambre Sansouci Lodge») est fermé pour «cause d'inertie». Le contre-pouvoir est représenté temporairement par les frères Grondin, Armand, Léon et Bénin (l'aîné, René, est absent), chefs syndicaux enfermés dans un hôtel, qui discutent et agissent par téléphone. À côté, au-dessus d'eux, la Papesse, la Sauvagesse et la Négresse, dépositaires du Livre, de la Nature, de la Loi. Ces trois «mouftesses» — les Parques? — tranchent à coups de commentaires, de citations, d'indifférence et d'oubli. Un septième personnage, Watch Latour, éternel piqueteur, Diogène du pauvre, témoin de Jéhovah, rôde entre les groupes ou niveaux, hésite entre l'action et la réaction.

Dédé Mesure, la Charlotte électrique et *Sarah Ménard*, sans quitter l'Histoire, sont à la fois plus largement et plus précisément sociales. Elles sont des affiches déchirées, des fêtes interrompues, revues et corrigées. Elles se concentrent sur des vedettes, des tournées, des modes, des parades, pour dépasser la publicité, le magasin, l'héritage et le procès. Spectacles de la Femme, elles mettent au monde les personnages féminins les plus authentiques (les plus critiques) du théâtre de Germain. Après la Mère, Aurore, Gilberte, Juliette et les sœurs Sansoucis, voici — annoncées peut-être par la double Ginette des *Tourtereaux* — des femmes qui ne font référence qu'à elles-mêmes[41].

La Charlotte électrique (1972) est discutable, à ce point de vue. Elle s'attarde aux miroirs, aux lumières, au show. Mise à mal, non à mort, d'une autre «Miss».

> Les voyages forment peu les Québécois
> Obligés qu'y sont par tradition
> D'am'ner l'pays dans leurs bagages
> Pour pas se l'faire voler
> Pendant qu'y ont l'dos tourné[42]

La Charlotte ne prie pas Notre-Dame, mais joue, chante, danse au Wilbur B. Maheu Memorial Hall de Charlotte, Vermont, U.S.A. La troupe des Mignons de Sainte-Rose-du-Dégelis, accompagnée d'Omer Mentha et ses Ménestrels, présente *les Trois Orphelines* à un public (absent: les Franco-Américains n'existent plus) qui a préféré *The Bells of Saint-Mary's*. La «reconnaissance extérieure» du théâtre canadien-français s'avère aussi difficile à nos frontières qu'à Paris. Reste le folklore, et le pire de tous, celui de Noël. On passe donc du mélodrame au réveillon, aux histoires, aux souvenirs, aux *reels*, aux rigodons. Le théâtre subventionné disparaît, remplacé par l'improvisation musicale, la fête familiale ou villageoise grinçante. Thessalie Comeau et Maurice Esclandre ne sont plus que ces exilés fatigués, chicaniers, à peine plus vivants (malgré leur agitation) que le philanthrope bilingue qui s'était cru fidèle à ses origines en soignant annuellement sa publicité.

Est-ce dû au sujet (la Femme), au système (la mode), au cadre (la haute couture)? *Dédé Mesure* est une pièce particulièrement solide, bien taillée, dont on regrette qu'elle soit encore inédite. Jean-Claude Germain y voyait le spectacle «le plus fou» de ses P'tits Enfants. Il s'agit en effet de dé-mesurer, débrider, dénouer; dépouiller la femme-image de ses voiles, dénoncer les manipulations dont elle est l'objet. «L'agressivité et la dextérité sont les mamelles de la beauté», dit justement Dédé, patron des patrons et grand

artiste romantique (en robe de chambre). Les trois mannequins se libèreront des ciseaux et des griffes de leurs
gérants-tailleurs. Changeant de régime, sortant de l'ordinaire (de la norme et de la cuisine[43]), elles ne sont plus
taillables[44] et corvéables à merci. Leur jupon dépasse, leur
corps, leur tête réapparaissent sous les monokinis, sur les
décolletés. Les femmes se détachent vivement — dans le
triple monologue final — du décor de tissus et du magasin
d'accessoires. Par delà le commerce de la mode, de la
Femme. *Dédé Mesure* est une autocritique du théâtre, des
«canevas» sur lesquels on «brode[45]», des images toutes
faites, du metteur en scène ordonnateur de défilés ou maître
de cérémonie.

Sarah Ménard a quelque chose (chapeaux, costumes,
poses, caprices) de sa célèbre homonyme, mais ni ses lan-
gueurs, ni son génie impérieux. Elle est une Sarah Bernhardt
candienne-française, provinciale, autodidacte: plus proche
des contes de Fréchette que des reflets fins de siècle de son
théâtre. Mademoiselle Ménard, chanteuse classique qui a dû
passer par les clubs, doit inaugurer dans son village natal.
Sainte-Marthe-sur-mer, un «centre culturel» (sportif) qui
immortalisera son nom. Elle revoit et interprète le film, le
répertoire, l'album de sa vie: «Chanson du lever des guides
catholiques», soirées d'amateurs, études chez le maestro
Ildebrando Bruchesi, rossignolades, tournées européennes,
amours, ambitions, déceptions. *Les Hauts et les Bas* de sa
carrière, violemment éclairés, parlent (et chantent) *par eux-
mêmes*. Sarah Ménard est toujours vivante, non plus vedette
mais femme, spectatrice et critique: «L'opéra, j'aillis ça, ça
s'dit pas». Cette «monologuerie-bouffe», ou confusion
d'une enfant du siècle, est une anthologie visuelle et sonore[46], un portrait collectif, saccadé, endiablé. Itinéraire,
bottins, programmes, partitions sont emportés par une
immense gigue populaire. Sarah Ménard est rentrée d'exil.

* * *

La «dénonciation par la récupération[47]» n'est pas sans ambiguïté. Est-on vraiment sorti des consolations dérisoires, des pauvres images où le peuple se souvient sans s'inventer? Les P'tits Enfants de Germain dépassent-ils ou prolongent-ils le folklore instinctif, la complicité passive? Disons qu'ils poussent jusqu'au bout — jusqu'à leur décomposition et leur remplacement — la soirée de famille, le pèlerinage et la revue. «Si le théâtre de Jean-Claude Germain est un théâtre de démystification [...] il n'en demeure pas moins que sa démarche en reste à l'étape de la narration. Pour passer à l'action, il aurait besoin d'un personnage vrai, plein, entier...» suggère Robert Claing[48]. L'humour ou le rire de Germain résulterait d'une confusion organisée» (l'épithète est importante) entre les deux niveaux de «réflexion» du langage dramatique: sur la réalité représentée, sur le mode de représentation — «le social et le théâtral réfléchissant les mêmes structures, les mêmes problèmes[49]...» Ils les réfléchissent autrement. Ne confondons pas scène et salle, théâtre et société, description critique et répétition complaisante. La «narration» épique est une forme efficace d'«action» théâtrale. Le «visage à deux faces» du théâtre de Germain est un masque très apparent, que chacun peut enlever ou remettre à volonté. Et ce masque est un corps, solitaire peut-être (d'où les monologues[50], les battements d'air et de pieds) mais solitaire, dans *Dédé Mesure* ou *Sarah Ménard* comme dans *les Sansoucis*. «Alors là, on est sorti de la cuisine. Mais on ne sait pas où l'on va. Parce qu'il y a de moins en moins de points de repère[51].» On va vers l'histoire, vers *Un pays dont la devise est je m'oublie.*

L.M.

Références

1. Jean-Claude Germain, «*Ite missa est*». *Maclean*. décembre 1972, p. 80.

2. *Id.*, «C'est pas Mozart, c'est le Shakespeare québécois qu'on assassine». *L'Illettré*, I: 1, janvier 1970, p. 2. «Entre le parvis et le boxon» est le nom de la collection que dirigeaient Germain et Spickler (secrétaire du Théâtre d'Aujourd'hui) aux éditions de l'Aurore.

3. Déclaration des auteurs-acteurs de l'Opération Déclic, citée par J.-C. Germain, «Le théâtre québécois libre au pouvoir». *Dimensions / Digest Éclair*, février 1969, p. 12. Le manifeste-agi de 1968 («Place à l'orgasme») est reproduit dans *Jeu*, n° 7, hiver 1978, p. 8.

4. Ibid., p. 9. Une cérémonie d'investiture de Chevaliers de l'Ordre du Saint-Sépulcre a fourni l'occasion de dénoncer, par la parole et l'occupation physique, la «collusion des trois pouvoirs». Pour le quatrième pouvoir, cf. la manchette du *Montréal-Matin* et le reportage de *la Presse* (p. 1), 9 décembre 1968.

5. «On traduit théâtre par spectacle depuis déjà quatre ans.» De Vigneault à Deschamps, il y a au Québec «une culture globale du spectacle beaucoup plus qu'une culture du théâtre spécifique». Interview avec A. Brie, «Jean-Claude Germain au bord d'un *Affront commun*». *Le Devoir*, 3 novembre 1973, p. 19.

6. Malgré ses interviews substantielles et de bons articles généraux sur le théâtre québécois, sans oublier ses diverses préfaces aux *Belles-Sœurs*, à *Wouf wouf*...

7. J.-C. Germain à M. Lachance-Handfield, «Les amours imaginaires de Camillien Houde et de la Bolduc: 'Ça sera pas un gros *show* mais un *show* de gros'». *Québec-Presse*, 18 juillet 1971. «La plupart des gens au Québec vivent, survivent et revivent par les mots; c'est leur façon de parler, de raconter qui donne un sens à leur existence.» (*Id., ibid.*)

8. La musique et les musiciens jouent un rôle important dans les productions de Germain. Laurence Lepage intervient pour la première fois dans *Mise à mort*...; il accompagne à la guitare et à l'harmonica *Rodéo et Juliette*; il est «musicien-orchestre», auteur-compositeur, acteur, guitariste, violoneux et «tapeux de pied» dans *les Sansoucis*... Cf. M. Corrivault, «Le petit bonhomme de chemin de Laurence Lepage». *Le Soleil*, 29 juillet

1972, p. 40. Ginette Bellavance est au piano de *Don Quickshot*. Pour Perron et Brisson, dans *la Charlotte électrique* et *Sarah Ménard*, voir plus loin.

9. J.-C. Germain, «Bravo ma tante Claire». *Le Maclean*, octobre 1972, p. 86.

10. Michel Bélair, *le Nouveau théâtre québécois*. Léméac, «Dossiers», 1973, p. 101-102; cf. p. 68, 98.

11. J.-C. Germain à M Bélair, «Pour un théâtre authentiquement québécois». *Le Devoir*, 9 juin 1970.

12. J.-C. Germain, «Un théâtre qui crève de santé». *Maclean*, janvier 1973, p. 31.

13. Selon le mot du metteur en scène, Claude Maher, cité par M. Dassylva, «Amours sérum et drogues au Théâtre d'Aujourd'hui». *La Presse*, 22 septembre 1973, p. E 4. «Le canevas des *Méfaits de l'acide* est résumé par Gérald Casavant, l'un des quatre personnages de l'œuvre, lorsqu'il déclare qu'il a voulu qu'on couche à trois dans un lit double et qu'il devra, malheureusement, se contenter d'ablutions à deux dans un bain simple» (*Ibid.*)

14. Montréal, éd. Garand, «Théâtre canadien», 1928, 26 p.

15. J.-C. Germain à M. Dassylva, «Un instant dans la vie de Gaspard et de Ginette». *La Presse*, 28 novembre 1970, p. D 7.

16. J.-C. Germain, «Le théâtre québécois libre au pouvoir». *Loc. cit.*, p. 8. Cet article, de même que «Le metteur en scène malgré lui», pièce-interview du décorateur Germain, son homonyme (*ibid.*, avril 1969, p. 7-12), annoncent, expliquent le passage du spectateur-critique à l'animateur-auteur Jean-Claude Germain.

17. G. Chabot, «Jean-Claude Germain: un chef spirituel dépareillé». *Dimanche! Dernière Heure*, 26 avril 1970, p. 58.

18. J.-C. Germain à M. Dassylva, «Quelques articles du crédo théâtral de Jean-Claude Germain». *La Presse*, 6 mai 1972, p. D 7.

19. Au *Petit Journal*, puis à *Digest Éclair*. Germain avait aussi fondé un éphémère Théâtre Antonin-Artaud, dans la Boulangerie des Apprentis-sorciers, en 1957 (d'après l'interview à «Vivre au soleil», CBF, 12 juillet 1972).

20. L'intrigue de *Don Quickshot* caricature en partie celle de la célèbre comédie musicale *Rosemarie...*» M. Dassylva, «Une 'beluette' avec un petit quelque chose». *La Presse*, 19 juillet 1975, p. 8. La pièce est introduite par un long prologue du

poète Elphège-Achille de Chardonnet.

21. Interview avec M. Handfield, «Le Théâtre du Même Nom ressucite *Aurore l'enfant martyre...* à sa façon». *Québec-Presse*, 22 mars 1970, p. 16 A. Cf. Roseline Vaillancourt, *le théâtre de Jean-Claude Germain et de sa troupe*, M.A. Université de Montréal, 1978.

22. Petite pièce donnée en lever de rideau à un spectacle de Pauline Julien au Patriote, en octobre 1972.

23. Ce titre dépasse celui du fameux tableau de Marcel Duchamp: *la Mariée mise à nu par ses célibataires même*.

24. Spectacle enregistré au Gesù le 24 janvier 1971: disque *Poème et chansons de la résistance II* (avec Laurence Lepage).

25. À M. Lachance-Handfield, *art. cité* (note 7).

26. Cf. M. Bélair, *le Nouveau Théâtre québécois*, p. 69-71. Le refus du passé fut plus violent en France: «Assez d'œuvres classiques, Molière est un fasciste. Enterrez les cadavres, ils empestent», disait le Manifeste du groupe d'André Benedetto, avril 1968. *Travail théâtral*, nº 6, et R. Demarcy, *Éléments d'une sociologie du spectacle*, p. 164-165.

27. J.-C. Germain, «C'est pas Mozart...» *Loc. cit.*, p. 3.

28. *Diguidi...* (Léméac), p. 61. Ce comédien personnifie un directeur de théâtre qui «du désastre de sa formation théâtrale classique n'a pu sauver qu'une chose: une voix bien placée dont il tire effets après effets, jusqu'à satiété» (*Ibid.*)

29. Ce discours est très différent de celui de la première version, qui était cynique: «J'aime pas ça faire rire le monde... J'ai jamais aimé ça...» Supplément de *l'Illettré*, 1970, p. 12.

30. Cf. Hubert Pascal, *le Roman d'Aurore la petite persécutée*. Montréal, éd. du Lapin, s.d.: V.-L. Beaulieu, *Manuel de la petite littérature du Québec*. Montréal, l'Aurore, 1974, p. 207 et *passim*. Un procès retentissant, à Sainte-Eulalie, vers 1920, suggéra à la troupe Rollin-Nohcor un grand-guignol, puis *le Procès de la marâtre*, d'où le comédien Marc Forrez tira, en cinq actes, *Aurore, l'enfant martyre*, transformée plus tard par lui en roman (*La Petite Aurore*. Montréal, l'Alliance cinématographique, 1952) et par J.-A. DeSève (France-Film) en scénario, la même année. D'après A. Leblanc, «La tradition théâtrale à Québec (1790-1973)». *Le Théâtre canadien-français*, p. 220-221, note 50.

31. «Ceux qui aiment pousser plus loin l'investigation pourront, du reste, établir un parallèle entre la fin du spectacle et le com-

mencement de la nouvelle ère 'bourassienne'» (M. Dassylva, *Un théâtre en effervescence*, p. 99).

32. Seconde version, 1971. L'expression «platte comme les plaines de Saint-Lin» est de Farnand, dans *les Sansoucis*. Cf. R.G. Scully, «Du *western*-spaghetti au *western*-tourtière». *Le Devoir*, 13 novembre 1971, p. 15.

33. La satire des *Tourtereaux* ne touche pas seulement les couples radiophoniques célèbres— Jean et Janette, Ghislaine et Robert, Luc et Lise, et autres Alexandrins — mais les «capsules d'optimisme» (anti-pilule) du Père Desmarais, Manolesco et les astres, etc.

34. «Quand tout l'monde connaît é réponses des-z-autes d'avance, çé pus un procès... S'TUNE PIÈCE». (p. 118)

35. Sur la sotie, la folie et les concepts analogues, cf Pierre Gobin, *le Fou et ses doubles*, particulièrement p. 235-247. «...Le rôle du bouffon est anti-cérémonial et il rétablit par la dérision le circuit coupé par l'intervention du sacré entre le roi et la société». J. Duvignaud, *Sociologie du théâtre*, p. 188.

36. À la création, les discours et dialogues autour de la table étaient interrompus — répercutés — par deux monologues qu'on a cru devoir omettre de la version publiée (p. 99, n. 1): l'un sur Madeleine de Verchères, par Marc-F. Gélinas, l'autre sur les Titoines, par Laurence Lepage. Par contre, le texte des *Sansoucis* (p. 104, 146, 162, 188) est parsemé de notes — allusions aux subventions, aux troupes — que couronne, justifie et explique une note finale encore plus ironique.

37. «Une voix pâteuse et paquetée répète tout ce que Farnand dit, presqu'en même temps que lui et comme si elle le suivait avec un léger décalage...», p. 19.

38. M. Bélair, «Une sorte de nouveau départ...» *Le Devoir*, 5 juin 1971, p. 17.

39. À la reprise et transformation de la pièce (surtout dans la seconde partie), en octobre 1972, Michèle Rossignol remplacera Jean-Pierre Piché dans le rôle du «chanteux d'pomme». Quant au *roi* Farnand — le «monsieur de la rue Panet» c'était toujours Maurice Gibeau.

40. J.-C. Germain, cité par M. Dassylva, «À travers les yeux des trois chefs syndicaux». *La Presse*, 10 novembre 1973, p. B 7.

41. «Les femmes sont des forces de changement parce qu'elles ne sont pas fixes et qu'elles n'ont pas de schèmes physiques précis...» J.-C. Germain à M. Dassylva, «Quelques articles du

213

crédo théâtral...» *Loc cit.*

42. Prologue, «Quand *les Trois Orphelines* se font sonner les cloches par Bing Crosby... elles se forment en *Charlotte électrique!*» Reproduit dans *Québec-Presse*, 24 décembre 1972, p. 23.

43. «Fini la cuisine, on a barré les portes, on a mis des deux par quatre, on y retournera plus, sinon pour une visite rapide, revoir les vieux avant qu'ils meurent». J.-C. Germain à R. Lévesque, «Avec Dédé Mesure, les P'tits Enfants Laliberté sortent de la cuisine». *Québec-Presse*, 23 avril 1972, p. 27.

44. «Un tailleur ne taille pas seulement des tissus, mais surtout des images. C'est le règne du factice». *Id. Ibid.* Un des leitmotivs de *Dédé Mesure* est : «Cent fois dans le même bain, remettre le mannequin».

45. «C'est du travail *fait à la main*; on n'utilise pas les inventions modernes», disait J.-C. Germain à M. Hanfield, interview citée.

46. «Construction contrapuntique à partir de flashes». Martial Dassylva, «Les bas et les hauts de la Ménard». *La Presse*, 7 novembre 1974, p. E 2. Parmi les beaux morceaux acrobatiques de Jacques Perron, exécutés au piano par Gaston Brisson, accompagnateur de Sarah: une «Chanson d'la séduction des instruments» (au cabaret), une «Aria d'Eurydice au téléphone» et un «Bottin de l'opéra italien».

47. Selon l'expression de M. Bélair, «Mais non! Aurore n'est pas morte». *Le Devoir*, 21 avril 1970, p. 12. Brecht lui-même pratiquait le «retournement» en maintenant un lien critique avec la tradition populaire, comique, folklorique.

48. R. Claing, «Le théâtre à deux faces de Jean-Claude Germain», *Voix et images du pays*, n° IX 1975, p. 208.

49. *Ibid.*, p. 202.

50. Où le personnage — «marionnette» ou «faux géant» — doit se contenter de «raconter les gestes qu'il n'a pas posés et qui le paralysent, la mort par le silence qui le guette». *Ibid.*, p. 208.

51. J.-C. Germain, (à propos de *Dédé Mesure*), à M. Dassylva, «Quelques articles...». Interview citée, p. D 5.

Chapitre 9
L'Évangéline selon Antonine

Ce sont les autres qui disent d'Antonine Maillet qu'elle est écrivain. Elle prétend plutôt «raconter des histoires. Des histoires pas vraies», des «mensonges» pour lesquels elle se reconnaît «un goût sadique[1]». Mais déjà cette affirmation est une demi-vérité, car ses histoires sont aussi vraies que la légende, que le mythe. Plus vraies encore, car elles concernent le présent, la vie à peine transposée, tout actuelle, d'un village qui s'appelle Bouctouche mais qui est surtout, par la volonté et le génie créateur de l'écrivain, le microcosme révélateur d'une Acadie dont, pour la première fois, les autres (le Québec d'abord, ensuite toute la francophonie) découvrent l'âme, le langage archaïque et merveilleusement harmonieux — ce que Jacques Ferron a appelé «la discrète, l'obstinée, l'émouvante symbolique acadienne[2]».

Les «autres» en ont également fait le porte-parole — presque unique, jusqu'à ce qu'apparaisse une nouvelle génération de poètes et de conteurs[3] — du peuple acadien: chez Léméac, c'est pour elle seule qu'on a créé les collections «roman acadien» et «répertoire acadien». Cela impliquait une responsabilité que l'auteur n'a sûrement pas recherchée, mais qu'elle accepte. Comment faire autrement? Elle a eu beau situer *les Crasseux* «ici, maintenant, n'importe où, n'importe quand» dans une première édition, elle a vite compris, avec Ferron, que «ses crasseux (avaient) le nombril drôlement acadien»: aussi, dès l'édition suivante, la pièce était-elle située «en Acadie[4]». Simple retour à l'évidence, et non signe d'un repli sentimental ou géographique.

Depuis *les Crasseux*, l'œuvre d'Antonine Maillet a évolué vers une peinture plus fidèle des lieux et personnages décrits. Alors que, dans cette première pièce, on sent un net effort pour atténuer l'écart entre un français «neutre» et le langage typiquement acadien, *la Sagouine* ne se souciera aucunement de parler la langue «des autres»: c'est elle, pourtant, qui se gagnera une audience internationale refusée aux *Crasseux*. La cousine «de la branche d'Olivier» avait raison, qui écrivait à l'auteur: «Continuez à crier que l'Acadie c'est trop beau pour être ligoté par des frontières et que c'est parce que je savons pas ce que je sons que je sons tellement réels[5]». Qu'elle le veuille ou non (et elle l'a un peu voulu), Antonine Maillet a charge de donner une image nouvelle, plus réelle, d'une Acadie associée au vague souvenir de cette Évangéline dont a parlé un poète américain. Le «répertoire acadien» d'Antonine Maillet, c'est l'Évangéline dépouillée de son fallacieux romantisme. Plus vraie, il n'est pas étonnant que cette nouvelle image de l'Acadie provoque «ce sentiment de fierté d'un Acadien à l'étranger[6]» — phénomène que l'auteur a pu observer à Montréal; mais c'est aussi parce qu'elle est profondément vraie et humaine qu'elle est ressentie comme sienne par tous les lecteurs et spectateurs dans toute la francophonie[7].

La dune, le phare, le village

C'est sans doute par *On a mangé la dune*[8] qu'il conviendrait d'aborder cette œuvre. Ce récit frais dont l'écriture et la sensibilité rappellent Colette est pourtant fort différent de ceux qui ont suivi, particulièrement des pièces qui ont connu le succès que l'on sait. Mais il révèle ce contact premier de l'écrivain avec le monde qui l'entoure, le regard de l'enfant qui capte et transforme le réel: l'enfant imagine les pirates et les géants à côté ou au-delà des parents et des voisins.

216

Jeux d'enfants, qui entraîneront Radi et Christian en radeau sur un ruisseau — mais c'est de naufrages et de trésors qu'il s'agit. Car le ruisseau se jette dans la mer, et «il en est venu des bateaux par cette mer-là! Tous les découvreurs, et les premiers colons d'Acadie, et les pirates[9]». Du ruisseau à la mer, du présent au plus lointain passé, toujours Radi «nage en pleine aventure» (p. 21), découvre et prend possession de son espace; c'est en même temps le peuple d'Acadie qu'elle découvre ainsi. «Il sort un filet d'idée du front de Radi, une ligne très mince, comme un chemin qui se poursuit, loin, loin à travers des champs, et des forêts, et des villages». (p. 89) Sur ce chemin, pêle-mêle, elle rencontre les Gulliver et Lilliput des contes pour enfants, Lilibeth et Schmitch («Schmitch est un espion, ça c'est sûr...» p. 145), Léopold qui lui explique où est Montréal et Fleur-Ange qui y est née, «Citrouille, et Pit, et Catchou» (p. 159) qui jouent au soldat, l'enfant imagine d'interminables prolongements.

La dune, le phare, le village et ses habitants vivent dans ce récit: observés, aimés, parfois jugés, jamais méprisés. C'est plus tard, avec *Par derrière chez mon père, Maria-agelas* et, surtout, le merveilleux *Don l'Orignal*, que ces personnages révéleront leur pleine dimension légendaire. Comme dans le récit d'enfance, tout sort ici du néant, de l'inexistence: cette petite «île de foin» plus déserte qu'une dune, surgie des profondeurs, un beau matin, telle «une baleine d'or[10]». Au grand étonnement des «citoyens du continent» qui découvrent en même temps que «l'île aux puces était peuplée d'hommes, de femmes, de chiens, de chats et de lapins: en moins de temps [...] qu'il en fallait pour édifier une famille honorable sur la terre ferme, la terre molle de l'île avait engendré un peuple». (p. 12-13)

Les Puçois de *Don l'Orignal* constituent donc une société autonome, insulaire, à demi légendaire. Or, dans cet univers aussi rigoureusement hiérarchisé que la cité médiévale, il est remarquable que chacun soit identifié par un surnom, tel un patronyme totémique: Noume, Citrouille, la Sainte, Michel-Archange, Boy à Polyte, Don l'Orignal lui-même. Cela tient du bestiaire et du petit catéchisme illustré, du livre de contes et de la fable: c'est à travers eux qu'Antonine Maillet se rapproche d'une Acadie vivante et vraie. Seuls les Puçois, ne l'oublions pas, forment «un peuple», alors que ceux du «continent» et «qu'on appelle si scrupuleusement l'élite» ne sont que des «gens de classe». (p. 13) Ceux-ci, du reste, ne seront habituellement identifiés que par leur prosaïque fonction sociale, à peine moins anonymes que le «gouvarnement» qu'ils défendent et, parfois, représentent; la mairesse et la chapelière, le barbier et le curé, le marchand et le maître d'école.

L'élite et le peuple, ceux d'en-haut et ceux d'en-bas, le possédant et le dépossédé; opposition simple et constante, qu'on pourrait certes rapprocher de la structure fondamentale de tout récit pour enfants, où s'affrontent les bons et les méchants. Descendant la rivière — pardon: le fleuve! — sur son radeau, la petite Radi avait déjà saisi cette division manichéenne de l'univers. Un seul univers où se retrouvent constamment en présence «deux villages» qui sont des frères ennemis. «Le dédoublement, écrit Ferron, pour factice qu'il soit, est voulu et ressenti; il établit le drame[11]». Schéma simple qui se présente d'emblée comme le lieu d'une lutte des classes: telle est la structure dramatique fondamentale des deux premières pièces d'Antonine Maillet, *les Crasseux* et *la Sagouine*.

La fille de Jos à Pit à Boy à Thomas Picoté

«La Sagouine raconta qu'en posant les pieds sur le continent, elle avait d'abord débarqué ses effets, puis s'était dirigée, Sagouine, seau, balai et torchons, vers la boutique du barbier. Et c'est là que, sans en avoir l'air, elle avait capté l'essentiel des pourparlers entre le barbier et le maître d'école[12].» Personnage quasi omniprésent et omniscient, la Sagouine est avant tout l'intermédiaire et l'éminence grise, celle qui s'infiltre chez l'adversaire pour mieux éclairer et guider les siens. Elle seule, d'ailleurs, semble avoir sa place

218

dans l'un et l'autre «village». Ainsi devient-elle tout naturellement «l'agent de liaison du S.E.P. (Service d'Espionnage Puçois)[13]» quand elle lave le parquet du barbier: alors elle recueille et enregistre fidèlement («sans en avoir l'air») tous les échos sur les gens d'en-haut, saisissant chacune des nuances et subtilités qu'on croit compréhensibles aux seuls initiés de l'élite. «Nous autres, je sommes les gens d'en-bas. Les hommes sont des gens d'en-haut», explique-t-elle à Citrouille, qui se croit concerné par l'appel que lance la mairesse aux «hommes[14]».

Chez les autres, la Sagouine est à genoux, identifiée «aux murs, au plancher, à ses seaux et torchons[15]», réduite à l'ancillarité essentielle qui la définit, enfermée dans un silence qui est une écoute attentive. Aussitôt revenue chez les siens, elle est au contraire celle qui se tient debout, celle qui parle, conseille, éclaire et dirige. Lorsque — exceptionnellement et de loin — son discours s'adresse aux hommes du «continent», ce discours déborde la sagesse quotidienne et la ruse de l'agent d'information pour prendre des accents prophétiques, voire apocalyptiques:

«Malheur à toi, ville de bourgeois pourris, blanchie à la chaux! [...] Malheur à vous autres, rats d'église, mangeux de balustre, saintes nitouches, fripeux de bénitier, qui nous déportez de nos terres pour vous nettoyer la conscience qui se fatigue de nous porter avec nos pieds sales et nos dents gâtées! Mais écoutez-moi ben, moi, la Sagouine qui vous parle, fille à Jos à Pit à Boy à Thomas Picoté; y viendra un jour où c'est que vous ramasserez à quatre pattes les crottes que vous nous avez garrochées, et vous connaîtrez ce jour-là votre bomination de la désolation, c'est moi qui vous les prédis[16].»

Cet étonnant et merveilleux discours de la Sagouine, pleurant la destruction de l'île des Puçois, révèle clairement la force et la grandeur du personnage — et en même temps, peut-être, contient le secret de son impact dramatique. Car celle qui passe sa vie à nettoyer la crasse des gens d'en-haut sait pertinemment qu'il y en a... Il n'y a pas meilleure façon de connaître les êtres et les choses intimement que de passer sa vie à les décrasser, à «forbir sus les autres». La Sagouine n'est-elle pas, par là-même, la seule à demeurer intacte? «J'ai peut-être ben la face nouère pis la peau craquée, ben j'ai les mains blanches, monsieur[17]!» De surcroît, la Sagouine a eu plus que sa part de mépris, elle qui se retrouvait constamment aux pieds de ses maîtres. Relevant ensuite la tête pour révéler ce qu'elle sait et porter jugement sur les autres — d'abord les gens d'en-haut, mais les siens aussi — ce qu'elle dit n'en a que plus de pertinence, de saveur et d'autorité. Sage interprète des deux «villages», elle seule pouvait être le centre de l'un et de l'autre: c'est pourquoi, aussi, elle est au cœur de l'univers dramatique d'Antonine Maillet. Si le rapprochement avec Radi, la jeune héroïne de *On a mangé la dune*, peut sembler farfelu, ce n'est qu'en apparence. Ce dernier récit se termine ainsi: «Et Radi sait qu'elle n'en a pas fini avec la vie». (p. 182) Par contre, le dernier monologue de *la Sagouine* traite de la mort: de la découverte des êtres, de la mer et du «continent» jusqu'à la mort, il y a la pêche aux coques et les planchers à «forbir», les affrontements entre l'élite et les Puçois, la guerre dans les «vieux pays», les «vendeux de flacatoune» et les «stamps». Tout cela (et autre chose), c'est l'Acadie que les «recenseux» ont du mal à situer, si réelle et vivante qu'elle est un peu de tous les temps et de tous les lieux: le pays de l'Évangéline selon Antonine.

Première pièce publiée d'Antonine Maillet, lue le 21 juillet 1968 au Centre d'essai des auteurs dramatiques, *les Crasseux* est, à ce jour, de toutes les pièces de l'auteur, celle qui se rapproche le plus d'une facture traditionnelle. Un court prologue et un épilogue (muet) encadrent une structure en trois actes. Nulle part, on ne retrouvera autant de personnages: une vingtaine, ceux-là même qui peuplent l'univers de *Don l'Orignal*[18].

En fait, cette pièce offre une fresque assez peu conventionnelle, assez complexe. Ainsi le prologue est fait de «bribes de phrases» formant non un dialogue mais deux dialogues qui se chevauchent: celui des gens d'en-haut, dirigés par la mairesse et qui parlent de rénovation et d'embellissement, que croise celui des gens d'en-bas — les Crasseux dont le «roi» est Don l'Orignal — évoquant leurs rêves et leurs frustrations. On comprendra bientôt que les deux clans s'affrontent dans un combat à finir: l'un pour détruire l'autre, le second pour survivre. L'élite a décidé de racheter les terrains des Crasseux pour les en expulser; pour recueillir l'argent, on organise une grande fête avec tirage d'un appareil de télévision — lequel est gagné par Citrouille, d'en bas. «La guerre est finie! J'avons gagné la guerre» (p. 39), proclament les Crasseux enivrés (et trompés) par cette fête dont ils ignorent encore qu'ils feront les frais. Comme le dit sagement la Sagouine au début du deuxième acte, «d'aucuns avont des piastres, d'aucuns avont le pique-nique. Une personne peut pas tout avoir». (p. 40) C'est pourquoi on décidera de refaire la fête: cette fois, se sont des gens d'en-bas qui feront tirer le téléviseur pour retrouver leur argent. Mais ils en sortent perdants, plus que jamais. Citrouille, à qui on enlève à la fois son téléviseur et l'espoir d'épouser la fille du marchand, se jette à la mer: «Il a marché tout droit vers la mer parce que c'était le seul bien qui lui restait». (p. 51) La mairesse achètera quand même le terrain des Crasseux: «c'était un terrain à personne, ça fait qu'ils l'ont eu pour une piastre». (p. 54) Au troisième acte, on assistera à une troisième fête, dont les Crasseux veulent faire la surprise au docteur, le seul qui les ait défendus et qui a payé le terrain où Citrouille est enterré[19]. Fête maladroite, sauvage, où on risque de se mettre à dos un précieux allié. C'est à la dernière scène que tout sera dénoué, grâce à un revirement qui transforme une tragédie — l'éviction des Crasseux, leur «déportation[20]» — en un intermède, une comédie à-qui-perd-gagne: Noume a trouvé moyen, comme les notables, d'acheter pour un dollar un terrain «juste en arrière de la boutique du barbier». Morale: «À force de se frotter à des renards, je finissons par avoir du poil», dira Don

221

l'Orignal. À quoi la Sagouine ajoutera, avec un brin de malice à l'égard de son «roi»: «Et ceux-là qui se frottent à des orignals, il leur pousse des cornes». (p. 68)

Tout se ramène donc, dans cette pièce, à deux réalités qui semblent s'opposer, mais dont Caillois a bien montré qu'au contraire, dans les tribus primitives comme dans les sociétés modernes, elles sont très proches: la fête, la guerre[21]. En même temps, la perception que l'un et l'autre groupes se font de la fête les identifie et les différencie. «J'avons pas besoin de raisons pour célébrer», dira Don l'Orignal. «Ça c'est des manières de mairesse et de barbier. Nous autres, je fêtons parce que je fêtons...» (p. 57) L'élite *se sert de* la fête — de la télévision, de la joie, de l'argent — comme d'un piège, d'une arme pour gagner la guerre; or cette guerre vise la possession d'un bien, d'un avoir — donc la dépossession des êtres. Le marchand et la mairesse sont l'âme de leur fête: le mercantilisme et l'administration, l'ordre et la puissance. Mais pour les Crasseux (qui n'ont rien, de toute manière), la fête est un mode d'être. Ce sont «des danseurs de quadrilles et des joueurs de guitare et d'accordéon» (p. 33) pour qui la fête est soit promesse d'un bonheur fugitif, soit l'occasion d'une «effervescence collective[22]» ou d'un débordement des forces irrationnelles, instinctives. C'est pourquoi, du reste, la violence physique éclatera par leur seule faute, précisément au seul moment où elle n'est pas justifiée: chez le docteur, le seul homme d'en-haut en qui ils ont reconnu un allié. «J'avions cru vous fêter» (p. 63), dira Michel-Archange, tout piteux et prêt à faire amende honorable lorsqu'il doit expliquer cette absurde violence. Mais ce n'est qu'un retour des choses: si la véritable guerre a pris la forme d'une fête, la seule fête gratuite et joyeuse devait se transformer en guerre.

De même peut-on dire — et sans doute est-ce la faiblesse majeure de cette pièce — que l'action dramatique bascule du tragique au comique lorsque intervient la solution inattendue qu'apporte Noume. Mais est-elle si inattendue? Dès le premier acte, en effet, on se doute bien que le tirage n'est qu'un artifice plus utile au jeu et à la durée de la pièce qu'au règlement d'un litigieux problème d'expropriation. Quand on est mairesse, on a d'autres recours: on le voit bien à la fin du premier acte. Ayant saisi le caractère factice de cette double fête, le spectateur comprend en même temps que cette pièce de prime abord réaliste repose sur une sorte de fable, les véritables revendications et oppositions se profilant à peine dans une fresque très animée et dans le cadre d'une dramaturgie qui s'inspire souvent du processionnal: les personnages défilent dans le prologue, comme ils portent en triomphe, à l'épilogue, le téléviseur devenu le symbole d'une victoire, derrière la cabane qu'on transporte sur le nouveau terrain! La pièce tout entière se passe en un va-et-vient ininterrompu[23], un chassé-croisé qui imprime un rythme peu compatible avec la densité du tragique[24]. L'atmosphère de fête joyeuse, malgré tout, l'emporte sur la gravité de la guerre.

Or, il est évident que cette pièce se voulait d'abord une critique sociale assez mordante. Critique d'un univers où, comme l'écrit Ferron, «la suprématie des personnages d'en-haut repose sur l'organisation sociale et l'honneur de n'être pas gens d'en-bas[25]». On aurait tort, cependant, de n'y voir qu'un schéma de type manichéen où tous les torts seraient du côté de l'élite et tous les mérites chez les gens d'en-bas: c'est pourquoi les Crasseux ont des naïvetés plus que condamnables alors que, du côté de l'élite, le docteur représente une conciliation humanitaire tâchant d'éviter de «dresser les hommes les uns contre les autres». (p. 20) À ces nuances près, le schéma est juste: Antoine Maillet a voulu, par cette pièce, réhabiliter les Crasseux.

Mais cet objectif n'est pas clairement atteint, le rythme et le ton de la pièce ne permettant pas de retenir les éléments les plus tragiques et les plus révélateurs de la critique sociale. De ce point de vue, la mort de Citrouille, conduit au suicide par désespoir, constituait le ressort dramatique le plus puissant. Or, une tirade de Citrouille, précédant de peu le tirage où il gagne le téléviseur, nous renvoie directement au propos avoué de l'auteur. «Crever ou pas crever, c'est là la grosse affaire. Un gars d'en-bas est-y mieux de traîner sa salope de vie entre sa cabane et son chaland, ou d'en finir en se laissant couler entre les deux?» (p. 37) Pris au pied de la lettre, ces propos relèvent d'un pessimisme absolu et relèvent une situation désespérée. Désespoir de Citrouille, qui se laissera effectivement «couler» au fond de la mer. Mais sa situation de «gars d'en-bas» n'est pas exceptionnelle: tous les Crasseux sont ainsi concernés. C'est à eux tous, à «Jos l'Orignal et son peuple de gueux», qu'Antonine Maillet applique cette évocation de *Hamlet* qu'on retrouve également dans la tirade de Citrouille: «Il m'est arrivé parfois de songer que quelque chose pouvait être pourri dans le royaume de Danemark[26]». Cette observation remonte, elle aussi, à des souvenirs d'enfance. Ainsi, sans poser en redresseur de torts, il est clair qu'Antonine Maillet a voulu dénoncer les inégalités sociales et une sorte de paupérisme atavique au royaume d'Acadie. Elle le fait avec plus ou moins de bonheur — justement parce qu'on est encore trop heureux! — dans *les Crasseux*; dans les pièces qui suivront, et particulièrement dans *la Sagouine* (où, pourtant, le rire et le ridicule ne manquent pas), le ton sera plus incisif, plus dur.

Merveilleuse Sagouine

«La Sagouine, cette femme faite texte, ne sait plus bien à quoi elle appartient[27]», écrit Denis Saint-Jacques, rappelant que l'ouvrage avait d'abord été rangé, en 1971, parmi les romans — malgré l'indication «pièce pour une femme seule» en sous-titre. En fait, il en a été du destin de cette pièce comme du recensement: si on peut hésiter sur l'étiquette, compte tenu de ce que permettent les «livres de Jos Graphie» (les géographes littéraires québécois, de toute manière, ne s'entendent pas toujours!), le caractère fortement oral de ces seize monologues en fait une œuvre éminemment dramatique.

Monologues écrits d'abord pour la radio, et dont le

premier écrit, dans l'ordre de publication comme dans la vie de la Sagouine, se situe à la fin: le monologue intitulé «la Mort». «C'était la première fois», déclare l'auteur à propos de ce texte, «que j'étais libérée aussi sur le plan des structures parce que je n'en avais pas. [...] C'était la première fois que je ne m'inspirais plus de la littérature mais de la vie, de façon concrète, absolue presque[28]». Langage direct, à peine transcrit dirait-on, semblable à celui de cette vieille femme qui, quatre ans auparavant, avait confié à Antonine Maillet qu'elle avait mal au ventre, qu'elle irait consulter le médecin... et qui mourait d'un cancer, trois mois plus tard. Semblable aussi au langage de «toutes ces autres» dont le souvenir lui est revenu ensuite, et qu'elle avait connues enfant[29]. La création de ce monologue a effectivement constitué un tournant majeur dans la carrière d'Antonine Maillet, qui délaisse les structures traditionnelles du théâtre pour épouser celles du langage spontané, sinueux, en respectant l'apparent désordre de la mémoire et de l'observation directe. Or, c'est en croyant délaisser ce qu'elle appelle «les lois du théâtre[30]» qu'elle crée un chef-d'œuvre dramatique en rejetant les structures apprises qu'elle réinvente des structures plus efficaces, dont un examen attentif montre bien la rigueur.

Structures variées, du reste, mais qui utilisent habituellement le recours à l'interlocuteur imaginaire ou muet; de la sorte, les monologues de la Sagouine ne sont jamais clos sur eux-mêmes, jamais des monologues intérieurs. Ainsi le dialogue est-il engagé d'entrée de jeu: «J'ai peut-être ben la face nouère pis la peau craquée, ben j'ai les mains blanches, monsieur!» Cette phrase qui ouvre le monologue de présentation de la Sagouine rappelle, par la simplicité de l'entrée en matière, la première phrase de *En pièces détachées* de Tremblay. Langage dramatique efficace qui, instantanément, crée un univers, entraîne le spectateur dans une action déjà en cours, lui donne l'impression d'avoir lui-même précédé et provoqué la réponse qu'on semble donner à une question implicite[31]. Interlocuteur imaginaire, ce «monsieur» qui reviendra une seule fois — à la fin du monologue, dans une phrase qui reprend la première — est pourtant réel et multiple, car il s'agit du spectateur[32]. Le contact ainsi établi sera maintenu par d'autres interlocuteurs muets. Dans «la Mort», la Sagouine paraît s'adresser à une femme qui lui sert le thé — «Vous êtes mieux de bouère votre thé tant qu'il est chaud» (p. 92) — alors que, dans «les Cartes», elle prédit l'avenir à une personne assise en face d'elle: «Coupez deux fois. Le souhaite que vous voulez, ça, ça vous regarde». (p. 69) Ces interlocuteurs épisodiques sont les doubles du «monsieur» initial: c'est en eux que le spectateur se retrouve pour maintenir avec la Sagouine le dialogue.

Plus complexe et autonome, la «présence» de Gapi représente à la fois un prolongement du personnage physique de la Sagouine, une caution morale et, lorsque la Sagouine veut tenir des propos qu'elle juge osée, une sorte de paravent. Lorsqu'il s'agit de médire de la religion et des choses saintes, c'est à Gapi que la tâche revient: «Il dit que si le Bon Dieu était si bon que ça, qu'il laisserait pas souffri' le pauvre monde sans raison. Mais je le fais taire». (p. 92) Elle prétend le démentir, mais non sans l'avoir d'abord laissé parler: l'important est qu'on l'entende. Elle n'en dit chaque fois, d'ailleurs, que ce qu'il faut pour dégager sa conscience, sachant bien (et le spectateur n'est pas dupe) qu'elle ne pense pas autrement que son «houme». Il est d'ailleurs remarquable que la voix de l'autorité — ce que la Sagouine ne manque pas l'occasion de souligner: «V'là ce qu'il a dit, Gapi. Et moi je vous dis qu'y a pas un évêque qu'a parlé autrement». (p. 53) Paradoxe d'autant plus sensible que la Sagouine commente, ici, une intervention inhabituellement conformiste de Gapi: au sens littéral, il a parlé comme un évêque. Mais l'expression étant lancée, le spectateur retiendra surtout l'image d'autorité qui convient au personnage. Dans l'univers mental de l'héroïne, il est clair que Gapi fait figure de grand-prêtre, comme en fait foi le passage suivant: «C'est ce que j'dis, à Gapi, et j'aurais ben voulu le dire au prêtre si s'avait pas été que c'est malaisé de parler au prêtre». (p. 31) Comme d'habitude, la Sagouine ne donne que les fausses raisons, sous-entendant les vraies: que ce qu'elle a à dire contesterait les positions d'un curé ordinaire, et que la religion du prêtre-Gapi, qui n'a pas confiance dans «les prêtres, les huîtres et le gouvarnement» (p. 76), lui convient davantage.

En fait, ce sont les rapports particuliers de ce couple qui permettent de saisir l'étendue du pouvoir de contestation de ces monologues. Car sur cette question, comme l'a montré l'étude de Ben Shek[33], les thèses les plus opposées ont été soutenues, selon qu'on met davantage en évidence «la sagesse résignée[34]» de l'héroïne ou que, à l'exemple de Ferron, on souligne plutôt «l'antagonisme de l'homme et de l'houme[35]», l'opposition entre possédants et dépossédés: en somme, cet univers dont une analyse marxiste démontrerait facilement qu'elle illustre la lutte de classes. À la vérité, *la Sagouine* concilie et réunit toutes ces oppositions. «À mon avis, le côté fataliste qui se trouve dans *la Sagouine*, mêlé comme il est à un côté contestataire et revendicatif, contient une lueur d'espoir», écrit justement Ben Shek, qui insiste ailleurs sur le «genre de critique mordante[36]» que contient l'œuvre. Avec humour, provoquant le rire, la Sagouine dénonce constamment les injustices sociales dont les siens sont victimes. Certes, les dénonciations les plus virulentes sont habituellement attribuées à Gapi, «contre-partie sceptique et cynique de sa femme[37]». Même démenties ou atténuées par l'héroïne, ces critiques sont entendues clairement: on ne peut honnêtement les juger «ambiguës[38]». Mais il faut encore voir que «même dans ses monologues les plus outrageusement absurdes et naïfs[39]», la Sagouine brosse un portrait si lucide et si durci par les brimades dont elle est victime que le spectateur ne peut manquer de saisir le sentiment de révolte sous-jacent à une soumission trop clairement affichée et la condamnation évidente d'un ordre social qui la réduit à l'ancillarité la plus totale. Bien sûr, elle illustre ainsi l'aliénation séculaire, la proverbiale patience des Acadiens; mais, en les illustrant, elles les dénoncent,

comme son dynamisme et son inépuisable énergie constituent une véritable victoire sur les forces de l'oppression.
Sans doute est-ce ainsi que l'auteur elle-même voit son
œuvre et son héroïne, affirmant dans une interview accordée
à Laurent Mailhot: «Le seul fait de parler est déjà pour un
être comme la Sagouine une révolte qu'elle crache à la face
du monde[40]».

Elle parle, en effet, d'abondance et dans un apparent
désordre. Le lecteur se lasserait vite, cependant, de propos
véritablement décousus. S'il se laisse toucher et convaincre
par cette «servitude qui cherche à se dire par l'émotion et les
mots d'une vieille femme qui n'a plus rien[41]», c'est que les
monologues sont rigoureusement articulés, structurées et
organisés de manière à soutenir l'intérêt du spectateur, à
l'émouvoir et à le convaincre.

Tout tient, en fait, à ce qu'on pourrait appeler l'utilisation optimale de l'anecdote, car tous les monologues sont
conçus comme une «histoire vraie», c'est-à-dire un récit tiré
d'un fait divers, d'un souvenir, d'un épisode de la vie villageoise. «L'Enterrement» est sans doute le meilleur exemple
d'un récit simple et cohérent qui secrète sa propre complexité. L'anecdote se ramène à ceci: «le pauvre Jos» est
mort, voici comment on l'a enterré. Mis en terre comme il
convient, au son du glas payé par la Sagouine, dans «un beau
coffre doublé en rideaux et couvert en brique, avec des
pognées de poêle tout autour, et son portrait de mort en capot
noir au pied du coffre». (p. 63) Si inusité que soit le cercueil,
il ne suffirait pas à retenir l'intérêt du spectateur; ou plutôt,
cette description ne tire son relief et sa grandeur que des
circonstances qui y mènent. Il faut prendre les choses à leur
commencement, à la «première mort» du «défunt Antoine à
Calixte» (p. 59), père de Jos: quand son propre père a failli
être enterré vivant, on prend ses précautions. D'où, —
second épisode du récit — le souci qu'a eu Jos de s'assurer
«une mort respectable, rien d'à motché, pas une demi-mort».
(p. 60) «Ah! il voyait grand, le pauvre Jos! En première
classe ou rien entoute qu'il a dit... Ç'a passé proche d'être

228

rien entoute». (p. 61) Car il meurt prématurément avant d'avoir mis de côté la somme demandée par l'«entrepreneux des pompiers funèbres». (p. 60) Mais, ayant laissé savoir «qu'il avait commencé à se ramasser de quoi pour se faire enterrer» (p. 62), la parenté a tôt fait de tout emporter avant l'enterrement: nouveau rebondissement du récit, qui à son tour expliquera cet étrange cercueil, construit par les voisins à même la «cabane en bois mou» (p. 62) du défunt, seul bien qui ait résisté au saccage. «Quand on a eu un enterrement comme le sien, on en profite et on reste mort» conclura ensuite la Sagouine, pensant à la fois à Jos et à son père; le spectateur, quant à lui, retient surtout l'ironie amère de cet «enterrement de première classe» (p. 64) d'un homme dont les rêves de grandeur, même dans la mort, ne peuvent se réaliser qu'en creux, à l'image d'une vie de misère.

Le plus célèbre et, sans doute, le plus brillant des monologues de *la Sagouine*, «les Bancs d'église», illustre à la fois deux types de structures souvent utilisés par Antonine Maillet. D'abord l'utilisation d'un leitmotiv qui sert à ouvrir et à clore le récit, et à en marquer les articulations. «Gapi, lui il parle pas souvent» (p. 48) ouvre ce monologue, qui se terminera par «V'là ce qu'il a dit, Gapi». (p. 53) Que le «jongleux» Gapi se prononce sur un événement n'est pourtant pas exceptionnel: ce leitmotiv revient souvent, le spectateur a compris qu'il s'agit essentiellement d'un artifice du dramaturge pour mettre en relief ce dont il parle, sur quoi il se prononce. Mais ce récit est structuré tout autrement: récit linéaire simple et ascendant jusqu'à un sommet, suivi d'une chute rapide. Ici, on raconte l'offensive des gens d'en-bas pour acheter les bancs d'église habituellement réservée à l'élite bourgeoise. «Depuis tout le temps, y avait du monde qu'avions leux bancs en avant, d'autres qu'aviont des chaises en arrière, et pis d'autres qu'étiont deboute». (p. 49) À la faveur d'un encan, on tente de renverser cet ordre. Dans un premier temps, profitant d'un effet de surprise bien orchestré, on y arrive si bien que la Sainte (la mal nommée) rafle le banc «qu'avait appartchenu aux Richard (les bien nommés) depuis la fondation de la parouesse, t'as qu'à ouère!» (p. 52) Après ce sommet de puissance, la chute est rapide et brutale. L'encan dégénère en «frolic» — un charivari rien moins que liturgique — et tout rentre dans l'ordre lorsqu'il faut déposer les sommes engagées: «Ben la Sainte se figurait qu'un banc, ça s'achète à crédit, comme de la mélasse. C'est là qu'à s'a fait prendre». Et c'est ainsi que l'on revient à l'ordre immuable. «Faut savouère garder sa place, que Gapi a dit à la Sainte» (p. 52); mais cette sage parole «d'évêque» ne trompe personne.

On le voit par la structure et le contenu des «Bancs d'église», un monologue de *la Sagouine* est en fait un récit très évocateur, peuplé de personnages colorés qui, par l'intermédiaire d'un témoin privilégié et par la magie efficace d'un langage direct et savoureux, joue une action dramatique complète et cohérente. «Le monologue est toujours la voix de plusieurs en un seul, le silence de tous en chacun[42]», écrit Laurent Mailhot. Les monologues de *la Sagouine* illustrent d'autant mieux cette définition que, comme l'observait André Belleau, il faut voir dans l'utilisation de formes verbales archaïques telles que «je pensions... une dimension extra-linguistique: c'est comme si, par cette action plurielle accomplie par un seul, tout un peuple témoignait[43]». Il est d'ailleurs remarquable que, à trois exceptions près, dans aucun monologue la Sagouine ne parle d'elle-même, sinon en guise d'entrée en matière: «Ah! j'ai été jeune dans ma jeunesse, moi itou» (p. 16), mais à cela se limite la confidence — le reste est considérations sur la «jeunesse d'aujourd'hui» et celle d'hier, sur le malheureux destin de «la belle Adélaïde, la fille à Philippe au P'tit Jean» (p. 19), et sur les difficultés qu'on a à gagner sa vie. Ainsi, de monologue en monologue, la Sagouine «recompose par petites pièces la trame hétéroclite d'un monde dont le critère suprême est la loi du plus fort, du plus riche[44]».

La Sagouine demeure pourtant, incontestablement, la figure dominante de cette fresque. Aussi convenait-il que le premier et le dernier monologues servent à nous mieux faire connaître l'héroïne qui, exceptionnellement, parle plus d'elle-même que des autres. La fresque s'ouvre sur la présentation du personnage et se termine par l'annonce de sa mort: symboliquement, la vie de la Sagouine couvre et structure l'ensemble. Ces monologues sont également les plus tendus, les plus chargés d'une souffrance contenue, d'une tristesse mesurée, presque sévère. «Y en a qui avont peur de la mort. Moi point. Un petit brin de douleur, que je me figure, pis c'est fini. J'ai assez souffri dans ma vie pour en endurer encore.» (p. 93) L'œuvre se termine par une évocation de la souffrance et de la mort: la Sagouine fait ses adieux comme elle a vécu, lucidement, portant sur ces dures réalités un regard franc, teinté d'ironie. Toute la puissance dramatique du personnage réside dans ce regard perçant, indompté, d'une petite femme de ménage aux mains blanches dont l'étonnante sagesse traduit le vouloir-vivre d'un pays qui n'est «pas écrit dans les livres de Jos Graphie» (p. 89) et qui, pourtant, grâce à la Sagouine, fait entendre sa voix dans le monde entier. C'est grâce à elle, plus qu'à aucun autre personnage d'Antonine Maillet, que «du *no man's land* littéraire qu'est l'Acadie» a surgi «une force créatrice prête à relever le défi de trois siècles d'ambiguïté historique et géographique[45]».

Gapi, philosophe «badgeleux»

Gapi, pièce en deux actes et à deux personnages créée en 1976, est la seconde version d'une pièce écrite en 1973 et intitulée alors *Gapi et Sullivan*. On comprend mal pourquoi ce titre a été abandonné au profit d'un nouveau qui suggère que le mari de la Sagouine sort enfin de l'ombre pour «badgeuler» à son aise et prendre toute la vedette. La pièce trouve au contraire son sens et son équilibre dans la relation entre ces deux personnages complémentaires, l'un marin, l'autre sédentaire, Sullivan rapportant des odeurs exotiques des mers du sud, des anecdotes (et mensonges) des «Vieux-pays» à Gapi fixé à sa *«light»* et occupant le plus clair de son temps, depuis la mort de la Sagouine, à «badgeuler» avec les goélands à qui il ressemble tant: lui aussi est un «oiseau de mer» mais il a «les ailes virées du bôrd du pays[46]». Sullivan et Gapi, tous deux «nés de la même terre mouillée d'eau salée[47]» sont en un sens un seul et même personnage. Ils forment ensemble un diptyque de la mer et de la terre où se complètent les rêves du grand large et la fascination de la dune. Ils ont en outre partagé l'amour d'une femme, la Sagouine; lorsque ce secret longtemps préservé par Sullivan sera révélé, un conflit éclatera entre les deux hommes. Bref moment de tension qui ne mettra que mieux en évidence la profonde affection qui les lie l'un à l'autre.

Cette dispute permet de constater que, sans s'en douter, Gapi est sorti vainqueur d'un combat ancien dont l'enjeu était la Sagouine. Mais partout ailleurs, il est perdant. D'abord dans l'économie de la pièce, visiblement orientée vers le «navigueux», qui a plus de panache et dont les récits — qu'ils soient véridiques ou non n'y change rien — suscitent davantage d'intérêt que les jongleries du «pêcheux» devenu gardien du phare — *sa* «*light*». Toute la première partie de la pièce se passe à attendre et à espérer le retour de Sullivan. Celui-ci surgit au moment même où Gapi désespère de le voir revenir: «i'reviendra pus, ton Sullivan, pus jamais». (p. 54) Une fois de retour et tout au long du deuxième acte, Sullivan prendra l'initiative du dialogue. À cela rien d'étonnant puisque ce personnage, inspiré d'un vieil Irlandais qu'elle a connu et qui était «absolument extraordinaire», a si vivement impressionné l'auteur qu'il lui «donne un goût de prendre un autre départ avec lui». «Sullivan, continue Antonine Maillet, j'en ai mal au ventre, tellement il est sorti de la vie, non de mon cerveau.» Mais le pauvre Gapi, qui est «sorti du ventre de la Sagouine[48]», se retrouve dans l'ombre d'un second personnage après une première carrière dans les coulisses.

On se rend d'ailleurs compte que Gapi était plus éloquent et plus percutant lorsque la Sagouine le faisait taire. Il parle, certes. Mais on découvre avec déception que ce pêcheux, qui du haut de son phare domine la mer à l'infini, vit dans un univers terriblement limité, renfermé sur lui-même. Autant la Sagouine ouvrait des horizons larges sur l'univers des autres en ayant l'air de ne parler que d'elle-même, autant Gapi, projetant son regard vers la mer, nous ramène constamment à lui-même, à ses problèmes les plus quotidiens et anodins: «toute une vie entre les cailloux, les cotchilles, pis l'harbes à outardes». (p. 33) La dune, évocatrice de tant d'aventures éblouissantes dans *On a mangé la dune*, se ramène ici à une image de la vie: «c'est long pis étroite» (p. 32), avec un seul et uniforme relief. Solitaire, réduit à la seule compagnie occasionnelle des goélands, Gapi est un personnage plutôt pitoyable qui «philosophe sur des petits sujets[49]». Encore ne semble-t-il le faire que pour lui-même: «j'te reste pus rien que toi-même à qui c'est parler». (p. 51) On n'ose dire que c'est trop peu; ce n'est pas tout à fait suffisant, certes, pour donner au mari de la Sagouine la stature dramatique qu'on espérait.

Évangile Deusse et les exilés

Évangéline Deusse[50], créée peu avant *Gapi*, est une pièce plus forte — non pas plus dense, mais plus vive et plus efficace. Doit-on en conclure qu'Antonine Maillet est plus à l'aise avec ses personnages féminins? Hypothèse d'autant plus vraisemblable qu'ici l'héroïne est entourée de trois personnages masculins qu'elle domine aisément. Elle s'appelle Évangéline Deusse et ce n'est pas (bien que la suggestion soit plaisante et fondée) parce qu'elle se veut ou se croit reine. En dédiant sa pièce «au peuple acadien», l'auteur a plutôt voulu lui proposer un nouveau modèle, non pas une «héroïne» comme Évangéline Bellefontaine, «vangéline première, qui a volé «la vedette à toutes ses consœurs fiancées en 1755[51]». Ce modèle est proche parente de la Sagouine, de Mariaagélas[52]: «exilée», comme l'auteur, non pas en Louisiane mais à Montréal, elle est «l'Évangéline selon Antonine».

233

Avec cette pièce, note Michel LeBel, «la forme drama-tique paraît avoir évolué: du monologue au dialogue à quatre». Il faut cependant prendre garde que les trois person-nages masculins qui donnent la réplique à l'héroïne «ne servent, au plan dynamique, qu'à définir le personnage principal[53]»: ce n'est pas un quator, c'est un concerto pour trompettes et cordes. La transformation de la structure, depuis *la Sagouine*, n'est donc pas radicale. Même absent, Gapi jouait auprès de sa femme un rôle aussi important que le Breton auprès d'Évangéline; l'on peut noter que, par sa manière d'interrompre le Breton ou le Rabbin pour em-boucher sa trompette, la seconde héroïne rappelle la première, qui «faisait taire» Gapi.

Si Évangéline domine nettement les trois hommes, ceux-ci ne sont pas égaux entre eux. Les quatre personnages ont en commun d'être, de quelque manière, des exilés: Rabbin né en Roumanie et rêvant de finir ses jours en Israël, «Breton de France [...] habitant le pays depuis un demi-siècle» (p. 26) ou ancien fermier du Lac-Saint-Jean devenu «travorsier à pied» (p. 27) pour gagner sa vie. «Avec un pareil lotte d'exilés, je pourrions nous crouère encore en 1755». (p. 50) Venus d'horizons divers et «transplantés» à Montréal, ils se rencontrent dans un parc où l'Acadienne tentera de faire pousser un symbolique petit sapin né dans les sables d'Acadie; or tous, comme ce sapin, ont peine à prendre racines. Autre symbole, ces pigeons qu'Évangéline voudrait transformer en goélands: «pour faire une mouette avec un pigeon, il vous manque la mer, madame» (p. 41), lui fera observer le Breton, cet ancien marin qui, de tous ces exilés, est celui qui s'est le mieux adapté à son nouveau paysage. Le Rabbin, au contraire, est le «Juif errant» (p. 50), toujours en transit, chez lui partout et nulle part. Quant au «Stop», aussi peu bavard que l'héroïne est loquace, il ne semble pas autre chose que l'ombre silencieuse de celle-ci: aux prises avec les mêmes appréhensions, mais ne sachant les exprimer ni les vaincre — et, comme Évangéline, exilé en son propre pays.

À l'intérieur de cette structure à quatre personnages, l'action dramatique se limitera, à partir d'un rappel historique de la déportation des Acadiens (admirablement proposé par le Breton au second tableau du premier acte), à une tendre histoire d'amour entre l'héroïne et le marin, comme entre Évangéline et Gabriel: non plus les fiancés de Grand-Pré ou de la Louisiane, mais ceux de Montréal. «Évangéline, la première, ils l'avont déportée dans le sû. Pis elle y est restée. Ben nous autres, je sons revenus». (p. 48-49) Le destin d'Évangéline deusse se poursuit ainsi entre deux exils, deux fiançailles. Au récit du poème de Longfellow, elle se rappelle d'abord son mariage, car elle est surtout fière, à la différence de la vierge «qu'à son estâtue jouquée sus une colonne à Grand-Pré» (p. 42), d'avoir mis au monde onze garçons. Ce qui ne l'empêche pourtant pas de se rappeler un jeune marin qui s'est noyé — peut-être par chagrin pour elle: «Y avait eu Cyprien, voyez-vous», avec des yeux à faire rêver la jeune fille qu'elle a été et qui avait «du ressort dans les jambes, à l'époque, et des étouèles dans les yeux[54]». (p. 62-63) Ce disant, et parce qu'elle est «d'une race, ça s'adonne, qui peut encore recommencer sa vie à l'heure que les autres achèvent d'achever la leur» (p. 36), elle se coule tendrement entre les bras du Breton. Brèves fiançailles, car le vieux marin mourra. Dans son délire d'agonisant, il parle de la Louisiane et de Gabriel, mais Évangéline n'a qu'un cri: «Cyprien!» (p. 94)

Au dernier tableau, le Breton mort et le Rabbin ayant fait ses adieux avant son départ pour Israël, Évangéline reste seule avec «le Stop» — autant dire avec elle-même. L'heure est au dénouement, et l'héroïne «braille la mort» de son dernier fiancé: «ils m'avont tout pris, morceau par morceau». (p. 97) Mais avec un tel personnage, les larmes durent peu, l'humour et le réalisme paysan repoussent la tristesse comme Évangéline rejette rageusement le «Kleenex» de sa belle-fille. La pièce ne se terminera pas sur une oraison funèbre, une lamentation pathétique, mais sur un hymne à la vie. Dans un long monologue (p. 106-108) où les lapalissades retrouvent leur vérité profonde — «Les seuls qu'avont eu une longue vie, c'est les vieux» — avec une lucidité froide et totale — «faut point s'en venir instruire les vieux, ni les dorloter ni surtout leur faire des accrouères...» — Évangéline Deusse proclame avec force «le cri du pays», sa volonté de vivre pleinement sa nouvelle vie. «Qui c'est qu'est l'enfant de chœur qu'a osé dire qu'une personne pouvait point recommencer sa vie à quatre-vingts!» Ces propos vigoureux qui terminent la pièce rejoignent ceux qui concluaient le premier tableau: la boucle est bouclée, comme si cette histoire, située dans un petit parc, ne constituait qu'un épisode dans la vie de l'héroïne: une transition, dans la vie d'une «déportée» — le temps, comme le petit sapin, de reprendre racines.

Antonine et le cri du pays

Le succès d'*Évangéline Deusse*, après la carrière fulgurante de *la Sagouine*, confirme les qualités d'écriture et le talent dramatique d'Antonine Maillet. Elle-même affirmait à Paul-André Bourque qu'il n'existait à peu près pas de théâtre publié en Acadie[55], avant celui dont elle est l'auteur. Elle a certes raison. Mais est-il interdit de rappeler qu'en terre canadienne le théâtre est d'abord né à Port-Royal, en Acadie? Après trois siècles de silence et plus de deux cents ans après la Déportation, il renaît. On songe à cet épisode de *Don l'Orignal* où, grâce au «mystérieux alliage de la science et de la nature», l'instituteur réussit un grand miracle», ressuscitant le pauvre Citrouille qu'il croyait embaumer. Peut-être fallait-il qu'une petite fille instruite, qui avait beaucoup pratiqué Rabelais, Shakespeare et Homère, mît à profit sa science (de la *nature*) pour que se réalisât ce miracle. Si Évangéline Deusse est de celles qui refont leur vie à quatre-vingts ans, n'est-il pas naturel qu'un dramarturge acadien fasse renaître le théâtre après tant d'années?

Antonine Maillet est romancière aussi bien que dramaturge et c'est l'ensemble de son œuvre qui témoigne de son Acadie natale. En ce sens, il est vrai qu'elle s'est voulue le porte-parole de son pays, transmettant comme Évangéline «le cri du pays». «Je sentais obscurément, confiait-elle à André Major, que par [l'écriture] je vivrais deux vies, mille vies, et que j'empêcherais mon village, mon enfance et mon pays de mourir tout à fait[56].» Le village, l'enfance et le pays: tout l'univers de *On a mangé la dune* que la petite Radi découvrait avec ravissement, beaucoup de curiosité et un brin de malice. Comment s'étonner que, à propos des *Cordes de bois*, l'auteur révèle sa fascination pour «des femmes et des petites filles capables de dépasser les frontières[57]? Comme toutes ces héroïnes, depuis l'exubérante Radi jusqu'à l'étonnante octogénaire, Antonine Maillet est de cette race-là.

J.-C.G.

Références

1. «Interview avec Antonine Maillet». *Les Crasseux, Théâtre vivant*, n° 5, Holt, Rinehart et Winston, 1968, p. 9. Le titre du présent chapitre est emprunté à un article de Réginald Martel. Cf. «L'Évangéline selon Antonine». *La Presse*, 16 mars 1974, p. D 2.
2. Jacques Ferron, Présentation des *Crasseux, loc. cit.*, p. 4.
3. Il y avait Ronald Després, Léonard Forest, d'autres plus obscurs comme Donat Coste, l'abbé Lanteigne, etc. On s'en est souvenu grâce à Antonine Maillet. On doit à Melvin Gallant de nous avoir mieux fait connaître un certain folklore acadien, sa tradition du conte populaire: voir *Ti-Jean, contes acadiens*. Moncton, éditions d'Acadie, 1973. La nouvelle génération — Laval Goupil, Raymond Leblanc, Herménégilde Chiasson et ces jeunes poètes que nous ont présentés Jean-Guy Rens et Raymond Leblanc dans *Acadie / Expérience*, choix de textes acadiens: complaintes, poèmes et chansons. Montréal, Partis pris, 1977 — semble plus agressive, portant avec impatience et une certaine violence les revendications sociales d'un peuple reconnu pour sa traditionnelle patience: voir là-dessus l'ouvrage d'Antoine Bernard, *le Drame acadien, depuis 1604*. Montréal, les Clercs de Saint-Viateur, 1936. On ne saurait

négliger, non plus, l'apport de la chanson, grâce à Édith Butler notamment.

4. *Les Crasseux,* éd. cit., p. 6, 7 et 11.

5. Sr Alice Maillet, «La différence entre la classe moyenne et le mitan». *Livres et auteurs québécois.,*1972, p. 41.

6. «Entrevue avec Antonine Maillet», par Paul-André Bourque. *Nord,* n° 4-5, automne 1972-hiver 1973, p. 121.

7. En 1976, le Rideau-Vert fit une tournée en France, en Suisse et en Belgique avec *la Sagouine.* Évoquant l'accueil fait à ce personnage, l'auteur rappelle que «partout où elle passait, chaque province la réclamait pour sienne». Cf. M. Dassylva, «Au Rideau-Vert, Gapi, le philosophe des petits sujets». *La Presse,* 27 novembre 1976, p. E 9.

8. Plutôt que par *Pointe-aux-coques,* premier roman publié en 1958, qui raconte l'histoire d'une institutrice venue du Maine pour s'installer au pays de ses ancêtres. Ici aussi, certains épisodes, particulièrement ceux du grand naufrage et de l'incendie de l'église, décrivent des événements qui auront des échos plus tard. Mais le caractère traditionnel et le ton un peu moralisateur du récit en font une œuvre moins personnelle et marquante.

9. *On a mangé la dune.* Montréal, Beauchemin, 1962 (édition citée), p. 9. Une nouvelle édition est parue chez Leméac, en 1977.

10. *Don l'Orignal.* Montréal, Leméac, 1972 (édition citée), p. 9. Une nouvelle édition a paru en 1977, avec présentation de Jean-Cléo Godin.

11. Jacques Ferron, *loc. cit.,* p. 5.

12. *Don l'Orignal,* p. 51.

13. *Ibid.,* p. 52.

14. *Les Crasseux,* p. 13.

15. *Don l'Orignal,* p. 51.

16. *Ibid.,* p. 137.

17. *La Sagouine.* Montréal, Leméac, 1971 (édition citée), p. 11.

18. En fait, on a un peu l'impression qu'il s'agit d'une même œuvre, reprise en transformant non l'anecdote essentielle ni les rapports de force, mais l'espace et le langage: on passe d'un certain réalisme à la fable.

19. De même, au chapitre 25 de *Don l'Orignal,* les Puçois organisent une fête nocturne pour remercier l'instituteur qui a «ressuscité» Citrouille. Les deux fêtes se déroulent de façon identique, soulignant le parallélisme.

20. Car il est évident que le discours de Don l'Orignal, entendant l'ordre d'expropriation, évoque le «Grand Dérangement» de 1755, à Grand-Pré: «Aujourd'hui vous nous chassez de nos terres, vous rasez nos cabanes, *vous nous déportez*». (p. 67. C'est moi qui souligne.)

21. «La similitude de la guerre avec la fête est donc ici absolue: toutes deux inaugurent une période de forte socialisation, de mise en commun intégrale des instruments, des ressources, des forces; elles rompent le temps pendant lequel les individus s'affairent chacun de son côté en une multitude de domaines différents.» Roger Caillois, *l'Homme et le sacré*. Gallimard NRF, «Idées», 1950, p. 219.

22. *Ibid.*

23. Certaines scènes sont d'ailleurs muettes et ne servent qu'à montrer le passage de certains personnages, par exemple «La Sagouine passe avec ses armes en examinant les passants qu'elle croise.» I, 3 • «La Cruche, accompagnée d'un matelot, passe devant la jeune fille assise sur une balançoire.» I, 11 • «La Cruche, escortée de deux matelots, passe devant la jeune fille qui s'éloigne en sanglotant.» II, 5 • «Passe la Cruche suivie du Playboy.» III, 2 • Notons que, mise à part la première, toutes ces scènes nous montrent la Cruche, «péripatéticienne» du village! On peut aussi noter que c'est là un lieu commun du cinéma américain où le passage d'un marin et d'une fille identifie celle-ci comme une prostituée.

24. Cela ressemble même, parfois, à du moins bon Marivaux. Voir par exemple la scène 5 du premier acte qui se termine par un touchant «Adieu, mauvais garçon. Ah! l'horrible grimace de l'amour». (p. 21)

25. *Les Crasseux*, p. 5.

26. «Interview avec Antonine Maillet». *Les Crasseux*, p. 9.

27. D. Saint-Jacques, «*la Sagouine* d'Antonine Maillet». *Voix et Images du pays*, n° VIII, p. 193.

28. Paul-André Bourque, «Entrevue avec Antonine Maillet». *Nord*, n° 4-5, automne 1972 – hiver 1973, p. 113.

29. *Ibid.*, p. 112-113.

30. *Ibid.*, p. 113.

31. La phrase de la Sagouine suppose, en effet, que le spectateur a été frappé par sa «face nouère» et sa «peau craquée».

32. Il est assez curieux (et significatif?) que, vu d'Acadie ce «monsieur» soit spontanément identifié comme quelqu'un

«d'en-haut». Voir Pierre-André Arcand, «*La Sagouine* de Moncton à Montréal». *Études françaises*, vol. X, n° 2, p. 195 et Simone Leblanc-Rainville, «Note sur *la Sagouine* et nous». *La Revue de l'Université de Moncton, Si Que*, vol. VII, n° 2, p. 37. La raison invoquée par S. Leblanc-Rainville — la pièce n'aurait «rien en commun avec l'Acadien 'd'en-haut' qui va au théâtre» (p. 35) — semble bien peu convaincante!

33. Ben Z. Shek, «Thèmes et structures de la contestation dans *la Sagouine* d'Antonine Maillet». *Voix et Images*, vol. I, n° 2, déc. 1975, p. 206-219.

34. André Major, «Entretien avec Antonine Maillet». *Écrits du Canada français*, n° 36, 1973, p. 18.

35. Jacques Ferron, Présentation des *Crasseux*, *loc. cit.*, p. 6.

36. Ben Z. Shek, *art. cit.*, p. 209.

37. *Ibid.*, p. 216.

38. «Plusieurs critiques ont parlé de la qualité nettement ambiguë du texte de *la Sagouine*. Alain Pontaut, Marcel Dubé, André Belleau, Denis Saint-Jacques, Paul-André Bourque et Antonine Maillet elle-même y ont tous fait allusion.» *Ibid.*, p. 214. Il me semble toutefois que le témoignage de ces critiques est plus nuancé que ne le voit M. Shek.

39. *Ibid.*, p. 216.

40. Interview télévisée réalisée à Toronto en avril 1973, dans la série «Visages des lettres canadiennes-françaises», citée par B. Shek, *art. cit.*, p. 207.

41. Denis Saint-Jacques, *art. cit.*, p. 196.

42. L. Mailhot, «Le monologue québécois». *Canadian Literature*, n° 58, automne 1973, p. 36.

43. A. Belleau, «La langue de *la Sagouine*». *La Sagouine*, Leméac, 1973, p. 36.

44. Albert Brie, «*La Sagouine* raconte la femme qui 'labeure'». *Le Devoir,* 25 septembre 1973, p. 15.

45. Hans R. Runte, «Projet de pays: la hantise du spatio-temporel dans l'œuvre acadienne d'Antonine Maillet». *Présence francophone*, automne 1975, n° 11, p. 111.

46. A. Maillet, *Gapi*. Leméac, p. 30.

47. Pierre Mailhot, «Gapi». *Jeu*, n° 4, hiver 1977, p. 90.

48. Martial Dassylva, «Au Rideau-Vert, Gapi, le philosophe des petits sujets». *La Presse*, 27 novembre 1976, p. E 9.

49. *Ibid.*

50. A. Maillet, *Évangéline Deusse*, présentation par Henri-Paul Jacques. Théâtre/Leméac, 1977.

51. Cf. Programme du Rideau-Vert, saison 1975-76, vol. 16, n° 5, 4 mars 1976.

52. Une œuvre dont je ne parlerai pas, pour diverses raisons — et d'abord parce que je n'ai pu voir cette œuvre sur scène. Elle a été créée au Rideau-Vert, le 16 mai 1974.

53. Michel LeBel, «Évangéline Deusse». *Livres et auteurs québécois*, 1975, p. 157.

54. Notons que, comme Maria Chapdelaine, Évangéline a renoncé au bel aventurier pour épouser un voisin sédentaire: «Pis Noré avait une terre juste à côté de c'telle-là à mon père. Cyprien, i'faisait la run du rhum...» (p. 63) Au dernier tableau, l'histoire de Maria Chapdelaine sera d'ailleurs racontée (avec un brin de fantaisie) par le Stop.

55. «Du théâtre publié en Acadie, je n'en connais pas et j'ai bien fouillé.» P.-A. Bourque, «Entrevue avec Antonine Maillet». *Nord*, n° 4-5, automne 1972 – hiver 1973, p. 116. Sur le théâtre en Acadie, *voir* Laurent Lavoie, «Le théâtre de langue française au Nouveau-Brunswick». *Le théâtre canadien-français, Archives des Lettres canadiennes*, p. 451-466.

56. André Major, «Entretien avec Antonine Maillet». *Écrits du Canada français*, n° 36, 1973, p. 13.

57. Cf. Colette Duhaine, «Un besoin pressant de raconter deux siècles de vie réprimée». *Le Droit*, 15 janvier 1977, p. 17.

Chapitre 10
Tremblay:
marginaux en chœur

Entré avec un certain fracas dans l'histoire du théâtre québécois, suscitant autour de son œuvre la polémique, Michel
Tremblay est vite devenu, paradoxalement, le plus «classique» de nos auteurs dramatiques. Aux protestations de
spectateurs outrés, prompts à «condamner» ce dramaturge
«pour outrage au peuple[1]» parce qu'il usait d'une langue
populaire, drue et dure, souvent vulgaire, ont tôt succédé la
consécration par la critique et les facultés universitaires, la
notoriété au-delà de nos frontières linguistiques et géogra-
phiques[2], un «statut de presque héros national» que le
dramaturge cherche à oublier lorsqu'en 1971 il prend une
année de congé en Europe[3]. Cette société dont on a dit qu'il
montrait trop volontiers les laideurs et les vices, qu'il la
méprisait, multiplie à son égard éloges et prix: même la
vénérable Société Saint-Jean-Baptiste de Montréal, traditionnel défenseur de la pureté de la langue française, lui
accorde en décembre 1974 son prix Victor-Morin pour l'ensemble de son œuvre. À tous ses détracteurs, Tremblay
lance à cette occasion:

> Au lieu de vous frapper la poitrine ou de vous déguiser
> en pleureuses devant le langage que j'emploie, essayez

une fois, une seule fois, de laisser de côté vos préjugés et écoutez ce que mes personnages ont à dire. Ne regardez pas la forme des mots mais ce qu'il y a dessous[4].

Il soulignait par là le fait qu'un tel prix ne signifiait aucunement une consécration du «joual», mais reconnaissait la valeur culturelle de l'œuvre. «La culture d'un pays doit être une mosaïque de toutes les facettes de son peuple et non pas l'unique face de son élite[5]».

L'observation est remarquablement juste et, sans doute, un préalable essentiel à la juste appréciation du phénomène Tremblay. Car celui-ci ne serait pas devenu, dès la représentation des *Belles-Sœurs* en 1968, «le chef de file du jeune théâtre québécois[6]», se classant d'emblée «parmi les meilleurs dramaturges du Québec, et sans doute le plus important de sa génération[7]», si les spectateurs n'avaient aussitôt reconnu, dans cet univers dramatique, le reflet authentique d'une réalité culturelle et sociale. Le génie de Tremblay a d'abord été de faire de l'est montréalais un étonnant microcosme du Québec, ce «lieu exemplaire de notre aliénation, le plus grouillant, le plus dérobé, mais en même temps le plus hypocritement recouvert, étouffé[8]». Univers de marginaux, mais non marginal — ou alors, étonnons-nous de retrouver, au cœur même de notre littérature dramatique et romanesque, le petit peuple qui, pour emprunter parfois une langue académique, n'en est pas moins peuple: les Plouffe, Joseph Latour et Tit-Coq, Ben-Ur et Florence, la famille Lacasse, Hervé Jodoin et la famille Corriveau, voire Marie Calumet et le grand Menaud. Vaste chœur de marginaux que rejoignent et poursuivent les chœurs de Tremblay, composant ensemble une grande fresque du Québec culturel et littéraire[9].

Monologues et chœurs en chassé-croisé

On a souligné à l'envi l'indéniable «concordance profonde entre la société québécoise et l'œuvre théâtrale de Michel Tremblay[10]», laquelle apparaît comme «l'un des révélateurs

244

les plus importants que la société québécoise se soit jamais donnés[11]». Cela dit, de telles observations n'expliquent en rien la valeur dramatique de l'œuvre: il ne suffit pas de dépeindre fidèlement une réalité pour faire une pièce valable. La confusion entre le document sociologique et l'œuvre dramatique recouvre également le malentendu sur le «réalisme» de Tremblay. Certes, il «manie mieux que quiconque... ce langage québécois qui nous appartient[12]», mais cela ne signifie pas qu'il se contente d'une photographie du réel, d'un usage documentaire du «joual». Pour nous en convaincre, peut-être fallait-il, par exemple, jouer *les Belles-Sœurs* à Paris où un critique observait que «*les Belles-Sœurs* sont «en joual» comme *Andromaque* est «en alexandrins», parce qu'il faut une langue à une œuvre, et une forte langue à une œuvre forte[13]». Ainsi peut-on dire de chacune des pièces de Tremblay que le joual y est aussi nécessaire, mais aussi contraint que l'est la langue française dans le théâtre des Classiques.

S'il faut, comme le réclame Tremblay, nous montrer attentifs à ce qu'il y a sous «la forme des mots», il faut d'abord voir que ce langage *est* une forme, une architecture, un rythme sonore. Le «langage dramatique» de Tremblay n'est pas le joual, mais l'usage qu'il en fait en fonction d'une efficacité dramatique. «On ne se parle pas chez Tremblay: on se défoule», constate avec raison Michel Bélair[14]. Aussi la première caractéristique de ce langage est-elle la superposition de dialogues qui, souvent, sont d'abord des monologues visant à traduire la réalité intérieure des personnages ou à exprimer leur profond désarroi[15]. Commentant un article de *Sélection* où la famille est comparée à une «cellule vivante», Marie-Lou s'écrie: «Cellule mon cul... Ah! oui, pour être une cellule, c'est une cellule, mais pas de c'te sorte-là![16]» La vulgarité et le jeu de mots signalent ici la justesse tragique de l'image, car la famille est pour Marie-Lou une prison, une «cellule de tu-seuls[17]», un lieu de mort lente, faite de déchirements quotidiens, et la préfiguration de la mort collective qui réunira à jamais

Léopold, Marie-Lou et leur fils. En un seul monologue centré sur une expression crue et cruelle, voici donc à peu près résumé le cheminement de toute la pièce: ainsi le langage atteint-il, chez Tremblay, à une étonnante efficacité, dans la simplicité et le dénuement.

Qu'on ouvre maintenant *En pièces détachées* et on trouvera une illustration particulièrement claire du «chassé-croisé des voix[18]», autre caractéristique importante du langage dramatique chez Tremblay. Non pas un dialogue, mais une sorte de chœur à plusieurs voix qui chevauchent; or ce chevauchement entre les interrogations des uns et les réponses des autres tisse un réseau de suggestions, de sous-entendus et de malentendus tous aussi signifiant que les dialogues superposés qu'il traverse. Ainsi, dans la première partie d'*En pièces détachées*, on assiste à ce qui semble être une série de dialogues entre chacune des femmes d'une part et un interlocuteur hors-scène — un garçon ou un homme, le mâle absent — d'autre part. Les femmes se mettent à se parler, à se crier, à s'interpeller, révélant ainsi leurs animosités, les relations aigres-douces des voisines entre elles, jusqu'à ce que se forme un véritable chœur des voisines toutes occupées au spectacle de «la folle d'en face [qui] a encore fermé son *blind* vénitien[19]», ou pour marquer leur mépris pour Thérèse, «la mariée [qui] était pas en blanc» et qui est devenue serveuse rue Papineau: «A va finir dans un trou, pis c'est toute c'qu'a mérite[20]!» Le jeu des oppositions individuelles et des intérêts particuliers conduit progressivement à certains points de convergence. Cependant, les voix convergent non pas dans l'accord des personnages entre eux, mais dans une commune opposition à un autre personnage. La technique et le cheminement demeurent fondamentalement les mêmes dans la plupart des pièces de Tremblay. Les belles-sœurs ne s'entendront que pour duper Germaine, les trois sœurs de *Bonjour là, bonjour* ne partagent qu'une commune condamnation des amours incestueuses de Serge et Nicole, comme les divers personnages secondaires de *Demain matin, Montréal m'attend* ne cesseront leur petites querelles que pour se transformer en voyeurs devant la déchéance de la Duchesse, celle de Lola Lee, ou l'affrontement entre celle-ci et Betty Bird. À la limite et même si la technique diffère, on observe un semblable cheminement dans *Hosanna*: Cuirette ne s'est joint à la bande de Sandra que pour ridiculiser Hosanna, qu'il continue pourtant à aimer et avec qui il se réconciliera.

Certes, ce «chassé-croisé des voix» compte pour beaucoup dans l'instauration d'une nouvelle dramaturgie au Québec, à l'exemple de Tremblay: ce langage éclaté modifie le jeu scénique, l'interprétation des comédiens, le rapport du spectateur à la scène. Si bien que Jean-Claude Germain exagère à peine lorsque, en 1970, il affirme que «tous les bouleversements que connaît le milieu théâtral depuis un an, tant au niveau du langage dramatique qu'au niveau de l'enseignement du métier de comédien, sont directement ou indirectement, liés à la création des *Belles-Sœurs*[21]». Mais, si l'on fait exception du choc provoqué par l'utilisation du «joual», l'élément le plus marquant de cette pièce aura été le recours au chœur, que Tremblay emprunte aux Tragiques grecs. On y a vu, avec raison, une manière d'affirmer la personnalité collective des personnages, symboles d'un peuple et de ses aliénations. On a moins insisté sur le nouvel équilibre que le chœur apporte à la structure d'une pièce: il devient le temps fort, privilégié, le monologue pluriel des synthèses, de la lamentation comme des bonheurs recherchés. En même temps, le chœur entame une sorte de dialogue avec chacun des choristes qui le composent, donnant à la pièce une structure et un rythme de polyphonie.

Tout le reste est monologue[22]. Car, dans cet univers de solitaires en quête de compréhension et d'expression, l'axe premier du langage dramatique ne saurait être que le monologue, confidence ou cri, appel de détresse ou rêve secret de bonheur. Si les chœurs des *Belles-Sœurs* sont plus spectaculaires, les monologues successifs de chacune des femmes sont plus signifiants. En terminant son premier cycle avec *Damnée Manon, Sacrée Sandra*, le dramaturge a

montré qu'il privilégiait ce mode d'expression particulièrement délicat, qu'il maîtrise admirablement. Un passage
d'*Hosanna* montre par ailleurs comment, sensible au risque
de monotonie qu'entraîne un long récit, Tremblay intervient
parfois pour maintenir la relation entre le personnage et le
public. Hosanna raconte à Cuirette son cheminement d'ado-
lescent prenant conscience de son homosexualité, sa vie de
jeune homme trop protégé par sa mère et désirant secrètement les «grands» de l'école. Sachant son récit banal, il
l'interrompt pour dire: «maudit que c'est donc pas original».
Il conclura en commentant lui-même: «Fin de l'histoire
touchante mais pas originale pantoute des débuts d'une
femme du p'tit monde[23]...» Incise et commentaire qui
touchent la conscience du spectateur et apportent une distanciation efficace. Hosanna ne se contente pas de raconter,
il se juge en même temps; son monologue dit sa conscience
profonde et douloureuse, et cela intéresse bien davantage
qu'un cas banal et impersonnel. Ainsi chacun des monologues de Tremblay, inspiré de réalités triviales, parfois de
«sujets d'actualité», devient une rencontre avec une conscience douloureuse et, plus important encore, un dialogue
qui choisit le spectateur comme interlocuteur ou témoin,
voire «la voix de plusieurs en un seul, le silence de tous en
chacun[24]».

Une étude systématique des monologues chez Tremblay montrerait aussi ses multiples variations et fonctions,
depuis la confidence jusqu'à la dénonciation de l'autre,
celui qui s'adresse au spectateur et celui qui est dit *face* à lui,
comme si, on le verra dans *À toi pour toujours, ta Marie-
Lou*, le dramaturge cherchait étrangement à unir par le
monologue ses personnages et le public dans une commune
interpellation. Arrêtons-nous seulement, ici, à ce qui fait du
monologue, chez Tremblay, une importante contribution au
renouvellement du langage dramatique. Analysant les
Belles-Sœurs, Ryngaert signale par exemple que «contrairement à la dramaturgie classique où le monologue vient
après une sortie et où le personnage est généralement seul en

scène, il se présente ici sous forme de *flash*, et donc en rupture par rapport à l'action[25]». La «rupture», certes, n'est qu'apparente, dans un rapport de complémentarité; dans d'autres pièces, d'ailleurs, le monologue est plus nettement situé au cœur même de «l'action». Mais il importe surtout de souligner que la fonction du monologue cesse d'être, soit exclusivement la confidence d'un personnage momentanément séparé des autres, soit une sorte d'*a-parté* — le traditionnel clin d'œil complice au spectateur. Il devient plutôt l'essentiel maillon d'un enchaînement dans un chœur plus ou moins nombreux et inextricablement relié — physiquement, scéniquement — à l'ensemble du discours dramatique: en cela, Tremblay a considérablement modifié les règles du jeu.

Nous pourrions donc reprendre, à propos du langage dramatique de Tremblay, l'expression qu'un journaliste du *Monde* appliquait aux *Belles-Sœurs*: c'est «une langue à la fois nôtre et autre[26]». Comme *le Cassé* de Renaud tentait à la fois d'exorciser le «joual» et de transformer les structures du roman, Tremblay donne à la dramaturgie du Québec une impulsion nouvelle en exploitant toutes les ressources d'une langue qu'on a baptisée «joual» et qui reflète une réalité humaine dure, douloureuse et touchante.

Il faut ajouter que le projet scénique tout entier se trouve modifié. C'est pourquoi il faut joindre au mérite du dramaturge celui de son metteur en scène attitré, André Brassard. Précisant sa conception de la mise en scène, celui-ci dit chercher un moyen-terme entre «le spectacle où l'on accepte toutes les conventions» du théâtre et «les spectacles de type Brecht où les acteurs sont conscients de jouer pour le public». Cette formule qui rejette la tradition réaliste sans pour autant rechercher la distanciation brechtienne (moins encore le caractère épique et le *Dokumentar theater*), Brassard dit la trouver dans la tragédie grecque, «où les personnages sont conscients d'être des personnages de théâtre[27]». Cette conscience est plus perceptible dans les chœurs puisque les personnages s'adressent directement au public et marquent en même temps une distance par rapport à leur identité propre. Mais on observe un semblable dédoublement, le retour de la conscience sur elle-même, dans la plupart des monologues qui, sur le ton de l'échange intime, de la confession ou de la confidence, se situent directement face au spectateur. Quant au «chassé-croisé des voix», on l'a vu, il constitue une suite de monologues en chevauchement convergeant vers le chœur.

De profundis *pour Marie-Lou*

Ce que l'on identifie désormais comme «le premier cycle» de Tremblay commence avec *les Belles-Sœurs* et *En pièces détachées* et se termine avec *Damnée Manon, Sacrée Sandra*. Au cœur et au centre de cet univers, sous le signe de la détresse et des soubresauts désespérés, de cette famille-société marquée par le tragique, il faut situer sa grande «cantate *cheap* [28]», «peut-être la pièce la plus dure, la plus terriblement noire de tout le répertoire québécois[29]» et qui demeure, à ce jour, sa plus grande tragédie: *À toi pour toujours, ta Marie-Lou*.

«Six bouteilles de bière, une télévision, des lampions, une chaise de cuisine tirée un peu à l'écart: tels sont peut-être les personnages les plus vivants et les plus authentiques de cette dernière pièce de Michel Tremblay[30]», écrit Michel Bélair en guise de présentation. Remarque étonnante, car on se demande quelle intensité pourrait avoir une pièce dont les personnages seraient moins «vivants» et, surtout, moins «authentiques» que les éléments du décor! Disons plutôt que les éléments sont ici choisis avec grand-soin et détail, que leur symbolisme doit apparaître avec force et transparence dans un univers particulièrement statique: «La double action de la pièce se passe dans la cuisine mais j'ai voulu "installer" Marie-Louise et Léopold dans les endroits où ils sont le plus heureux au monde», précise le dramaturge. (p. 35) La télévision pour Marie-Louise, la taverne pour Léopold représentent donc une relation au monde extérieur, l'impossible évasion, le pôle d'attraction qu'il faut opposer à la cellule close de la famille, symbolisée par la cuisine. Celle-ci et la taverne sont d'ailleurs des lieux communs de la littérature québécoise[31], dont Tremblay a su exploiter, ici, la valeur en quelque sorte mythique, rendue avec d'autant plus d'éloquence que chacun des personnages est séparé des autres, cloisonné, figé dans sa mort-vie.

Marie-Lou, Léopold et Manon demeurent assis, cloués à leur espace, alors que les déplacements de Carmen seront limités à la cuisine. C'est dans le temps que se font les déplacements. «Les deux conversations (Marie-Louise-Léopold et Carmen-Manon) se font à dix ans d'intervalle mais elles s'entremêlent sans arrêt.» (p. 35) Construction audacieuse et neuve, que le dramaturge a assimilée dès le départ à une œuvre musicale: «j'suis parti d'un quatuor à cordes[32]». «La pièce», confirme et précise Ryngaert, «suit en fait un rythme musical, apparaît comme une sorte de fugue pour quatre solitudes, exécutée par des instruments qui joueraient dans des tons différents[33]». À la voix sombre et cassante de Léopold répond la longue plainte déchirante et hargneuse de Marie-Lou; l'une et l'autre ont la gravité des échos d'outre-tombe, forment un chant de haine réciproque — «Tu pourras jamais savoir comment j't'haïs!» sera la dernière réplique de Marie-Lou — qui explique un lent cheminement vers une mort suicidaire. La pièce se terminera sur le seul déplacement de ces deux êtres qui, croyant former une «cellule vivante» se sont enfermés dans une mort lente. «Viens-tu faire un tour de machine, avec moé, à soir, Marie-Lou?» (p. 94) Peut-être la voix de Léopold n'a-t-elle jamais été si douce, si lasse, si amoureuse; l'un et l'autre se lèvent pour la première et la dernière fois, en échangeant un premier regard[34].

Les voix de Carmen et Manon s'intercalent entre celles de leurs parents, tantôt à dix ans de distance, tantôt se projetant dans le passé de l'enfance[35]. Aussi désaccordées que celles des parents qu'elles prolongent, leurs voix dialoguent et s'opposent, dévoilent leurs expériences communes et leur cheminement divergent. Les destins de Léopold et de Marie-Lou convergent vers un suicide commun et partagé, ceux de Manon et Carmen se séparent brutalement à la mort des parents. Pour la première, tout est fidélité acharnée au passé, stagnation et culte masochiste de la souffrance: c'est elle qui, enfant, se donnait pour idéal d'être «ben ben malheureuse, pis mourir martyre». (p. 65) La seconde parle au contraire d'oubli et de libération, son expression favorite est «s'en sortir»: sortir de l'univers étouffant de la famille, faire table rase d'un mode de vie péniblement subi, changer, *se* changer. «En dix ans, chus devenue une autre femme» (p. 39), alors que Manon cherche encore désespérément à remplacer en elle la ressemblance au père par celle de la mère. «Dix ans après sa mort tu joues encore à ressembler à maman!» (p. 67), lui reproche Carmen, dont le réalisme simple (et sain) n'a que faire des folles chimères et des idéalisations *postmortem*. «Notre mère, c'était pas une martyre, pis not'père c'tait pas le yable, bonyeu!» (p. 61) Même si la communication n'est guère possible entre les deux sœurs, il y a (contrairement aux affrontements entre Léopold et Marie-Lou) véritable dialogue, discussion, échange. Dans cette pièce statique où la fin nous est donnée au départ, où tout est retour sur le passé, ce dialogue est le seul qui vise la transformation d'un personnage: Manon, que Carmen tentera jusqu'à la fin d'amener à sortir de son monde clos. «Révolte-toé, Manon, c'est tout c'qu'y te reste!» (p. 92). Tentative dont l'échec, prévisible, coïncide avec la fin de la pièce. Carmen sort, déterminée à oublier sa sœur comme elle a oublié ses parents, laissant Manon seule dans sa mort lente, alors même qu'on rappelle le geste suicidaire de Léopold et Marie-Louise.

«L'originalité de cette pièce, écrit Joseph Melançon, est peut-être d'avoir détruit la durée, non seulement en intercalant les dialogues et en ramenant Carmen et Manon dans le passé, à des moments déterminés, mais aussi et surtout en annulant la succession temporelle par une logique distributive[36]» Logique de la mort, point de départ et d'arrivée de la pièce, laquelle baigne dans ce climat comme Léopold dans la «brume épaisse» (p. 72) de son ivresse. Aussi les voix concertantes de Léopold et Marie-Lou, apparemment attachées au récit du quotidien trivial — les repas, le travail à l'usine, la sexualité, la visite dominicale «sus ma mère» — reprennent-elles inexorablement des images de mort. Dès le départ (et par atavisme autant que par éducation), Marie-Lou est condamnée à une vie «plate», dont la routine n'est interrompue que par l'occasionnelle agression sexuelle du mari. «J'arais voulu mourir là» crie-t-elle en rappelant la première nuit aux côtés d'un mari qui, son *fun* terminé, s'est «retourné de bord en rotant». (p. 88) Déjà dos à dos, se rejetant et s'agressant mutuellement dans la cellule-prison du mariage et de la famille, la mort les unit déjà plus que la vie. De même, comme l'a signalé Yolande Villemaire[37], la «tabarnac de machine» à laquelle sa «job steadée» (p. 63) enchaîne Léopold est associée à la machine-tombeau dans laquelle il ira mourir «contre un pilier du boulevard métropolitain» (p. 91): cheminement logique vers la mort, où il faut encore inscrire sa crainte de la folie, ses frustrations sexuelles, ses ivresses solitaires à la taverne — «Chus tu-seul, dans'taverne». (p. 72) Or, dans cette pièce où il est beaucoup question de nourriture, de ce qu'on va *manger* ou dont on a le *goût* — du reste, n'est-ce pas la seule chose dont le couple discute vraiment? — l'importance qu'on accorde à la nausée, à la vomissure et à la puanteur[38] relève de la même logique. «Y pue, ton bonheur, Manon! Y sent la mort, ton bonheur!» (p. 89), dira Carmen à sa sœur, mais son observation convient également à ses parents, qui, à propos de leur vie sexuelle, constatent qu'ils n'ont pas connu le plaisir, moins encore le bonheur: c'est leur vie qui a été vomie, vécue en creux.

Dans cette pièce à quatre voix, on a déjà noté que les oppositions sont multiples et partagées inégalement. La structure dramatique et la mise en scène suggèrent tout d'abord un découpage symétrique mettant en parallèle le couple parental et les deux enfants. De ce point de vue,

Carmen et Manon figurent au plan central, mais non au cœur du drame: leur dialogue, comme l'a bien vu Ryngaert, «n'existe que pour servir de charnière entre le couple Léopold-Marie-Louise et nous[39]», il sert de lien et de révélateur du destin des parents, seul sujet réel et fondement tragique. Mais au-delà de la confrontation inexorable entre Léopold et Marie-Lou, au-delà de chacune de ces aliénations, le thème de la folie héréditaire, des tabous familiaux et tous les atavismes sociaux donnent à la pièce une nette dimension collective[40], que confirme encore la figure de Manon, laquelle perpétue son père malgré elle et sa mère par choix. Plus encore que *les Belles-Sœurs* ou *En pièces détachées*, cette pièce nous propose un étonnant *De profundis* pour l'humanité, un chant d'où même le rire ambivalent et amer est banni et qui retrouve, dans une sorte de pureté austère, une authentique émotion tragique.

Certes, avec son «déguisement» de *cowgirl*, l'air de sortir «d'un cirque ambulant», avec sa farouche détermination de tout changer et de sortir du cercle infernal, Carmen détonne et scandalise, apportant cependant une fulgurante lueur d'espoir dans cette nuit étouffante. On en a vite conclu que Carmen est «le seul personnage libre de Tremblay», celle qui, «dans une classe à part... préfigure peut-être une nouvelle génération de belles-sœurs[41]». C'est accorder trop de foi, peut-être, aux affirmations de Carmen, trop peu d'attention à l'avertissement de Manon: «Si tu penses que t'as rien qu'à sortir d'la maison pour que tout change!» (p. 38) C'est oublier aussi que cette liberté est celle des clubs de nuit de la *Main*, où elle chante ses chansons de *cowboy*. Rejetant une aliénation, elle en illustre une autre, celle du Québécois «*cowboy* des plaines»: «Y'a-tu quéque chose de plus triste qu'un pays qui se voue à quelque chose qu'il n'a pas[42]», commente Tremblay. Triste libération, donc, que celle de Carmen, liberté du naufragé qui a pu s'accrocher à un récif ou à une épave, trouvant son salut dans le travestissement de son identité. En ce sens, Carmen est elle aussi le symbole d'une collectivité condamnée, selon les termes de

Raymond Joly, à une «douteuse libération». Et, le critique, soulignant que «la pièce ne se termine pas par le départ de Carmen, mais par la fatale invitation de Léopold» ajoute qu'«il fallait que l'extinction fût totale», la mort englobant aussi, symboliquement, celle qui «s'est instituée héritière de la domination par le sexe et [qui] en jouit stérilement[43]». N'ayant pas réussi à sortir Manon de son isolement suicidaire, Carmen quitte définitivement la maison de Léopold et Marie-Lou. «Quand j'vas avoir passé la porte, j'vas t'oublier... toé aussi!» (p. 93) Tournée vers l'avenir, elle rejoint ainsi, étrangement et à son insu, le «Demain» de Marie-Lou qui est le premier mot de cette pièce apparemment tournée tout entière vers un passé à exorciser, et dont l'accident de voiture marquerait la fin. Il en est plutôt le symbole, l'expression mythique: la plus que douteuse libération de Carmen, tout autant que la fixité de Manon, perpétue le destin tragique des parents: «*À toi pour toujours, ta Marie-Lou*, c'est, sous couleur d'une liquidation du passé, l'avortement de l'avenir[44]».

Carmen, la gloire et la mouche

L'avenir de Carmen, pourtant, s'était préparé de longue main. Songeant déjà, le jour de sa première communion, à «partir de c'te maison de fous-là au plus sacrant pour se débarrasser de sa mère folle», Bec-de-Lièvre nous apprend que «Carmen chantait, c'te matin-là. Y paraît[45]». Lorsque nous la retrouvons dans la pièce qui porte son nom, elle a atteint le sommet d'une certaine gloire. Comme au matin de sa première communion, le chant est ici associé à la libération et au sentiment religieux: mais c'est elle-même qui est l'idole et son numéro de chanteuse de cabaret, grand cérémonial rituel, provoque la vénération ou la terreur sacrée. À ses côtés, son habilleuse Bec-de-Lièvre doit apparaître «comme un enfant de chœur [qui] aide un prêtre à revêtir ses derniers ornements avant une cérémonie importante. (p. 14) Son costume doré «comme le soleil» impressionne à

255

ce point les personnages du chœur qu'ils n'osent y toucher, se contentant de contempler, de loin, cette éblouissante vision. «T'as juste envie de l'adorer» (p. 18), dira Bec-de-Lièvre, gardienne de la loge sainte.

Sainte Carmen de la Main est cette pièce que projetait le dramaturge depuis 1971, et qu'il envisageait alors comme une «sorte d'*Opéra de quat'sous* qui va se passer sur la *Main*. Ça va r'couper le milieu de Carmen, pis ça va être une grosse affaire toute chantée; une vraie opéra[46]». La réalisation diffère grandement, certes, du projet initial, mais elle conserve un certain rythme d'oratorio. Aucun chant (pas même la chanson de Carmen, que le spectateur n'entendra pas), mais la grande ouverture, récitatif «à l'unisson, très lent» du chœur des travestis et du chœur des putains; les deux chœurs alterneront ensuite avec la récitante Bec-de-Lièvre pour commenter le récit dramatique, lui donner son intériorité et ses résonances multiples. À la manière des chœurs antiques, ils annonceront aussi, dans une langue imagée, le déroulement de la pièce. Ainsi la symbolique du soleil, concentrée dans la première partie, préfigure tout le cheminement et dessine la structure de la pièce. «Le soleil est v'nu au monde comme un coup de poing rouge au bout d'la Catherine» (p. 6), prélude à un moment d'exceptionnelle émotion qui transforme la vie nocturne de la Main. «C'est Carmen qui s'est levée sur la Catherine» (p. 12), telle un soleil capable d'illuminer et de transformer la vie de «ceux qui aboutissent sur la Main» et qui, prétend Maurice, «veulent pas être sauvés». (p. 60) Rédemptrice, telle apparaît pourtant Carmen, qui veut redonner espoir à ceux qui n'en ont plus, les libérer en leur révélant leur propre voix, leurs propres ressources. Mais le salut sera illusoire, l'illumination éphémère, et ceci est clairement annoncé dès la première partie par les chœurs: «La nuit tombe aussi vite que le jour s'est levé». (p. 20) Aussi subite, plus inattendue encore que l'euphorie du miraculeux lever de soleil, la mort surprendra Carmen aussitôt son spectacle terminé.

Commentant ce dénouement, Gilbert David écrit qu'il

«est d'un tel cynisme qu'il en devient ambigu[47]». Tooth Pick, que Carmen a humilié et qui veut s'en venger — «J't'avais dit que j'arais ta peau si tu r'venais icitte, Carmen» (p. 16) — tue la chanteuse et tente de faire porter la responsabilité du meurtre par Bec-de-Lièvre, la pauvre «p'tite lesbienne... innocente... qui est restée à côté d'elle». (p. 80) D'un cynisme répugnant, le long monologue de Tooth Pick est surtout invraisemblable, voire antidramatique, car il laisse le spectateur partagé entre l'horreur du geste posé et celle que lui inspire un mensonge flagrant et odieux. Si l'explication ne tient pas, le geste lui-même paraît presque gratuit, tant il est disproportionné à l'humiliation subie par Tooth Pick. Même si l'on pouvait imaginer qu'un individu aille jusqu'à tuer parce qu'on s'est moqué de sa virilité, encore faudrait-il que ce geste s'intègre à la cohérence du récit dramatique: c'est ici que se situe le hiatus, le conflit personnel entre Carmen et Tooth Pick étant tout à fait marginal par rapport au sujet de cette pièce et à la mission que l'idole s'est donnée de «s'intéresser à ses semblables» et de «changer la collectivité[48]» dont elle chante la vie et les malheurs. Aussi la mort de Carmen ne peut-elle avoir l'importance et le sens que le dramaturge a voulu lui donner: elle meurt non pas martyre, victime d'une fatalité rattachée à l'œuvre entreprise, mais comme par accident, un accident qui coïncide seulement avec la tragédie possible, la transformant en un mélodrame[49] auquel les spectateurs, comme les chœurs, assistent impuissants et déçus.

Ce dénouement raté[50] déçoit d'autant plus que le dramaturge a su exprimer avec grande émotion et conviction les espoirs suscités autour d'elle par Carmen — et ce malgré les artifices du costume, la «kétainerie» du lieu et l'apparente insignifiance de ce culte voué à l'idole d'un soir. *Sainte Carmen de la Main* illustre fort bien, d'ailleurs, une caractéristique du théâtre de Tremblay, chez qui «le futile et l'essentiel se côtoient, comme si les personnages eux-mêmes ne savaient plus les démêler[51]». Mais au-delà des détails anecdotiques touchant les chœurs — la perruque de

Sandra, les «pimps sur leur trente-six» (p. 11), la mort de la Duchesse de Langeais — la pièce permet de bien saisir l'intense émotion qui ébranle chacun des personnages. Pour Carmen et contrairement à ce que croit Maurice, l'important n'est pas d'avoir perfectionné ses «yoddles» dans un mythique et lointain Tennessee, mais de se trouver un style propre et de donner une voix aux malheureux pour qui elle chante. Les deux objectifs sont liés dans une même libération. Elle veut en arriver à «monter sur le *stage* sans sentir le besoin... de [se] déguiser» (p. 66) en chanteuse «exotique», instrument passif d'une aliénation culturelle rentable, mais dévalorisante. «J'peux pus leur parler de mes fausses peines d'amour après leur avoir chanté leurs vrais malheurs». (p. 65) Retour à l'authenticité au-delà des masques, le nouveau chant de Carmen rejoint l'identité profonde de chacun: «astheur quand y vont chanter en cœur [*sic*] avec moé c'est leur vie à eux autres qu'y vont chanter». (p. 57) On voit que ces considérations ressemblent de près au thème central de *Double Jeu*: se connaître et s'accepter soi-même, s'exprimer, prendre en main sa propre destinée. La deuxième partie de *Sainte Carmen de la Main*, avec comme leitmotiv «Carmen a parlé de moé... Carmen a chanté que je pourrais ben me réveiller, un jour» (p. 49), apparaît ainsi comme un touchant échange de confidences et l'amorce d'un éveil de la conscience.

Pour la première fois, dans *Sainte Carmen de la Main*, on a donc l'impression que l'échec des personnages tient aux faiblesses de la pièce, à un dessein mal conçu par le dramaturge, et non à une dynamique interne: avant d'être maladroitement interrompu par la vengeance de Tooth Pick, tout le mouvement de la pièce tend vers un certain bonheur, vers la révélation de la vie, non de la mort. Aussi le dénouement invalide-t-il l'ensemble du récit dramatique. Carmen n'est ni sainte ni martyre et elle rate sa seule véritable chance de se libérer, en libérant les autres. «T'as mal tissé ta toile», avait-elle dit à Maurice, «pis un bon jour l'araignée pourrait ben mourir étouffée au milieu de ses mouches!» (p. 22) L'image est juste, mais sans doute faut-il, en modifiant son symbolisme, l'appliquer à Carmen: c'est elle, glorieuse araignée d'un soir, qui sera étouffée par la mouche Tooth Pick[52]!

Masques attachants, détachés

Comme si le milieu lui-même, l'ambiance des boîtes de nuit et le monde du spectacle, y étaient pour quelque chose, certaines faiblesses notées dans *Sainte Carmen de la Main* se trouvent déjà dans *Demain matin, Montréal m'attend*; ajoutons, ici, une structure nettement plus floue, des textes inconsistants, l'impression que la galerie des personnages défile sur un carrousel à la suite d'une vedette, Lola Lee, laquelle offre plus d'un trait de ressemblance avec Carmen.

À la vérité, le problème est autre et l'échec relatif de ces deux pièces semble imputable d'une part à un parti pris de réalisme, d'autre part à l'utilisation souvent maladroite des chœurs. Ainsi ceux de *Sainte Carmen de la Main*, efficaces dans l'ouverture, apportent d'abord une dimension poétique intéressante à la pièce; mais dans la seconde partie ils s'effritent, leurs interventions se limitent graduellement à de brèves considérations noyées par le dialogue de Maurice et Carmen, jusqu'à ce «Ah!» final censé marquer leur désespoir, mais dont l'indigence touche au grotesque. *Demain matin, Montréal m'attend* nous fait assister au cheminement inverse par le regroupement progressif des habitués du «*Meat Rack*» aboutissant à la formation de trios, quatuors ou chœurs pour chanter la vie: «On passe le plus clair de not'temps à nous engueuler. On s'aime, on s'hait, on s'adore, on est toutes mêlées[53]». La fonction de tels chœurs diffère, certes, de ceux qu'on trouve dans *Sainte Carmen de la Main* ou même dans *les Belles-Sœurs*: loin d'ajouter au récit une sorte de commentaire ou de prolongement lyrique, ils le poursuivent, les regroupements se faisant spontanément et pour le temps d'une chanson, se défaisant ensuite aussi naturellement. On se rend compte, par ailleurs, que la formation de ces chœurs éphémères n'est qu'une des façons d'illustrer la réalité d'un milieu. Or, il semble évident que le dramaturge a plus d'une fois cherché à définir les homosexuels et autres marginaux[54] en les situant dans leur milieu de vie, dans leur étonnant grégarisme, à travers leurs relations faites d'agressivité et d'émotion, de tendresse et de violence. Ces tentatives de peinture réaliste se soldent toutes, cependant, par un certain échec: le dramaturge ne dépasse guère le niveau de l'anecdote, des surnoms, des petites mesquineries et des allusions à la vie de ce milieu qu'on entrevoit sans le connaître vraiment. Contrairement à l'impression qu'ont pu laisser *les Belles-Sœurs*, Michel Tremblay ne manie qu'avec un succès relatif les groupes, dont il n'arrive à montrer que les relations superficielles, anecdotiques.

On ne peut trouver meilleure preuve, *a contrario*, de cette affirmation que *la Duchesse de Langeais* et *Hosanna*. Ce sont les mêmes personnages, reflétant encore leur milieu et leur mode de vie, s'exprimant aussi dans un langage cru, souvent vulgaire et «pauvre», par images et redondances. Le dramaturge parvient néanmoins, dans ces deux courtes pièces, à camper avec force et humanité ses personnages, à faire saisir, au-delà des anecdotes plus ou moins cocasses ou futiles, un cheminement profond de la conscience.

«Une vraie, vraie, vraie folle! Une chance que j'le sais[...] Y'a personne qui peut me dire que j'le sais pas! J'le crie partout depuis quarante ans[55]!» Folle, c'est-à-dire d'abord homosexuel efféminé, travesti, une «tante» ou une «grande»; mais aussi, dans le sens ordinaire, excentrique et, par exhibitionnisme, multipliant frasques et folies. Reine déchue d'un royaume qui s'en amuse ou s'en moque, sa déchéance divertit mais la conscience qu'elle en a émeut. Son grand monologue nous la montre seule à Acapulco, où elle se saoûle en racontant par bribes sa grandeur et sa déchéance. «Ce soir, on ne fait pas l'amour, on se saoûle!» (p. 70) pour noyer un chagrin d'amour, le premier depuis quarante ans. «J'pensais être immunisée contre c'te bebitte-là depuis longtemps moi!» (p. 92) Un amour évidemment impossible, presque maternel, pour un garçon de vingt ans. «Pis y'est parti à cause d'une p'tit bellâtre de dix-huit ans». (p. 93) Un petit drame, que la Duchesse se garde la première de prendre au tragique: noblesse oblige, la vie doit continuer. «Braille un bon coup, roule un peu sous la table, là, pis après... après fais comme toujours: dis-toi que t'es la plus belle pis la plus fine...» (p. 94)

Il s'appellerait Édouard de son vrai nom, frère de Robertine dans *En pièces détachées*[56], mais qu'importe: ce qui compte est le travesti qu'il est devenu, femme du monde, duchesse, la petite reine des thés de Montréal, organisés pour ses «amies de filles», qui a fréquenté la haute société (titrée ou non, riche ou désargentée) de quatre continents: «Amérique, Europe, Asie, Afrique! L'Océanie, j'l'ai jamais trouvée...» (p. 82) Elle avait déjà des lettres, puisqu'elle désignait son premier amoureux comme son «amant à la verge d'airain». (p. 73) Ses voyages et fréquentations ont élargi sa culture: elle évoque Villon et Maupassant, chante Mac Orlan, imite Marlene Dietrich, Edwige Feuillère, toutes les grandes stars américaines. «J'ai même déjà fait Galina Oulanova dans "La mort du cygne"!» (p. 79) Multiples personnages, masques et parade, travestissements successifs dont le dernier, relaté dans *Hosanna*, sera certes le plus extraordinaire: la Duchesse apparaît au grand *party* de l'Halloween déguisée en homme! En fait, ce déguisement est le seul possible, tant l'être féminin de la Duchesse est réel, profond et assumé. C'est l'homme qui n'existe qu'en apparence, inconsistant et superficiel: «comme on n'a pas d'homme au Québec, j'ai voulu faire le prototype de l'homme-femme», commente le dramaturge, ajoutant par ailleurs que le personnage de la Duchesse l'a tellement séduit qu'il a «un p'tit peu manqué son coup pour ce qui est de l'homme-femme[57]». Échec partiel du projet, tant s'impose l'identité féminine au détriment de sa virilité. La dualité s'exprime néanmoins avec une grande efficacité dramatique par l'alternance des langages: «quand il est une femme, y parle bien; quand y est un homme y parle mal[58]»,

261

reflétant ainsi l'équation populaire entre le joual — plutôt, une langue vulgaire — et la virilité, le bon langage étant «efféminé et synonyme de culture[59]». C'est en tant que femme, cependant, que la Duchesse est l'un et l'autre, vulgaire et raffinée: «putain internationale pour commencer, pis, après, duchesse». (p. 82) Aussi l'alternance du joual et d'une langue correcte apparaît-elle davantage comme un dialogue intérieur, l'expression d'une autocritique constante et émouvante. Or c'est par là que *la Duchesse de Langeais* dépasse largement l'anecdote, dévoile la vérité et la tendresse du personnage, provoque une émotion qui confine parfois au tragique.

Autre travesti, Hosanna ressemble par plus d'un trait à son aînée la Duchesse, comme à Carmen: «lui aussi, pour les mêmes raisons que Carmen, s'est orienté vers le déguisement à l'américaine[60]». Par ailleurs, la première réplique évoque l'aveu d'impuissance des personnages d'*En pièces détachées*, à la fin de la pièce: «Chus pus capable de rien faire», «J'voulais pus y aller[61]», répète Hosanna. Comme si, à la génération d'impuissants chroniques, de morts-vivants, avait succédé celle des personnages qui, croyant se libérer, ont mal choisi leur mode d'expression. Vouloir, pouvoir, ne plus vouloir: un nouveau cheminement de la misère, qui laisse toutefois place à quelques possibilités de bonheur.

La pièce se résume facilement: une querelle d'amoureux, après une humiliation infligée à Hosanna; mais l'ordre de la narration sera inversé et c'est à la deuxième partie qu'on apprendra les détails de ce *party* de l'Halloween sur le thème des «femmes célèbres de l'Histoire». (p. 58) C'est un piège tendu à Hosanna, dont on connaît l'admiration passionnée pour Elizabeth Taylor en Cléopâtre, et qui croit le moment venu de faire son entrée triomphale. Mais «Hosanna v'nait de faire son entrée dans Rome, pis tout le monde était habillé comme elle! En plus beau!» (p. 71) Le rêve devient non pas réalité mais cauchemar: cuisant échec d'Hosanna, qui réglera ensuite ses comptes avec son amant Cuirette avant de se réconcilier avec lui.

Réduite à ce schéma, *Hosanna* n'aurait qu'une portée limitée et ne servirait qu'à montrer un épisode dans la vie d'un travesti. Or l'événement provoque un éveil, un cheminement de la conscience, tant chez Cuirette[62] que chez Hosanna: c'est avec eux-mêmes, autant que l'un avec l'autre, qu'ils seront amenés à se réconcilier, ayant reconnu leur identité vraie. Obsédé par le dualisme sexuel de l'homme, Michel Tremblay y revient constamment[63], mais dans aucune pièce mieux que dans *Hosanna* il ne montre aussi clairement le problème humain qu'il provoque, ses déchirements et sa beauté tout à la fois. Dualisme illustré par la composition du «ménage»: Hosanna la travestie est «l'homme de la maison», celui qui travaille à l'extérieur et paie les comptes, pendant que Cuirette est «une femme de ménage le jour pis un gars de bicycle le soir». (p. 47) Chacun est homme *et* femme et le jeu des rôles qu'ils sont amenés à vivre constitue un piège, un refus de soi aussi aliénant que les pressions extérieures d'une société hostile à l'homosexualité. D'où l'angoisse de ces personnages arrivant mal à se définir en eux-mêmes et comme objets de désir pour l'autre: «Si chus ni un gars ni un fille, pour que c'est faire que tu restes avec moé!» (p. 46) C'est le *travesti* qui est en cause, le mensonge de l'identité d'emprunt. Le double travesti d'Hosanna, imitant Elizabeth Taylor en Cléopâtre, montre admirablement cette absurde situation. Cette vie construite sur l'artifice ne peut conduire qu'à un jeu d'illusion *en abyme*: un jour, comme Hosanna a d'abord imité la démarche de la Duchesse et de Sandra, on peut imaginer qu'un autre se déguise en Hosanna imitant Elizabeth Taylor en Cléopâtre... L'intérêt de cette pièce vient justement de ce que Hosanna, reconnaissant l'illusion, la brise. Aussi, par la prise de conscience et l'éveil critique qu'elle a provoqués, l'humiliation infligée à Hosanna par ses amis a des conséquences heureuses. «Vous avez toutes démoli ma vie en papier mâché» (p. 74) dira-t-il, mais il a compris que la véritable vie allait commencer au-delà de la crise et du drame. Après s'être déchirés mutuellement, dans un climat exacerbé et violent, les deux amants en arrivent à dialoguer vraiment et simplement. À la scène finale, très belle et douce, ils sont deux hommes qui acceptent sereinement de s'aimer tels qu'en eux-mêmes, enfin, ils se retrouvent, dépouillés (moralement et physiquement) de tous leurs oripeaux[64].

La marginalité normalisée

«Des jumeaux travestis? C'est un divertissement que je ne connaissais pas encore[65]!» Il s'agit ici de Poucet et Chaperon, dans un «divertissement» pour estivants. Dans un tout autre registre et tirés, eux aussi, du monde de l'enfance — mais il s'agit de celle du dramaturge et des personnages — Manon et Sandra sont les «jumeaux travestis» les plus étonnants, les plus révélateurs (et non les moins divertissants) de tout ce cycle des *Belles-Sœurs* que clôt *Damnée Manon, sacrée Sandra*[66].

La plus soigneusement structurée des pièces de Tremblay, d'une architecture sobre mais hiératique, presque compassée: tout est parallèle et symétrie, contraires et complémentarité. «Dans sa cuisine complètement blanche, Manon, une dévote toute vêtue de noir, se berce. Dans sa loge complètement noire, Sandra, un travesti tout vêtu de blanc, se fait les ongles.» (p. 27) Cuisine et loge, dévote et travesti: on ne sait encore s'il y a équation ou opposition, mais la symétrie impose et renforce la juxtaposition signifiante. Le symbolisme des couleurs paraît plus net, mais si le blanc et le noir s'opposent, chacun des personnages a sa part de l'un et de l'autre, son mélange d'ombre et de lumière. Faut-il dépasser le décor et le costume, chercher un complément de sens dans l'opposition entre le rouge du chapelet de Manon — «un beau rouge vin» — et le maquillage vert, *avocado sea* de Sandra? Celle-ci indique sa répugnance pour tout «rouge un tant soit peu foncé» (p. 39), tandis que l'autre se rappelle «la femme damnée peinturée en vert» (p. 51) qui, on s'en doute, était précisément la cousine de

Michel-Sandra. C'est donc Manon qui est sainte, «sacrée», celle pour qui «la solution à toute... c'est le bon Dieu»; pour Sandra, «la réponse c'est toujours le cul» (p. 27), c'est donc lui qui est «damné».

Trop simple, bien sûr, et le langage lui-même est trompeur. Il est facile d'opposer à Manon qui supplie Dieu de l'aider à «renier [son] corps» (p. 65) le culte que Sandra voue au sien et son ambition d'«écrire un livre pornographique» sur le corps de son amant noir. Mais ce livre serait sa «Bible», «la Genèse selon Sandra la Martienne» (p. 46), le nouvel Évangile de l'amour auquel Manon elle-même n'est pas insensible. Dans un rêve où le visage de la Vierge se confond avec celui de la «femme damnée», Manon découvre, sans la reconnaître, l'ambivalence de sa dévotion: «A la promené ses mains sur moé comme moé j'avais promené les miennes sur le corps de Notre-Seigneur...» (p. 51) «De la déviance sexuelle assumée au mysticisme exalté[67]» la distance s'amenuise, le noir et le blanc composent un harmonieux damier; la dévote et le travesti, d'abord isolés dans des univers parallèles, se rencontrent dans une même apothéose. «R'donnez-moé mes ailes» (p. 65), supplie Manon en s'adressant à son Dieu. Mais elle s'envole entraînée par Sandra, sur ses ailes «de cygne» (p. 37), l'oiseau qui évoque à la fois, dans une suprême et sacrilège confusion, l'Esprit-Saint et le mythe de Léda. «J'ai voulu, déclare Tremblay, prouver que la religion et le sexe proviennent d'un même besoin d'absolu[68]». S'envolant ensemble vers la lumière, dans une exaltation partagée, Sandra et Manon démontrent en effet leur profonde identité: l'un et l'autre doubles, l'un et l'autre damnés et sauvés.

«Le dénouement culmine en un délire supérieur qui place l'auteur lui-même au cœur de cette contradiction[69]». Tel un *deus ex machina*, le dramaturge Michel Tremblay se profile en effet derrière Michel-Sandra: celui-ci a inventé Manon, mais à son tour reconnaît l'avoir été — par l'autre Michel, certes, qui semble par là supposer sa signature bien visible au cycle qu'il termine. Geste à peine surprenant de la part d'un auteur qui a toujours nié toute implication personnelle dans ses pièces[70], mais qui n'en semait pas moins des indices indiscutables: ce Michel-Sandra qui revient habiter la rue Fabre de son enfance rappelle le fils de «madame Tremblay» dans la seconde version d'*En pièces détachées*. Comme tout écrivain, «Michel Tremblay s'est placé au milieu de son œuvre dès le début et [...] c'est de là qu'il piège aux rets de son imagination la société québécoise de son époque[71]». L'implication aussi nette du dramaturge me semble pourtant avoir, ici, une signification particulière, car c'est en tant que *créateur* qu'il s'implique. Ce faisant et proclamant sa paternité, il devient à son tour personnage — non pas du cycle tout entier, mais de cette seule pièce. C'est dans cette perspective nouvelle qu'il faut revenir à la signification des «jumeaux travestis» Manon et Sandra.

La relation entre ces deux personnages doit d'abord être située dans le contexte de l'enfance. Lorsque Sandra revient s'installer, incognito, «juste en face de la maison ousque chus venue au monde» (p. 60), il retrouve plusieurs amies d'enfance dont il était autrefois le «chef de gang» et qu'il étonne maintenant par ses «compositions». Première observation importante: ce travesti tout occupé à vivre sa féminité d'emprunt éprouve une satisfaction visible à s'imposer aux autres par sa virilité cachée, mais avouée, à s'attirer leur respect par *ses créations* de personnages. «J'vous ai toujours possédés à contretemps...» (p. 62), se confie-t-il à lui-même. La seule qu'il «possède» totalement est précisément Manon, «inattaquable, inviolable, inabordable, lisse comme un pierre» (p. 63), celle qui s'est volontairement enfermée dans un froid soliloque. Constatons cependant que Sandra, lorsqu'il parle de sa «sœur... jumelle», évoque un univers exclusivement maternel et matriarcal. Ces jumeaux sont nés, l'un d'une «fausse sainte sèche comme un pruneau», l'autre d'une «énorme moman, généreuse à l'excès pis étouffante comme une journée de canicule» (p. 62), mais ils n'ont pas de père. Le fait est d'autant plus frappant que, partout ailleurs chez ce dramaturge qui a souvent répété qu'il n'y avait pas d'homme au Québec, les personnages masculins figurent tout de même (si pâles, si veules soient-ils) et que se dessine nettement une recherche du père: qu'on songe surtout que, dans *À toi pour toujours, ta Marie-Lou*, la première Manon cherche précisément à exorciser l'image d'un père jugé indigne et démoniaque. Or, il est frappant de retrouver entre Sandra et Manon ce même rapport entre deux êtres antithétiques mais indissociables, aussi contraires et complémentaires que le jour et la nuit. Le rapport se précise lorsque Manon reconnaît sa filiation, ayant été «inventée», engendrée, créée par Sandra: le jumeau travesti est en même temps le père de sa jumelle dévote, comme si le dualisme et l'ambivalence sexuelles avaient leur source et leur explication dans une quête incestueuse du père. Ainsi, comme s'il craignait que cette relation ne soit pas perçue assez clairement, le dramaturge intervient, nouveau double de Michel-Sandra, pour affirmer sa paternité du texte.

«Trop brillant, trop lumineux pour être clair», écrit Bernard Andrès à propos de *Damnée Manon, sacrée Sandra:* «si Tremblay s'en tient là, son cycle reste inachevée[72]». Disons plutôt que si, dans le dessein de l'auteur, cette pièce met un terme au cycle commencé avec *les Belles-Sœurs*, c'est avec *Bonjour là, bonjour* que convergent la cellule familiale et le monde des marginaux, dans cette pièce que ces grands thèmes semblent enfin trouver leur cohérence et, au-delà de la fable et des symboles, le terme logique (et non chronologique) de leurs cheminements entrecroisés.

Comment ne pas être d'abord frappé, dans cette pièce, par l'extrême fascination exercée par les deux seuls personnages masculins? Les quatre sœurs et les deux tantes parlent beaucoup, geignent, rient, pleurent ou crient, mais toutes désirent le beau Serge, le fils qui rentre d'Europe après un séjour de trois mois. «Pis toujours, comment c'était, l'Europe[73]?» La question n'est posée que pour la forme, personne n'est vraiment intéressé à le savoir. Seuls comptent le présent et l'avenir, et le retour de l'enfant prodigue, du jeune mâle que chacune des sœurs souhaiterait retrouver dans son lit: même la tante Charlotte voudrait vivre avec Serge, fuir grâce à lui la cellule close, le gynécée sénile. L'Europe, pour Serge, c'était d'abord le grand cercle d'évasion, le détachement d'une famille envahissante où on le poursuit jusque dans sa douche (Denise) ou dans son lit (ses quatre sœurs).

À tous les niveaux, la relation entre ces êtres paraît plus ou moins incestueuse. Albertine et Charlotte, les deux tantes, partagent le même lit et, avec leur frère Gabriel, le même appartement: la hargne et la grogne ont ici remplacé toute suggestion de désir, mais comme une perversion, comme les médicaments d'Albertine dont on aurait «mélangé les bouteilles par exiprès» (p. 54) et qui l'empoisonnent. Toutes les sœurs désirent leur frère, mais chacune de son côté semble inscrite dans son propre réseau incestueux. À commencer par l'aînée Lucienne qui passe de son mari Bob à son fils Bobby et à son amant Robert[74]. Elle ne parle que de son fils, comme si ses filles jumelles ne concernaient que son mari, et se choisit un amant portant le même prénom, ayant presque le même âge et dont c'est la «spécialité... de coucher avec des femmes qui ont l'air de sa mère». (p. 39) Que cet amant soit en même temps un ami de son frère ne relève pas du hasard, mais du désir médiatisé: qu'il soit aux yeux de Serge peu intéressant, «le gars le plus *dull* que j'connais» (p. 45) ne peut, dans cette perspective, que renforcer le désir de Lucienne. Moins exigeantes et attrayantes, Monique et Denise compensent autrement leurs désirs frustrés. La première, névrosée, s'en remet aux «pilules» pour se consoler de ne pouvoir vivre avec Serge, se contente de contempler son corps «tellement plus excitant à r'garder que [son] paquet d'os de mari» (p. 81), lequel semble d'ailleurs préférer sa mère à sa femme. Plus joviale et directe, Denise mange — «Chus t'hypnotisée par la tarte à'farlouche, mon Serge!» (p. 68) — rit, se divertit pendant que son mari qu'elle dégoûte s'intéresse au *bowling*; réaliste, elle ne demande que sa petite part, trouvant injuste qu'une seule «profite» de Serge.

Il s'agit bien sûr, de Nicole. Tout ce récit dramatique est axé sur l'amour partagé de Serge et Nicole. C'est vers elle seule, non vers la famille, que Serge semble retourner après son voyage, destiné justement à s'assurer du sérieux et de la profondeur de son sentiment. «Pour moé, tout est clair, tout est simple, asteur, chus sûr de mon affaire: c'que j'ressens pour Nicole, pis c'que Nicole ressent pour moé, c'est de l'amour...» (p. 90) Relation incestueuse, certes, pleinement assumée, avec une audace tranquille[75] qui étonne. Il faut cependant voir que tout le contexte des désirs équivoques, inassouvis et hypocrites, rend presque naturel et acceptable, par comparaison, cet amour du frère et de la sœur. Lucienne sert ici de repoussoir, son évidente mauvaise foi[76] établissant que *l'aveu* de l'inceste, non l'inceste lui-même, est condamnable. Lucienne témoigne ici d'une société qui couvre de honte ceux qu'elle juge «malades» mais qui cherche avant tout, par là, à voiler les réalités inavouables: «Pis si ça se découvre, un jour, que c'est qu'on va avoir l'air nous autres, hein?» (p. 71) Au besoin, tous les arguments pourront servir, depuis la «dette» rappelée opportunément en guise de chantage jusqu'aux insinuations tendant à accentuer et à déplacer la marginalité, à transformer l'amour en impuissance: «*My God*, c'est vrai que t'es t'une tapette manquée!» (p. 87) Mais cette accusation, qu'elle est la seule à formuler, ne trahit-elle pas simplement l'acharnement déçu, le dépit amoureux[77] de celles dont le désir est plus incestueux encore que celui de ses sœurs? Lucienne, que ses sœurs accusent de cracher sur sa mère parce qu'elle s'est juré de ne pas finir comme elle, «tout nue dans'rue» (p. 42), insiste par ailleurs sur l'amour maternel qu'elle porte à Serge: «Des fois, tu m'appelais ta deuxième moman [...] J't'ai élevé autant qu'elle, j'avais vingt ans quand t'es venu au monde[78]...» (p. 81) Frustrée dans son désir, Jocaste tente elle-même d'aveugler Œdipe plutôt que de le voir avancer lucidement vers son destin.

Mais si le destin de Serge semble le conduire vers Nicole, celle-ci est étonnamment peu présente au récit dramatique. Elle attend patiemment que les autres laissent Serge venir à elle. Sa voix paraît faible, un peu hésitante même lorsque, dans les deux longs «solos», elle et Serge affirment leur amour partagé. On constate surtout que, dans le seul échange d'idées qu'ils auront, ils ne seront pas d'accord: elle souhaite «placer» son père, Serge veut l'inviter à partager leur appartement et leur vie. Or on constate aussi que, pour Serge, la quête du père constitue une obsession première, indissociable par ailleurs de son attachement à Nicole. «L'intimité avec Nicole est-elle un détour permettant de rejoindre et de récupérer le père[79]?» On pourrait le croire. Parti en Europe pour réfléchir à son avenir avec Nicole, c'est d'abord vers son père qu'il va à son retour, avec lui seul qu'il prend plaisir à parler, comme c'est à lui qu'il pensait en se promenant à Paris et, surtout, à lui qu'il a quelque chose à dire: «Y'est peut-être vingt ans trop tard, chus pus un enfant, mais j'ai besoin de te le dire! Popa, j't'aime!» (p. 95) Un cri qui vient de loin et qui, au-delà de la détresse, des subterfuges et des ersatz, atteint et rejoint le père. Serge ne peut concevoir sa vie avec Nicole sans un partage avec son père; c'est pourquoi il ne peut attendre la fin de la nuit pour l'inviter à emménager avec eux. Un amour, certes, ne remplace pas l'autre, aucun ne constitue véritablement un «détour» vers l'autre; mais l'on doit comprendre que l'amour de Serge pour Nicole ne peut se réaliser sans que le dialogue ne soit d'abord établi avec son père.

Les deux relations, de toute évidence, ne sont pas non plus de même nature. Ce n'est pas pour rien que le dramaturge a voulu que le père fût sourd, muré dans un univers presque inaccessible et, par voie de conséquence, grand silencieux. Aux yeux de tous les autres personnages, d'ailleurs, le père semble considéré comme un objet, réduit à une sorte de prolongement de son appareil auditif. Seul Serge s'obstine, attentif à tout signe, à vouloir communiquer avec son père, lui parler mais aussi l'entendre. Dialogue difficile à instaurer mais d'autant plus vital qu'il permet de renouer, vingt ans plus tard (mais ça n'est pas «trop tard»), avec l'apprentissage lent et harmonieux de la vie.

C'est ici, croyons-nous, qu'il faut voir la véritable cohérence de ce récit dramatique, la complémentarité nécessaire de l'amour incestueux de Serge pour Nicole[80] et de son dialogue amoureux avec son père: l'un et l'autre remontent à l'enfance comme pour corriger un parcours erratique et le recommencer. De ce point de vue, il faut lire *Bonjour là, bonjour* comme une fable, la plus éclairante de tout le cycle où cheminent parallèlement la famille et les marginaux. Le «duo final» de cette pièce ne réunit pas, prenons-y garde, Serge et Nicole, mais le fils et son père: «duo» unique chez Tremblay, où les fils sont tous fous ou travestis et les pères veules, inexistants, étouffés par la famille matriarcale et castratrice. En somme, le dramaturge réunit pour la première fois les deux grands absents de son œuvre, suggérant à la fois que les univers aliénés décrits jusqu'ici sont une conséquence de cette absence et que l'œuvre tout entière, dominée par les femmes et les travestis, constitue une obscure recherche du père par le fils. D'où peut-être, la hâte de Serge à prendre son père avec lui, comme s'il éprouvait la nécessité de détacher le père d'une famille qui est un gynécée comdamné à la stérilité pour former une nouvelle cellule initiale. Non plus, cette fois, une «cellule de tu-seuls», mais un noyau vivant où le dialogue amoureux est instauré. Ceci résout peut-être l'ambiguïté des dernières répliques de la pièce.

> Serge — Oui, c'est ça. Bonjour, là!
> Gabriel — Bonjour.

Salutation usuelle ou au revoir, «bonjour» se dit pour marquer autant la fin que le commencement d'un échange. À la fin de cette pièce, il est l'un et l'autre, marquant, sinon la fin d'un cycle, la résolution d'un cercle infernal et le début d'un nouvel ordre, d'un nouveau type de relations humaines. Mais toutes les images réunies en cette fin de pièce — Serge emménageant avec sa sœur et son père, la conversation du père et du fils à la fin de la nuit — convergent clairement vers une signification unique: l'aube nouvelle de l'individu, de l'homme accédant enfin à sa vérité et cherchant à réaliser sa soif de bonheur.

J.-C.G.

Références

1. Réginald Martel, «En deçà de la conscience». *La Presse*, 5 mai 1973, p. D 2.
2. Notons, entre autres, que *les Belles-Sœurs* ont été jouées à l'Espace Cardin de Paris du 22 novembre au 8 décembre 1973. Cf. Louis-Bernard Robitaille, *«Les Belles-Sœurs* à Paris: c'est la fin du folklore». *La Presse*, 8 décembre 1973, p. C 6. Par ailleurs, on sait que *Hosanna* a tenté, sans succès, de conquérir New York, en octobre 1974, mais a tenu l'affiche plusieurs mois à Toronto. D'autres pièces dont *les Belles-Sœurs*, ont été jouées en traduction anglaise.
3. Cf. Michel Bélair, «Michel Tremblay en Europe... J'pars avant de m'effouerrer». *Le Devoir*, 3 juillet 1971, p. 11.
4. Cf. «Les discours de Michel Tremblay et de Rudel Tessier». *Le Devoir*, 14 décembre 1974, p. 15.
5. *Ibid.*
6. Jean Sarrazin, «La communication et le jeune théâtre québécois: notre théâtre, un besoin d'identification». *Forces*, n° 23, 1973, p. 35.
7. Alain Pontaut, *Dictionnaire critique du théâtre québécois*. Montréal, Leméac, 1972, p. 142.
8. Albert Brie, *«Les Belles-Sœurs* subissent-elles l'outrage des ans?» *Le Devoir*, 13 octobre 1973, p. 22.
9. On a tant insisté sur l'audace et la nouveauté du théâtre de Tremblay «que certains se demandent si le théâtre québécois existait avant son arrivée fracassante», écrit Michel Beaulieu. «Comme La Fontaine, faire des fables, mais au second degré...» *Le Jour*, 15 juin 1974, p. V-1, et qu'on songe rarement à situer plusieurs thèmes et personnages dans une tradition littéraire québécoise. Voir à ce propos, par exemple, «Le cousinage de *Florence* et des *Belles-Sœurs*», de Martial Dassylva. *La Presse*, 6 octobre 1973, p. D 1, et le chapitre consacré aux *Belles-Sœurs* par Laurent Mailhot: cf. *Théâtre québécois I.* Montréal, Bibliothèque québécoise, 1988, p. 273-290.

10. Michel Bélair, *Michel Tremblay*. P.U.Q., «Studio», 1972, p. 35.

11. Renée B. Dandurant, «Québécois ou prolétaires». *Cahiers de la Nouvelle Compagnie Théâtrale*, vol. 9, n° 1, octobre 1974, p. 16.

12. Michel Beaulieu, «Les 4 vérités de Michel Tremblay». *Presqu'Amérique*, vol. I, n° 6, avril 1972, p. 21.

13. Cf. Michel Vaïs, «*Les Belles-Sœurs* à Paris: quand l'ogre est conquis». *Le Devoir*, 10 décembre 1973, p. 12.

14. M. Bélair, *op. cit.*, p. 49.

15. «Le théâtre de Tremblay nous propose le règne de la solitude. Car les personnages ne dialoguent jamais dans ses pièces: ils parlent sans s'écouter et quand ils veulent vraiment parler, ils font des monologues...» André Vanasse, «Michel Tremblay, *les Bibittes* des autres». *MacLean*, septembre 1972, p. 23.

16. M. Tremblay, *À toi pour toujours, ta Marie-Lou*. Leméac, «Théâtre canadien», 1971, p. 90.

17. «La cellule de tu-seul, même si elle n'a trouvé sa formulation que dans *Marie-Lou*, est une des données de base de l'univers de Michel Tremblay.» M. Bélair, *op. cit.*, p. 18.

18. Pierre Filion, introduction à *Damnée Manon, sacrée Sandra*. Leméac, 1977, p. 20.

19. M. Tremblay, *En pièces détachées*. Leméac, «Répertoire québécois», 1972, p. 15. Notons que, en parlant de la voisine qui «attaque le prélude en un solo grinçant», Andrée Fosty ajoute que «son rôle est identique à celui que jouaient les chœurs antiques». «En pièces détachées». *Nord*, n° 1, automne 1971, p. 19. Par ailleurs, tout le thème de «l'invasion par la folie d'un groupe refermé sur lui-même» se trouve déjà annoncé par cette «voisine malveillante». Sur les multiples aspects de ce thème, voir l'analyse de Pierre Gobin, dans *le Fou et ses doubles: figures de la dramaturgie québécoise*. P.U.M., «Lignes québécoises», 1978, pp. 72-76.

20. *Ibid.*, p. 18 et 19.

21. Jean-Claude Germain, introduction à M. Tremblay, *En pièces détachées* suivie de *la Duchesse de Langeais*. Leméac, «Répertoire québécois», 1970, p. 7.

22. «Le théâtre de Tremblay a des principes de construction solides et précis: non pas d'abord le *joual*, le personnage féminin ou le cadre montréalais (cuisine, taverne, club), mais cette forme (thème et structure) qu'est le monologue.» Laurent Mailhot,

«Le monologue québécois». *Canadian Literature/Littérature canadienne*, n° 58, automne 1973, p. 33.

23. M. Tremblay, *Hosanna* suivie de *La Duchesse de Langeais*. Leméac, «Répertoire québécois», 1973, p. 42.

24. L. Mailhot, «Le monologue québécois». *Loc. cit.*, p. 36.

25. J.-P. Ryngaert, «Du réalisme à la théâtralité: la dramaturgie de Michel Tremblay dans *les Belles-Sœurs* et *À toi pour toujours, ta Marie-Lou*». L.A.Q., 1971, p. 100.

26. Jacques Cellard, *le Monde*. Cité in Michel Vaïs, *art. cit.*, p. 12.

27. Cf. Martial Dassylva, «André Brassard et le langage de *Hosanna*». *La Presse*, 12 mai 1973, p. D 14.

28. L'expression serait de Hélène Loiselle, l'inoubliable interprète de Marie-Lou. Cf. Martial Dassylva, «Michel Tremblay et sa nouvelle cantate *cheap*». *La Presse*, 1er mai 1971, p. D 2.

29. Paul-André Bourque, «Masculin féminin, le rêve triste et la triste réalité». *Nord*, n° 1, automne 1971, p. 46.

30. M. Bélair, in M. Tremblay, *À toi pour toujours, ta Marie-Lou*. Léméac, «Théâtre canadien», 1971, p. 7.

31. Taverne ou bar: songeons aux scènes célèbres de *Tit-Coq* et de *Un simple soldat* au théâtre, à celles du *Libraire* (et aux *Contes pour buveurs attardés* de Tremblay) dans le roman, pour ne retenir que les plus connues. Quant à la cuisine, on se rappelle l'importance que lui attribuait la version télévisée des *Plouffe*. À la télévision encore, Marcel Sabourin a tenté de saisir la signification «mythique» de la cuisine, lieu par excellence de la famille-société. «Les Cuisines», réalisation Jean-Paul Fugère; Radio-Canada (CBFT), le 21 février 1971, dans le cadre des «Beaux-Dimanches».

32. Dans *le Théâtre canadien-français*. ALC, tome V, Fides, 1976, p. 791.

33. J.-P. Ryngaert. *Art. cit.*, p. 104.

34. «Les personnages ne bougent jamais et ne se regardent jamais. Ils regardent droit devant eux. Marie-Louise et Léopold ne se regardent que pour les deux dernières répliques de la pièce.» Indications de l'auteur, p. 36.

35. «Les deux partitions alternent pendant toute la pièce. Mais les dix ans intercalaires s'effacent à quatre reprises, précipitant ainsi Carmen et Manon dans le temps de Léopold et Marie-Lou.» Yolande Villemaire, «Les pouvoirs de la parole». *Les Cahiers de la NCT*, octobre 1974, vol. 9, n° 1, p. 20.

36. J. Melançon, «Une stratégie de l'écriture», *Les Cahiers de la*

NCT, octobre 1974, vol. 9, n° 1, p. 23.

37. *Art. cit.*, p. 21. Commentant l'accident-suicide, Pierre Gobin écrit: «Cette mort représente une façon de mettre un terme à la fois à la folie hériditaire dont est menacé Léopold, ce que souligne à plaisir Marie-Lou, à l'aliénation de l'homme par la machine et par le système, et à la répugnance de Marie-Lou pour ce monde, et pour "le cul".» *Op. cit.*, p. 177.

38. Cf. Marie-Louise: «...tu renvoyes partout dans le lit comme un cochon.» (p. 41) «J't'ai pas marié pour ton renvoyage de bière, Léopold!» (p. 42) «T'es toujours plein de bière pis tu pues quand tu m'approches, Léopold!» (p. 89)

39. J.-P. Ryngaert. *Art. cit.*, p. 106.

40. C'est ce qu'a voulu marquer un jeune metteur-en-scène en imaginant «la présence d'un chœur de Marie-Lou et de Léopold. Scandant aux moments forts de la représentation quelques-uns des passages les plus significatifs du texte, ce chœur apporte une dimension lyrique que l'on retrouvait déjà dans d'autres textes de Tremblay.» Michel Bélair, «La "Marie-Lou" de Mont-Laurier, des trouvailles à exploiter». *Le Devoir*, 13 mars 1973, p. 15.

41. Michel Bélair, *Michel Tremblay*, p. 19. Notons cependant que, dans un autre ouvrage, Bélair nuance son jugement, disant plus justement de Carmen qu'elle *essaye* «d'accéder à une valeur nouvelle qui a nom de liberté». Cf. *Le Nouveau Théâtre québécois*. Leméac, 1973, p. 119.

42. *Ibid.*, p. 75.

43. Raymond Joly, «Une douteuse libération, le dénouement d'une pièce de Michel Tremblay». *Études françaises*, vol. VIII, n° 4, novembre 1972, p. 374.

44. *Ibid.* Yolande Villemaire, dans son analyse détaillée de cette pièce, rejoint et approuve les conclusions de Raymond Joly. Cf. Y. Villemaire, *Éléments d'une morphologie de l'œuvre dramatique de Michel Tremblay*. (*À toi pour toujours, ta Marie-Lou*), mémoire de maîtrise. Université du Québec à Montréal, 1973, p. 104-107.

45. M. Tremblay, *Sainte Carmen de la Main*, introduction d'Yves Dubé. Théâtre Leméac, 1976, p. 44.

46. Cf. M. Bélair, *Michel Tremblay*, p. 88.

47. G. David, «*Sainte Carmen de la Main*». *Jeu*, n° 3, été-automne 1976, p. 71.

48. *Ibid.*, p. 72.

49. Dans son introduction, Yves Dubé écrit que la «sainteté» de Carmen est «tellement évidente mais paradoxalement difficile à expliciter sans risque d'entremêler mélodrame et tragédie» (p. XVI). Certes, mais il *fallait* expliquer la mort de Carmen; Tremblay a simplement eu tort d'en faire une victime de la petite pègre, en quoi il tombe dans le mélodrame.

50. L'exemple n'est pas unique: les pièces de Tremblay commencent toujours avec brio, mais on dirait que le dramaturge ne sait parfois pas les terminer. Ainsi *Bonjour là, bonjour*, *En pièces détachées* et, surtout, *Surprise, surprise*, se terminent sans qu'on sente la nécessité ou la particulière cohérence de la conclusion, comme si à la manière de certaines chansons populaires, ces pièces s'évanouissent dans un *decrescendo*. Même la fin des *Belles-Sœurs* paraît faible et peu adaptée à la gravité de la pièce. Par contre, on n'imagine pas de fin plus juste que celle que le dramaturge a donnée à *À toi pour toujours, ta Marie-Lou*, *Hosanna* ou *Damnée Manon, sacrée Sandra*.

51. J.-P. Ryngaert. *Art. cit.*, p. 103.

52. «Tooth Pick est une mouche à marde, Maurice, mais les mouches à marde transportent des maladies...» (p. 23).

53. *Demain matin, Montréal m'attend*. Leméac. «Répertoire québécois», 1972, p. 50.

54. On peut penser aussi au monde des serveuses, dans *Il était une fois dans l'est, Françoise Durocher, waitress*, de même qu'aux prostituées de *Demain matin, Montréal m'attend*.

55. M. Tremblay, *Deux pièces, En pièces détachées, la Duchesse de Langeais*. Leméac, 1970, p. 70. Commentant le passage où, à propos de son numéro de Sarah Bernhardt en Aiglon, la Duchesse dit qu'elle avait «quasiment l'air d'un homme» (p. 78), Pierre Gobin écrit: «La Duchesse ainsi derrière ce truquage, cette mise en scène "féminisante" fait éclater sa masculinité. Mais une incertitude demeure, un fantôme, un léger flou, comme dans une photographie où l'on a bougé: c'est le "quasiment" qui préserve cette marge ouverte au rêve». *Op. cit.*, p. 221-222.

56. Cette précision est donnée par Yolande Villemaire. «*Il était une fois dans l'est*: l'empire des mots». *Jeu*, n° 8, printemps 1978, p. 65. Voir aussi les romans *La grosse femme d'à-côté est enceinte* (1978) et *Des nouvelles d'Édouard* (1984).

57. Cf. *Nord*, n° 1, p. 75.

58. *Ibid.*

59. Jean-Claude Germain, *Deux pièces*, p. 9.

60. André Brassard *in* M. Dassylva, «André Brassard et le message de *Hosanna*». *La Presse, 12 mai 1973*, p. D 14.

61. M. Tremblay, *Hosanna* et *La Duchesse de Langeais*. Leméac. «Répertoire québécois», 1973, p. 12.

62. Nuançons: ce cheminement est beaucoup moins sensible chez Cuirette que chez Hosanna. Cela se justifie en apparence, celui-ci étant le personnage essentiel de la pièce. Il reste que Cuirette se définit trop exclusivement de l'extérieur, par l'anecdote: et parce que le spectateur n'arrive pas à saisir le vrai drame que devrait révéler la transformation du parc Lafontaine, lieu de ses premières «amours», ce personnage n'échappe guère à la banalité du sacre, du langage vulgaire et approximatif.

63. Notamment dans *les Héros de mon enfance*, pièce légère d'un «auteur de bonne humeur» (p. 8) destinée à un théâtre d'été. Le Petit Poucet, «déguisé en Petit Chaperon rouge» (p. 17), n'arrivera jamais à expliquer «le pourquoi de ce travestissement» (p. 43), car cela ne semble intéresser personne. Il redeviendra cependant lui-même lorsqu'il aura compris les mystères de la vie et atteint l'âge de «les pratiquer» avec le vrai chaperon, dont il est amoureux. Cf. «La chanson du petit garçon au dard ardent», p. 93-94. M. Tremblay, *les Héros de mon enfance*. Théâtre/Leméac, 1976.

64. Voir aussi la belle analyse de Pierre Gobin, *op. cit.*, p. 222-226. «L'échec cuisant du travesti révèle à Claude qu'il était fou, mais non comme la Duchesse "une des plus grandes folles de Montréal", capable de découvrir la vérité et la liberté au terme de l'artifice. L'homme naturel peut alors se démaquiller» (p. 225-226).

65. *Les Héros de mon enfance*, p. 33.

66. M. Tremblay, *Damnée Manon, sacrée Sandra*. Théâtre/Leméac, 1977.

67. Denis Saint-Jacques, «Damné Michel, sacré Tremblay». *Lettres québécoises*, n° 8, septembre 1977, p. 22.

68. Martial Dassylva, «Quand Michel Tremblay traite du fanatisme en religion et en sexe». *La Presse*, 26 février 1977, p. D 7.

69. Réjean Beaudoin, «Le théâtre d'auteurs». *Le Jour*, 27 mai 1977, p. 35.

70. «Quand tu sors des *Belles-Sœurs*, tu ne sais pas qui est Michel

Tremblay [...] tandis que tu vas voir un Dubé, un Gélinas, tu sais qui c'est...» *Nord*, n° 1, automne 1971, p. 54. Voir aussi le *Michel Tremblay* de M. Bélair, p. 80.

71. D. Saint-Jacques, «Damné Michel, sacré Tremblay», p.22.

72. B. Andrès, *«Damnée Manon, sacrée Sandra*, Le cycle inachevé de Michel Tremblay». *Le Jour*, 4 mars 1977, p. 37.

73. M. Tremblay, *Bonjour là, bonjour*, présentation par Laurent Mailhot. Leméac, «Théâtre canadien», 1974, p. 25.

74. SERGE — «T'es marié avec un Bob, t'as un fils qui s'appelle Bobby, pis y fallait que tu tombes sur un *chum* qui s'appelle Robert!» (p. 38)

75. «La réconciliation du père et du couple incestueux à la fin de *Bonjour là, bonjour* m'a fait tressauter: c'est restaurer la normalité dans la marginalité, c'est souscrire au rétablissement de l'ordre (ancien)». Bernard Dort dans «Entretien sur le travail théâtral» par Thérèse Arbic et Robert Chartrand. *Chroniques*, vol. I, n° 4, avril 1975, p. 18. Mais peut-être ce rapide jugement tient-il à ce que le père est perçu comme le gardien des valeurs morales traditionnelles: rien n'est moins sûr chez Tremblay.

76. SERGE — «T'es donc de mauvaise foi! Toé, la forte d'la famille!» (p. 40)

77. Il est évident qu'elle lui reproche surtout d'être, de ce point de vue, un raté, c'est-à-dire de ne *pas* être une «tapette» — ce qui, à ses yeux serait préférable à l'inceste avec Nicole. «Entre deux *deseases*, comme dirait mon mari, j'aurais aimé mieux l'autre!» (p. 89)

78. Autre suggestion, cette fois au début de la pièce, du rapport mère-fils entre Lucienne et Serge: dès sa première réplique, Lucienne associe Serge à son fils, pour reprocher au premier ses cheveux trop longs. «Même Bobby va se les faire couper pis y'a rien que seize ans.» (p. 32)

79. L. Mailhot, *Bonjour là, bonjour*, p. 15.

80. Bernard Dort avait bien vu, d'ailleurs, que dans cette relation amoureuse «l'inceste est mis à la place d'autre chose, sans doute d'une relation homosexuelle». *Art. cit.*, p. 18. Dans une entrevue avec Thérèse Arbic, Michel Tremblay et André Brassard confirment cette interprétation. À propos de Nicole: «...la seule fille qui a de l'allure c'est visiblement une image, une transposition et, c'est même pas vraiment une femme». Tremblay précise par ailleurs que, s'il récrivait la pièce, «y

aurait les trois sœurs parce qu'elles ont existé et un gars et ce serait important que j'en fasse mon frère». Thérèse Arbic, «Entretien avec André Brassard et Michel Tremblay». *Chroniques*, n° 22, octobre 1976, p. 16-17.

Chapitre 11
Un certain réalisme poétique:
Michel Garneau

je ne suis pas marginal,
j'écris en plein dans la page[1]

De la radio au théâtre, par le poème, par la musique, par la chanson, Michel Garneau fut une sorte de *jack-of-all-arts*, tournant sans cesse autour du langage, des langages, cherchant sa voie vers un français québécois populaire qui serait également tendre, comique, lyrique, dramatique. «J'me suis pris pour un écrivain à treize ans. Un an plus tard, j'envoyais des *short stories* à *Esquire* en anglais[2].» Après la mort tragique de son frère Sylvain (en octobre 1953), Michel rêve d'une carrière de scénariste à Hollywood: «C'est peut-être que j'pensais inconsciemment qu'être écrivain au Québec, c'était dangereux — tu pouvais en mourir[3]». À Rimouski, en 1955, il se met à écrire (en français) des contes, des poèmes, des bouts de pièces. Son premier recueil, *Langage*, paraît en 1962, mais il ne commence à publier régulièrement que dix ans plus tard. «Moi, en tout cas, j'ai choisi: y m'ont donné treize jours de réflexion à la prison de Parthenais en 1970, ce qui m'a laissé infiniment lucide pour choisir mon arme. Depuis ce temps-là, j'écris comme un démon[4]»

Le C.E.A.D. avait fait une lecture publique du *Ravi* (inédit) en 1969. Mais déjà, à dix-sept ans, vers 1956-57, Michel Garneau fabrique *le Pierrot de cette Colombine*, puis *Un verre d'eau*: «je tentais de mettre en scène des entités, des abstractions». Un peu plus tard, Jacques Languirand l'invite à retravailler quelque chose qui «ressemblait trop à une première pièce[5]». En 1967-68, pour les Jeunes Comédiens du TNM, improvisation d'un *show*, créé au pénitencier de Saint-Vincent-de-Paul, repris à l'É.N.T. sous le titre *les Grands Moments*. Puis, une «fantaisie» historique pour la télévision torontoise: *Who's Afraid of General[6]Wolfe?* À tous ces exercices, Garneau ajoute des «tradaptations» en québécois de *Macbeth* et de *la Tempête*, de *la Maison de Bernarda*, de l'épopée sumérienne *Gilgamesh*. Si bien qu'il produit une vingtaine de pièces ou spectacles en cinq ans.

Nous allons en étudier six, laissant de côté les trois versions de *Petit Petant et le monde* (1972), un *Chrisporlipopette et Saperlipochrist* au T.P.Q., de prometteuses *Célébrations, Adidou Adidouce* sur une certaine «équivoque linguistique et culturelle», la danse carrée *Abriés désabriés*, et même le *Bonhomme Sept-Heures*, où dix personnages — aucune vedette — sortent de leur sommeil pour exorciser quelques-unes de leurs peurs. Tranches de vie, journées et nuits humaines, sans naturalisme comme sans mélodrame.

Chansons à répondre: *la Chanson d'amour de cul.*

Chez Michel Garneau, le théâtre commence (et finit?) par des chansons. Directes ou allusives, simples et poétiques, ironiques, ludiques, populaires[7]. Sans la distanciation brechtienne qu'on retrouve dans les compositions de Gurik. Garneau est un médium chaud. Quelque part entre Charlebois, Beau Dommage et les *Cantouques* de Gérald Godin. «Il est évident que pour moi la musicalité est primordiale. Le théâtre m'intéresse dans la mesure où il me permet de faire chanter le langage lui-même. Mon projet secret consiste à faire semblant d'écrire des pièces tout en fabriquant un grand poème[8].» *Quatre à quatre* est une musique de chambre, *les Voyagements* une musique concrète, *Strauss et Pesant* une valse macabre. Comme strophes ou versets du futur «grand poème», on a toutes sortes de couplets folkloriques, de comptines, de berceuses (*Rien que la mémoire*), d'airs de *cowboys*, de *soap operas*, de déclamations de conservatoire, de cantates pseudo-claudéliennes («chanson de la jeune épousée», *Sur le matelas*), et jusqu'à un anti-*negro spiritual*: «J'ai jamais aimé le p'tit Jésus», dans le *Bonhomme Sept-Heures*.

Les chansons à aimer — comme on dit chansons à boire — sont les plus nombreuses, les mieux liées à l'action théâtrale:

> «ma mère à moé était naïve comme un cantique moé chu'ne chanson d'cul qu'parsonne ose chanter»

se plaint Pauline, la grand-mère de *Quatre à quatre*. (p. 29) «Chu une amoureuse pornographique», chante Anouk à ses mères: «chante-toi des chansons d'cul doucement», suggère Véronique aux autres cyclistes des *Voyagements*; «j'ai eu des amours de — d'âme, des amours de cœur, des amours de tête, des amours de mains, mais pas d'amour de cul! Y avait pas moyen!», déclare le protagoniste de *la Chanson d'a-mour de cul*[9]. Il faut donc recoller la peau, redonner à l'amour sa chair, convertir l'un à l'autre l'ange et la bête, leur faire respirer le même air, chanter la même chanson. Amour et cul ou *amour de cul* sont un seul mot, un seul mouvement, dans ce titre mal lu et mal compris[10] (est-ce un hasard?).

La Chanson d'amour de cul est un monologue devant témoin, ou un dialogue inégal entre deux scripteurs employés chez *Desjardins Advertising Limited*. Au lendemain d'une nuit d'amour athlétique, Faribeau raconte à Baribeau (F/B) son enfance, ses refoulements, ses fantasmes. Est-il «nymphoman», satyre, fou? Il est consommateur condi-tionné: «le cul m'a monté à la tête». Au moins demeure-t-il «un homme d'amour». Son compagnon et faire-valoir, qui le juge, le conseille, est un robot du sexe, amateur de *posters* commerciaux et de poupées gonflables. Il n'énonce que des slogans; «la publicité c'est la liberté» ou «le Canada fait notre force». Il n'écrit au tableau noir que des graffiti: «MAURICE FARIBEAU EST UN OBSÉDÉ SEXUEL». Jean-Pierre Baribeau, lui, est le parfait employé de bureau, qui sait organiser sa journée: sommeil, café, roman-photo, gymnastique, surveillance du patron, plaisanteries convenues. Ses principaux gestes sont d'afficher un *poster* exhibitionniste en murmurant URSULA d'une «façon baveuse» et de sortir de son pupitre une poupée gonflable. «Jean-Pierre est essoufflé», puis «Jean-Pierre laisse la fille se dégonfler». (p. 35)

Décor (de bureau) et accessoires (de cul) ont ici le même signe, inversé, comme les deux personnages[11] dans les costumes à carreaux, bien identifiés à leur cadre. Baribeau pourrait être surnommé «ciseaux» (il coupe et découpe), comme Faribeau se fit appeler *scotch-tape* par les filles. Ils font, en tous cas, partie du mobilier de l'agence: machines, objets, instruments de travail et de distraction ont des fonctions complémentaires. La pile de *Playboy* regarde (à la loupe) l'unique *Darly Girl*. Le *Petit Larousse* sert à vérifier les mots *satyre* et *satyriasis*, c'est-à-dire, en détournant l'attention, à faire avancer l'action.

La Chanson d'amour de cul devient à la fin une véritable chanson, et très explicite, qu'entonne sans complexe le héros, Maurice, «comme un p'tit garçon de trois mille ans», gourmand, enchanté, inlassable:

> «...comment ça s'fait qu'y a encore des mots qu'on n'ose pas dire qu'on n'ose pas chanter ou ben qu'on dit jusse pour faire rire» (p. 41)

Ces mots — synonymes de *fourrer*, par exemple — la pièce ne cesse de les lancer, de les accoler, de les accoter, de les toucher, de les sucer: «cli to ris» ou «sa cra ment» sont dégustés syllabe par syllabe; «minou... minou... minou...» est une déclaration d'amour. On passe d'une «statue de miel en costume de bain» à un «cœur d'oiseau entre les jambes». C'est que Maurice, «nymphoman» (néologisme), «schizophraime» (barbarisme), «déjosephté» (catholicisme), a «l'corps dans l'âme». Il est «un ange à sperme, comme les fleurs».

L'ange et la bête: **Sur le matelas**

Si le double thème du théâtre de Michel Garneau est «le désir et la répression[12]», sa double figure est l'ange et la bête. Ou Sexamour, comme dit Chamberland. C'est-à-dire l'homme réintégré, cul par-dessus tête, les pieds au ciel et le cœur sur terre. «Tout nu, tout neuf...» dans une chambre blanche qu'il remplit, qu'il décore, qu'il embaume. (*Sur le matelas*, p. 19) L'amour fou est nécessairement persécuté, prétend Garneau dans la préface de cette pièce aérienne et sportive. Le matelas est tremplin, trampoline, élan, et divan-lit, repos, guérison des lutteurs, mammifères ou oiseaux.

Sur le matelas[13], dans une blancheur agressive (murs, vêtements), un couple libéré s'amuse. Anges charnels, frais, jeunes, drôles, musiciens, que viennent déranger une «enquêtrice» spécialisée, un policier, une «ménagère-poétesse» (leur voisine), un «Che» dogmatique, un curé de choc et autres oiseaux noirs dans le soleil levant. Alfred Rimbaud et Charlotte Verlaine («Moi, c'est un nom de théâtre») jouent à Adam, Playboy, Marie-Claire, Messaline, etc. Les fâcheux sont eux-mêmes hélas! et ne peuvent sortir de leur rôle. Marie-Madeleine Marois-Roberge-Bergevin — comptez les divorces et les recyclages — enquête comme une automate. Emmanuelle Sans-Regret, autre folle égarée dans les sciences humaines — et dans la «création», ce qui est pis — s'étouffe, s'étrangle, se pend (littéralement) à son collier de perles. Son mari ayant été «dix-sept semaines consécutives champion de l'*heure des quilles*», Mme Sans-Regret, «pauvre Yseult dans la salle de *bowling*», est une «brebis sans pasteur», une «terre sans laboureur», auteur nostalgique et frustrée de *Cendres ardentes*[14] sous le pseudonyme d'Emmanuelle Saison. Johnny Gazou, le policier ex-ami d'enfance, obéit à une «loi spéciale sur les émeutes à la maison». Che Laframboise, fils d'un industriel du Lac-Saint-Jean, connaît toutes les fumées de la Révolution, de la bière, du pot; il est champion de karaté, expert en confession sur la poitrine d'autrui, en attaques surprises, en provocations.

Au deuxième acte, «Moman fait irruption», et le matelas grince, se tasse. Les jeux de mots sont efficaces: *purtitude* n'est pas vulgaire contrepèterie, mais un hommage à ce nouveau type de *pureté* (au contraire de la *turpitude*) qu'inaugurent Alfred et Charlotte. «Bonjour les jeunes! Comme ça, on veut consommer sans communier!» lance le père Watts — héros absurde de Beckett ou faubourg *chaud* de Los Angeles? — petit curé hystérique, «électrique tellement y va vite» dans les cérémonies sur l'eau, dans l'eau, en l'air, sur la neige, au zoo, «mais dans le lit, ha, ha, dans le lit j'ai encore marié personne». Ce ne sera pas pour cette fois. Moman doit alors consoler de son sein cette «sorte de veuf systématique», entremetteur et démagogue. Bientôt, «Moman prend le prêtre dans ses bras et s'envole avec». (p. 75)

La comédie[15] a des échappées surréalistes, dans les gestes comme dans les mots. «Un minou mourra de vieillesse pour nous.» (p. 31) «Est-ce que votre musicien fonctionne?» demande Emmanuelle. (p. 50) Elle chante, personnage-cliché qu'accompagne l'objet-personnage. Celui-ci devenu bavard et revendicateur, à la fin, «Alfred déplogue le musicien qui s'éteint». (p. 82) Péripétie plus inquiétante que la conversion du prosaïque monsieur Sans-Regret, de la bouche de qui «sortent les oiseaux d'or de la métaphore subtile». Par exemple: «L'allée de quilles m'a été chemin de Damas». Dernière visiteuse auprès du matelas: Brigitte, femme des plus évoluées, gastronome et érotomane: «une petite recette au champagne et au cognac, hou, ha, aphrodisiaque, ma chérie, poivre, poivre, poivre...»; «...si peu d'hommes au Québec», dit-elle après Michel Tremblay. Brigitte, c'est aussi Petit Pois de *l'Hiver de force* de Réjean Ducharme[16].

«On va s'aimer en faisant l'amour», conclut le couple Rimbaud (Alfred) – Verlaine (Charlotte). La tautologie n'est qu'apparente, le scandale est profond. Les spectateurs-voyeurs n'en auront pas pour leur argent: «T'as UNE f'nêtre pas d'rideau pis y a deux cents personnes qui r'gardent». (p.91) Rideau. Restent quelques slogans publicitaires détournés, charmes, formules magiques: «On pollue, on surpopule, on se déodorise à la ciboulette». (p. 33) L'abstraction, l'utopie sont rabatues sur le plancher (ou sur le lit); circonscrite, leur absence est plus visible: «... on va cacher la révolution en d'ssour d'la farine». (p. 21) Cela a un sens précis: échapper aux fouilles anti-terroristes, juxtaposer le pain et la liberté, etc. Ailleurs, on fusionne: «Moupa!», «Pouman!» puisque les rôles sont inversés. «Accotés! L'un sur l'autre». (p. 31) Traumatiser devient «trop matiser» puis «matiser» dans la bouche du policier Gazou. On trouve de curieuses définitions dans, sous, *Sur le matelas*: une maison est «un endroit où personne peut entrer». (p. 20. Et il n'y a pas de *ne*.) Comme dans *Inès Pérée et Inat Tendu*. Intimité et socialité — sexe et théâtre, amour et politique, Rimbaud et Marx — paraissent inconciliables.

Quatre à quatre *dans l'échelle féminine*

Tout est multiplié ou multipliable, divisé ou divisable, dans le carré de *Quatre à quatre*[17], cigogne-gigogne. Quatre générations emboîtées, quatre femmes parentes mais séparées, trop semblables pour se comprendre. Quatre femmes mères et filles l'une de l'autre. Car le cycle est complet: Anouk, la benjamine, donne naissance à Anne, son arrière-grand-mère, qui rajeunit (après la mort de son mari) et meurt à vingt ans. (p. 44) Anouk ne quitte pas cet âge[18], mais son «espace mental» s'étend à tous les âges féminins, à tous les siècles maternels:

> «on est pognés ensemble comme un arbre
> j'me voés ben clair dans couleur de tes yeux»

dira Anne à Anouk (p. 52), qui descend et remonte avec rage, avec amour, l'échelle des générations. Rythme: «... que tous les temps se rencontrent, s'entrechoquent, s'harmonisent sans étouffer le silence».

Aux quatre rôles-personnages correspondent quatre instruments d'évasion précis et datés: la télévision, la radio, le gramophone, le violon. Les maris absents sont typés: un chômeur bon vivant, un commis-voyageur hypocrite, un vendeur de cabanes d'oiseaux qui se prendra pour un oiseau («y picoche y picole y bat des pleumats»), enfin l'aïeul enchanteur, l'ancêtre mythique:

> «tu jouais pour les noces
> tu jouais pour toutes les noces
> pis tu mettais ton vialon en d'ssous du litte
> au d'ssus des noces de tout l'monde» (p. 23)

Ce rêve musical, ce bonheur plané, ces noces millénaires président à une série de malheurs terrestres.

Anouk vient de mettre à la porte son grand «flanc mou» de chômeur «qui voulait rien qu'faire l'amour». Elle conserve dans sa chair des vibrations de «toupie qui chante» et de «tuyaux d'orgue»: «j'respirais par les oreilles», «on s'criait dans bouche», «j'croyais au bon dieu des ventres». (p. 16-17) Céline, «mère poule», fermière dépaysée rue Sanguinet, torcheuse et frotteuse, obsédée par le feu, reçoit de son mari une lettre d'enfant menteur: «Chère Maman...» (sur papier d'un hôtel Saint-Louis). Pauline, violée par un grand-père saoul[19], prend goût à la boisson et devient la «mère bagosse», «noire comme une éclipse». La vieille Anne voudrait manier l'archet comme son défunt mari, qu'elle aimait assez fort pour l'entendre venir «d'l'autre côté du ti-bois» et qu'elle n'a pas entendu mourir malgré son oreille fine.

> «ça m'a pris la mort moé pour j'comprenne l'amour»

dit-elle modestement. (p. 24) Mais déjà elle aimait l'amour: elle en parle, elle en joue avec douceur.

Suit un chœur — un parterre, une haie de lilas blanc (Anouk), rose (Céline), mauve (Pauline), et de lilas tout court (Anne). Nuances de l'arbre-fleur. On ne traverse pas ici quatre saisons, ni même quatre jours, ni quatre heures, mais un matin d'été (Anouk), une journée de soleil (Céline), de printemps peut-être (Pauline), une longue et unique saison (Anne). *Quatre à quatre* n'est pas un chant choral avec récitatifs, comme la *Cantate à trois voix* de Claudel[20], mais une enquête, un procès. L'arbre-fleur généalogique est secoué comme un cocotier exotique:

> «j'veux êtes (*sic*) sèche comme une fleur en papier moi
> j'veux pas passer ma vie à ovuler moi»

affirme Anouk contre les femmes de sa lignée. Son discours à l'emporte-pièce est une quête et un aveu aussi bien qu'un acte d'accusation:

> «ah j'vous en veux tellement mes ombres de femmes
> vous êtes comme des tumeurs des vieux caillots
> des morts mortes dans moi» (p. 47)

Désabusée, égocentrique, cynique, Anouk cherche sa «propre beauté», son âme, son corps, sa vie:

> «ma mère maintenant est orpheline de toute
> moi j'existe jusse en d'dans d'moi-même
> j'sais pas si quelqu'un m'connaît» (p. 31)

Céline ne comprend pas «la jeunesse d'aujourd'hui», ni Anouk la vieillesse de demain. Faudrait-il sauter une génération? Débouler quatre à quatre les marches de l'escalier généalogique? Céline et Anne sont très proches:

> «mé c'est comme si ma mère c't'ait pas ta fille» (p. 36)

Pauline fait toujours obstacle, traumatisme, trou de mémoire, éclipse familiale. Pauline est opaque, réifiée en bouteille. Anne, au contraire, est transparente: «agnelle épeurée», «innocence aliénée niaiseuse», «naïve comme un cantique», fade comme «un flocon de neige», elle «crochète des agneaux en laine d'agneaux pour la crêche». De l'agneau à l'agneau, de la Vierge Mère à la Sainte Martyre, de la Fille à la Femme, même tautologie, cycle, cercle vicieux: «ma mère a pas d'av'nir jusse du passé» remarque Anouk. (p 37) Céline est, en effet, la plus frustrée des quatre femmes:

> «y m'a mis en amour
> et y m'a pas aimé» (p. 41)

> «j'ai eu trois enfants mais chus encore vierge» (p. 42)

Anouk, jeune fille-femme, tue «à pleines mains» ces déjà-mortes, les tutoie, les retue, les tripote comme des fœtus. Elle tranche sans pitié ces nœuds de vipères, nœuds gordiens, complexes, névrosés, péchés, désespoirs. La vivante tue la mort en retranchant les (branches) mortes du tronc héréditaire. Elle se moque des jérémiades de Cassandre; elle rejette violemment toutes platitudes et excroissances monstrueuses. À certains moments, on ne sait plus très bien s'il s'agit d'avortement ou d'accouchement. Le cri du sang est semblable. Match nul, *Quatre à quatre?* Sans arbitre (étranger, masculin), par instinct, grâce à son expérience organique, Anouk réussit à vaincre avec amour, à faire circuler de nouveau les eaux souterraines traditionnelles. Après les avoir expulsés — parce qu'elle les a expulsés — Anouk peut (re)donner vie à ses ombres tutélaires, nuages, parapluies, seins, oreillers: «cessez d'rêver en moi», disait (p. 47) celle qui rêve maintenant en elles, qui les reçoit, les berce, les comprend. Contre l'économie, la politique, la société — pornographiques sans être amoureuses — Anouk s'affirme «amoureuse pornographique» par son bon usage du cul.

S'il y a une pièce de Michel Garneau où réalisme et poésie se rejoignent, se dépassent, c'est bien *Quatre à quatre*[21], avec ses versets mi-vers mi-prose, sa fable historique (québécoise, occidentale) et mythologique, épique:

> «j'vous salue marie pleine de ch'veux d'anges
> not-père qu'y'est dans l'clocher
> pardonnez-nous nos épopées» (p. 60)

Toute psychologie disparaît, à la fin du quatuor, au profit de la métaphore filée — c'est le cas de le dire — de la plume et du poil, des cheveux d'anges dans la soupe, de la touffe et de la mousse («autour de ma source»), des tisseuses ou tricoteuses d'une éternelle et chaude toison d'or.

L'enfance des chefs: Strauss et Pesant (et Rosa)

La femme est refoulée, contournée, mise entre parenthèses, dans *Strauss et Pesant*, pièce sombre et fermée, aux reflets pourpres, à l'odeur de soufre. Avec un lit-catafalque, vingt-sept lampions (pour autant de fausses couches), des photos de policiers en rangs, en congrès. Farce tragique, liturgie grotesque, tableau (historique) baroque, fantastique[22]? Il y a, dans *Strauss et Pesant (et Rosa)* un côté latin (ecclésiastique, romain), un côté germanique (autrichien, bavarois, nazi). Dans tous les cas, il s'agit d'un fascisme ordinaire (canadien-français, libéral-conservateur, duplessiste) et de ses cérémonies intimes. Strauss et Pesant — Strauss *est* pesant — ou Wagner et Léger, le Chef et l'Archevêque, successeurs de Charbonneau et de l'autre Chef.

Deux hommes — faibles, puérils, malades, mais mâles et chauvins (dans tous les sens du terme) — dominent, écrasent une femme qu'ils convoitent et qu'ils repoussent tous deux dans les toilettes, dans les limbes. Rosa n'existe pas comme femme présente et active, seulement comme cadavre, souvenir, obsession. Rosa est le lien profond de Strauss et Pesant, le sommet (inversé et enfoui) du triangle.

Rentrant de son «party de retraite», J.-A. — car on l'appelle par ses initiales, comme le J.-O. Latour de Robert Choquette et tous les parvenus de cette époque — veut faire l'amour à sa femme. Il éructe, avec de «gros bruits ivrognes»:

> «la retraite, la retraite
> c't'une nouvelle jeunesse,
> une nouvelle jeunesse, on va s'amuser»

comme les vieillards de *Rien que la mémoire*. Rosa, qui ne se sent pas très bien, refuse. Comme d'habitude? J.-A. insiste, la tire de la salle de bain, la gifle, «la brasse de toutes ses forces». Elle est morte. Pour pouvoir refuser l'amour? Quel amour? J.-A. chiale comme un bébé, s'endort, se plaint: «J'ai rien à manger». Arrive Mgr Émilien Pesant, son ami d'enfance, avec un sac de pommes. Tout à coup, le fantôme de Rosa, très maquillé(e), traverse la scène en chantant:

«c'est qu'les femmes aiment les cochons on on».

Rosa rêvait (rêve encore, somnambule) d'«être vierge pis avoir un fils à moi toute seule». (p. 35) «Une vraie sainte», dit hypocritement Émilien. De son oraison funèbre de Bossuet canadien — le paradis comparé à une super-Floride, la vie à une «partie de hockey grandiose» dont le Seigneur serait l'arbitre — on remonte aux souvenirs d'enfance des chefs. Émilien et J.-A. sont dans la grange, puis Rosa, qui se fait payer dix *cents* l'attouchement. Péché mortel ou véniel? Retour dans la chambre conjugale-mortuaire: J.-A. est étendu sur le lit où devrait reposer sa femme. On discute d'uniformes. Aucun des deux amis n'a le droit de porter le sien. Ils n'occupent aucune fonction véritable: J.-A., qui était «pas chef exactement, j'étais rendu le bras droit du chef», est mis à la retraite; Émilien, suspendu *a divinis*, se trouve dans une maison «de repos». Venu confesser son vieux camarade, c'est lui qui supplie le Ciel d'effacer en lui l'«image abominable de l'ignoble Joseph-Albert se livrant à la bestialité...» (p. 59)

Scène d'élections: «au-d'ssus des chicanes de partis», l'Église et l'État, le Sermon et l'Ordre:

«t'es quasiment chef de police
Pis chu quasiment évêque»

Le grand (pré)nom est chuchoté: «J'ai parlé à Maurice hier». Après les affaires politiques (surtout les affaires), on passe aux aveux: «Les lettres anonymes, c't'ait moi», «j't'ai vu avec le louveteau». Le «Confesse-toi» de J.-A. répond — trop symétriquement? — au «Confesse-toi» d'Émilien. Les deux complices se dénoncent et se parlent de mort «très doucement comme on parle d'amour». Ils ont liés, en effet, par de sombres histoires de pommes ensanglantées, de meurtres innocents, de viols. C'est eux — la «Catin» et le «Porc» — le véritable couple de la pièce. «Émilien se blottit dans les bras de J.-A., pendant que Rosa lave le plancher en fidèle servante des Esprits faits bêtes.

Strauss et Pesant (*et Rosa*), commencée comme une

«démonstration distanciée», une allégorie sur l'Église et l'État, a vite débordé le cadre, dépassé la thèse. Les images ont été plus fortes que prévu, les personnages plus vivants, aussi pitoyables[23] qu'odieux. «L'idée du mal, par exemple, s'est infiltrée, cette idée du mal véhiculée dans l'esprit religieux et protégée par l'esprit policier[24].» L'idée et surtout la rhétorique du mal: de la «grange infernale» au sous-sol d'église, des spasmes de monseigneur à la vision immaculée de Rosa «en train d'laver l'bol de toilette». Strauss est plus qu'un policier (ou un ministre) borné; Pesant est autre chose qu'un aumônier pervers ou un cardinal mondain. Ils sont tous deux niais et retors, innocents et criminels, presque aussi purs dans le Mal que Rosa est impure dans le Bien.

«C'est Rosa qui a subi les plus importantes transformations. J'ai grandi le personnage. Elle était une victime et j'en ai fait un être libéré...», prétend l'auteur, qui enchaîne aussitôt: «...prise dans la folie dans laquelle elle a vécu. Une folle mystique qui s'identifie à la Vierge[25]». Peut-on être fou et libéré? Rosa est un ange fatigué, une mystique de calendrier. Ce qui lui donne une certaine dimension, paradoxalement, c'est qu'on ne sait rien de ses réactions d'enfant, d'adolescente, de jeune femme. Rosa est plus secrète, donc plus inquiétante que ses puérils amants. Très tôt (dès la grange), elle s'est retirée du jeu. Prise entre la «police des corps», elle s'est échappée par l'intérieur: par la faiblesse, la maladie, l'absence. Elle était morte — maquillée, somnambule, «grosse fleur», défraîchie, déclinaison latine — avant le lever du rideau. À côté de l'Église et de l'État, Rosa la rose refuse de figurer la Famille. Le triangle[26] duplessiste est enfoncé.

Cycles: les Voyagements *et* Rien que la mémoire

Non pas *Voyage au pays de mémoire* (Gilles Hénault), mais plutôt l'inverse: d'ailleurs *Voyagements* – allers-retours, détours, déplacements quotidiens — et non pas voyages.

Voyagements pour explorations et découvertes sur place, voyages dans sa tête, dans son corps, sans piétinements. Aérodynamique, au contraire, cette randonnée à quatre sur exercycles, «avec criards, trompes, trompinettes et clochettes», accompagnés de bruits de vent, d'autos, de motos, de trains, et même de bruits «de monde» (cour d'école, salon, *miammes* et *glous*). «Pour ne pas ête (*sic*) pareils à soi-même tout l'temps on se change de place.» (p. 30) On ne vit pas pour bouger, on bouge pour vivre: de la naissance — qu'on se refuse à mimer «avec grands traînages à terre» — à une autre naissance.

C'est l'histoire de l'homme, transposée du temps à l'espace, que *les Voyagements*. Ici et ailleurs, ici *est* ailleurs: «ici à partir du moment qu'on y est c'est-à-dire ailleurs». (p. 31) Le bébé rampe vers l'enfant, qui découvre le zizi, apprend à se connaître, descend en lui-même, etc.

> «quand on commence à marcher
> on commence à s'en aller» (p. 21)

De Socrate à Freud et à Reich, les formules sont connues. Michel Garneau les met en pièce(s). Plus de *Mystères de l'organisme* ou de l'orgasme, plus de divin divan ou de temple d'Apollon. À la fin des *Voyagements*, on enlève «le dernier masque». Quel est-il?

> «t'es personne t'es un nanonyme
> t'es rien t'es jusse un homme ordinaire» (p. 45)

dit un personnage à un autre et à tous les hommes. Les mots, eux, ne sont jamais anonymes et rarement interchangeables. Mais un «nanonyme» écrit, dit, joué, n'est plus du tout anonyme. Il est identifié, original, presque immortel.

Comme il se doit, le rythme des *Voyagements* est très étudié; plus exactement, le tempo[27], qui est ici un véritable personnage et même un *caractère*: habituellement «moyen», il peut devenir «jovial» ou «lent et déterminé». Il y a des arrêts obligatoires, stops, haltes: «un temps d'inconfort», pour varier, et pour souligner une invention de mots particulièrement essoufflante. (p. 23) Enfin, les conseils bilingues de l'entraîneur — ou de la foule — aux coureurs: «forcez fort» et «cruisez contents».

Le trajet a lieu à travers les mots, dans une écholalie — plus exactement «écho la lie» — qui est route sonore et connotation paysagée. Au départ, un poème anarcho-anticlérical à la Prévert sur «le catoto de droite ou de fausse gauche le communi du centre en bas au creux du capital caché...» puis un hymne au «chaud manchon» parfumé de «Ma Moman», un salut au *Gros Câlin* d'Émile Ajar («qué-queupinette», «vavulvinette»). *Ouin, ouaf* ne sont pas des aboiements, des bruits de moteur, mais des affirmations tranquilles. Chacun se penche sur «moa moé et moi», nullement synonymes, puisque situés à des niveaux différents, dans le but d'atteindre «le moi de moi». Toisée par ses camarades, Véronique s'interroge rapidement sur «le moi qui me moisait»; «c'est jusse du langage» dira-t-elle (p. 20), naïve ou trop modeste, après les *cogitos* «naître», «quoi naître?» et «n'être c'est la négation d'être».

On est «hostensoirement» mené, dans *les Voyagements*, par une «chibognalesque gagne» qui coupe le fil de la conversation et provoque des courts-circuits en tous sens. On chevauche, on se vautre, on est «enchevautré» sans être empêtré. Un «nerval» — oublions le poète — c'est sans doute un cheval nerveux. «Chadaire» et «dromadeau» sont faciles à déplacer de même que l'«automobus» et le «tramobile». La machine devient amphibie avec le «batvion», l'«avieau», l'«héliscaphandre», encore plus inventive avec le «trotteminoir», décidément folle avec «la cavantule le petit-petant», «le métrinstant la carifolle». Là, nous sommes complètement dans les airs, debout sur les pédales, sans guidon, sans frein. Le cycle des mots est sans fin: ils naissent, jouent, s'accouplent, se séparent comme les hommes; s'ils meurent (s'ils s'endorment), n'importe qui peut les réveiller.

Après les voyagements des jeunes cyclistes, voici les bercements des vieillards de l'hospice qui n'ont plus *Rien que la mémoire*. L'un d'eux se lève «en rajeunissant». Ses compagnons le rejoignent, tous acteurs et actrices dans une Maison des Arts[28]. On parle de la planète Terre, du voyage, de la vitesse, du vent. Changement de tableau, ou plutôt début des petits tableaux qui constituent l'histoire (ou une anthologie) du spectacle: ombres chinoises, pantomines, pancartes de cinéma muet («subtile vengeance»), narration d'une *belle histoire* «séraphinesque», monologue d'enfance, humour noir surréaliste, courrier du sexe, petites annonces, scènes parallèles enfin (doubles, puis triples) où l'érotisme est une «nouvelle conception de l'alimentation personnelle». (p. 80) Pause. Les (jeunes) acteurs redeviennent vieillards à pipe, à bonbons, à chaises berceuses ou berçantes, à souvenirs:

> «m'sble que l'monde qui savait
> parler les orateurs les candidats
> m'sble que ça s'perd
> [...]
> pis les prêtres aux retraites» (p. 89)

Maintenant, tout le monde se retrouve «à t'vision», distraitement, à défaut de vrais spectacles. On radote, on se remémore, on déparle, mais au moins *ça parle* dans la salle: «j'ai la mémoire qui bande...» À la fin, tous les mots, les gestes, les regrets («j'ai pas assez fourré dans ma vie!») sont recouverts, enterrés par le son et les images de la télévision. Tout rentre dans l'ordre. *Rien que la mémoire* pour *Un pays dont la devise est je m'oublie.*

Cette petite pièce — de même que les autres exercices de Garneau — ne saurait être donnée (ou transposée) à la télévision. Elle se situe ailleurs, à un autre niveau de représentation et de langage. Contre la télévision, elle réinvente la conversation et la vie, c'est-à-dire le théâtre.

* * *

Le théâtre de Michel Garneau est plus léger — dans tous les

sens du terme — que celui de Gauvreau, de Tremblay, d'Antonine Maillet, et même de Germain. Garneau n'insiste pas (sauf sur certains calembours, comme Ducharme): il touche et passe. Ses chansons, folkloriques ou quasi lettristes, n'ont pas la raideur (idéologique et prosodique) de celles d'un Gurik. Sa dramaturgie n'a rien d'une artillerie lourde. Tout, chez lui, s'enlève rapidement, facilement. Parfois trop, comme dans *les Voyagements* et *Rien que la mémoire,* feuilles de route, esquisses. Garneau réussit ses plus beaux spectacles lorsqu'il traite un thème historique en dansant autour d'un lit (*Strauss et Pesant*), en descendant et remontant les générations féminines (*Quatre à quatre*). Sur exercycles ou en plein vent, *Sur le matelas* ou sur les tables à dessin, le théâtre de Garneau est un instantané utopique et critique, une vision réaliste et surréaliste du «quotidien en mutation[29]». *L'Usage du cœur dans le domaine réel* met l'imagination au programme, sinon au pouvoir.

L.M.

Références

1. Michel Garneau, cité par J.-C. Trait, «Michel Garneau: parler avec, par et pour le monde». *La Presse,* 20 avril 1974, p. C 3. Politiquement, ou plutôt culturellement, Garneau se déclare socialiste non dogmatique, «prérévolutionnaire comme tout un chacun puisqu'il n'y a pas de révolution», enfin «anarchiste libertaire zen» et utopiste optimiste (*Ibid*).
2. Cité par V.L. Beaulieu, «Les libres propos (et propos libres) de Michel Garneau». *Le Devoir,* 9 février 1974, p. 16.
3. *Ibid.*
4. Cité par J. Larue-Langlois, «Michel Garneau, profession: poète». *Actualité,* 11: 7, juillet 1977, p. 40. «Si on m'arrête parce qu'il m'arrive de fréquenter des activistes dont le militantisme inspire jusqu'à un certain point mes écrits, c'est sans doute que mes écrits sont subversifs, qu'ils constituent un poids dans la balance et donc que la littérature est utile à la cause de la libération. Je vais écrire.» *Ibid.*
5. Cité par A. Gruslin, «L'année Michel Garneau». *Le Devoir,* 1er mars 1975, p. 15.

6. «Ça donnait une Amérique française avec une petite province anglaise voulant se séparer! Il s'y passait un enlèvement du premier ministre. La pièce fut refusée...» *Ibid.*

7. «..."Populaire", c'est-à-dire audible et r'gardable», écrit M. Garneau en préface à *Esstradinairement vautre*, de Sol. L'Aurore, 1974, p. 10.

8. M. Garneau à A. Gruslin, *art. cit.* «Si le spectacle compte plus que tout à la scène, la langue n'a pas à se soumettre, comme le proposaient Craig ou Artaud, le verbe n'a qu'à se faire spectacle» (D. Saint-Jacques, «Michel Garneau, un prix mérité». *Lettres québécoises*, n° 11, septembre 1978, p. 49).

9. L'Aurore, 1974, p. 29. Pièce créée à Sainte-Agathe en 1971.

10. *Histoire d'amour de Q*, écrit A. Gruslin (*Le Devoir*); *la Chanson d'amour et de Q*. ajoute M. Lachance (*Québec-Presse*).

11. Voir la première indication scénique: «au début, Maurice est tout courbé, comme vieux. il se redresse progressivement. Jean-Pierre, lui, commence bien droit et s'écroule lentement, jusqu'à genoux (p. 17), et la dernière réplique.» (p. 42) Maurice «unit alors l'amour fou et l'amour libre, la découverte de soi et l'ouverture des autres. Mais, pour cela il doit se déclarer irresponsable, se désolidariser de Jean-Pierre qu'il abandonne au système, et qui lui sert en quelque sorte d'otage». P. Gobin, *le Fou et ses Doubles*, p. 199.

12. A. Smith, «Michel Garneau». *Livres et auteurs québécois*, 1974, p. 156. «Folie de type paranoïaque dans *Sur le matelas*, ou de type hystérique dans *la Chanson d'amour de cul*, c'est toujours la même voie violente que doivent emprunter les personnages pour survivre, eux qui ne sont que désir, qu'exigence...» F. Ricard, «Michel Garneau poète et dramaturge». *Liberté*, n° 97-98, janvier-avril 1975, p. 309.

13. «Le titre sérieux de la pièce c'est *les Ch'nilles à poils dans l'coton du papillon* pour dire que»; tel est le titre de la préface à *Sur le matelas*. L'Aurore, 1974, p. 15. La pièce pourrait être comparée à *Septième Ciel*, de François Beaulieu (Leméac, 1976).

14. On peut reconnaître l'inspiration (?) de deux ou trois poètes québécois (Gemma Tremblay, Rina Lasnier, Yves-Gabriel Brunet) dans:

    «Sous le mauve douloureux de mes paupières
    Brûle la glace de la présence de l'absence.
    Mon corps tel une rivière crispée...» (*Sur le matelas*, p. 51)

Passant du *Bateau ivre* à Calderon, Mme Sans-Regret ajoutera à propos du sport pratiqué par son mari: «...ah! que toutes les quilles éclatent et que j'aille à l'amour... la vie est un songe». *Ibid*. Un autre auteur fréquemment cité est Pierre-Elliott Trudeau: «vous allez vous faire mal» (p. 58), «...un enfant, vot'gérant d'caisse populaire». (p. 36)

15. *Sur le matelas*, «œuvre écrite en deux semaines et répétée en trois en raison de la commande tardive», fut créée par le Huitième Étage au Galendor, théâtre d'été de l'Île d'Orléans, le 15 juin 1972. On a reproché à la pièce («opération anti-théâtre») sa structure, l'«impact» des personnages secondaires, trop pittoresques, nuisant au jeune couple sans histoire, «lui enlevant, selon certains, toute efficacité dramatique». J. Garon, «Tout le monde en place... pour l'avenir». *Le Soleil*, 1er juillet 1972, p. 54.

16. Une adaptation théâtrale de ce roman fut d'ailleurs présentée au TUM en 1977 sous le titre *le Fonne c'est platte, ou la Chair est triste et j'ai vu tous les films de Jerry Lewis*.

17. L'Aurore, 1974, créée au cégep Lionel-Groulx en 1973, jouée avec succès à Toronto, Aubervilliers, Avignon...

18. Sa mère, Céline, a 20, 26, 38, 39 et 40 ans: une vie qui se traîne lentement, péniblement entre deux âges. La grand-mère, Pauline, passe de 20 à 60, à 70, puis d'un coup à mille ans. Anne, l'aïeule, fait le tour de l'horloge: 20, 60, 80, 90, 20 ans.

19. Ce vieil homme, «beau comme du dieu», avec «une belle tête franche», était «ivrogne violeur gigueux chantre d'église pis encanteur». (p. 21)

20. Où s'élèvent, au solstice d'été, les voix heureuses et malheureuses — amoureuses — de Laeta, Fausta et Beata, l'Italie, la Pologne et l'Égypte, la Fiancée, la Séparée, la Veuve contemplative.

21. À Paris, pendant que le metteur en scène Gabriel Garran parle de «réalisme onirique» et évoque *Cris et chuchotements* d'Ingmar Bergman. *La Presse*, 14 mai 1977, p. 6-8. Jean-Jacques Gautier, du *Figaro* et de l'Académie, se déclare frappé par «la qualité de ce style, sa musicalité, la saveur des mots, le pittoresque de l'expression, la poésie à chaque détour de phrase, le lyrisme sensible, authentique, personnel de l'écrivain Michel Garneau. Je ne le connais pas. Je ne sais pas le «canadien» (*sic*). Je ne comprends pas tout. Je suis sûr néanmoins, comme un vieux sourcier, qu'il y a de l'eau là...» Cité

par J. Larue-Langlois, *loc. cit*, p. 41.

22. On pense à certaines productions cinématographiques récentes, ambiguës, sur l'amour, la folie et la mort au temps d'Hitler. On pense, plus largement, aux fables baroques de Buñuel. Ici, à des pièces comme *l'Œil du peuple* d'André Langevin, *Bousille et les justes*... *Strauss et Pesant (et Rosa)* (L'Aurore, 1974), créée au CTA en 1974, est une pièce relativement ancienne («le premier jet remonte à 1966») et «la plus travaillée, elle a connu sept ou huit versions différentes», dit Garneau à A. Gruslin, «L'année Michel Garneau», *loc. cit.*

23. «Je sentais tout à coup de la compassion pour eux. Ils devenaient émouvants, achalants. Ça m'a complètement désorganisé», dit l'auteur à M. Lachance. «Le petit monde *brainwashé* de Michel Garneau». *Québec-Presse*, 29 septembre 1974, p. 23.

24. M. Garneau à M. Dassylva, «Quand un Taureau, ascendant Taureau, s'appelle Garneau». *La Presse*, 14 septembre 1974, p. D 4.

25. À M. Lachance, *art. cit.* «Rappelez-vous les poèmes de Simone Routier: *"Tu m'as planté, yavhé, près des eaux d'arrosage"*...» Et les complaintes de Jeanne (*sic*) Bélanger: «*Vienne le Seigneur, vienne le Seigneur avec sa crosse*» (M. Garneau, *ibid.*) Le vers de Simone Routier d'ailleurs tiré des Psaumes de David — est le premier (p. 11) de ses *Psaumes du jardin clos.* Cf. plus haut, note 14.

26. Contrairement à ce que note A. Gruslin, «Le triangle québécois selon Garneau», *le Devoir*, 16 septembre 1974, p. 10, ce n'est pas la police qui remplace ici la famille (la police représente l'État), mais bien le sexe.

27. Sur la distanciation entre rythme, nombre et tempo, cf. P. Larthomas, *Le Langage dramatique*. Paris, A. Colin, 1972, p. 72-72, 308-329.

28. *Rien que la mémoire* fut créée à la Maison des Arts La Sauvegarde, le 24 mars 1976, par la troupe Les Voyagements.

29. Selon l'expression de Raoul Duguay, dans J. Larue-Langlois, *art. cit.* p. 40. Garneau, qui considère l'auteur comme un «personnage-éponge, un «émetteur-transmetteur», voudrait «agir en forçant l'imagination à s'incarner dans une action quotidienne». Cf. des Landes, «Garneau, écrivain public». *Jeu*, n° 3, 1976, p. 47 et 51.

Perspectives

Pour la plupart des dramaturges québécois, même «nouveaux» — d'après leurs interviews[1] comme d'après leurs œuvres — le théâtre est un miroir, le reflet d'un milieu, d'une époque. Mais un «reflet» historique et critique (Ferron, Germain), un reflet-rayon (Sauvageau, Garneau), un miroir-conscience, une vitre que l'on brise et qui brise, une porte-fenêtre. Non plus un reflet dans l'œil d'or des privilégiés, mais le rayon multiple des problèmes sociaux, quotidiens, personnels (Tremblay, Barbeau...) Comment *réfléchir* ce qui est absence, manque, désir? C'est là où la métaphore montre ses limites et le spectacle ses masques, décors, vitrines.

Ce que la pièce de théâtre affiche d'abord, sur la marquise, dans les annonces, le programme-souvenir, la jaquette-couverture, c'est son titre. Or, le théâtre moderne oppose à la sobriété classique, à la possession aristocratique du nom, à l'illustration bourgeoise du type, un titre libéré, dévié, parodique, problématique. Le théâtre québécois livre ici sa première bataille. Il doit à la fois s'identifier et se distinguer, imposer un langage, un rythme. Faut-il préférer le jeu au texte? On peut faire du jeu un texte et du texte un jeu. *Écoute ton père quand ta mère te parle (ou vice versa)* de Normand Daigneault fournit un programme précis (avec renversement possible) une structure syntaxique et drama-

301

tique. *La Gloire des filles à Magloire* d'André Ricard est un écho, une relation interne (incestueuse?), un tableau baroque. Voilà le spectacle lancé, inauguré. Celui qui est allé le plus loin dans ce sens-là est Jean-Claude Germain dont les titres à tiroirs sont à la fois pastiches, exercices et devises, avant-texte et incipit. Le spectacle (action et réaction) est déjà dans *Diguidi*... et dans *Si les Sansoucis*... Savoir découper le titre, suivant les circonstances, c'est apprendre à jouer.

Le nom des troupes, le titre des spectacles — qui sont souvent des phrases complètes, parlées, vivantes, directes, familières: questions, cris, provocations — marquent une volonté d'occuper un espace culturel spécifique. Des objets (la Barouette au soleil, les Beaux Cossins, la Bébelle), des personnages (les Dragueux, les Pichous), des lieux (la Cannerie, le Théâtre de la Main), de redoutables institutions (l'Otobuscolère, Zoogep Granby Circus), l'inconfortable situation des théâtres «en l'air», «en rang», «en trin (*sic*)», des hésitations qui sont des affirmations: le Théâtre Euh!, les groupes «de même» ou «J'sais pas»... Ces noms rappellent le titre des improvisations collectives ou le résultat des happenings des années 1960. On peut y voir, parfois, l'influence de Réjean Ducharme[2] et même de Brecht[3].

* * *

Le courant le plus brechtien du théâtre québécois n'est pas celui qui s'affiche tel — chez Gurik, par exemple. Dans le parler populaire, le geste est toujours sous-jacent, faisait remarquer Brecht[4], qui aimait ce langage (rompu, irrégulier) de l'extériorité, du corps, de la matière. On retrouve le «fil conducteur» remplaçant l'intrigue, et le déroulement préféré au dénouement, dans la continuité-discontinuité des monologues, de la revue, de la comédie musicale parodiée, du Grand Cirque Ordinaire... Les jeux verbaux, les citations ou emprunts, le travail sur les proverbes, sentences, moralités, clichés ou slogans — dont sont faites des pièces comme *Wouf wouf, Quatre à quatre, On n'est pas sorti du bois* — étaient systématiquement pratiqués par l'auteur de *Sainte Jeanne des Abattoirs*. L'aspect spectaculaire, même celui de l'opéra ou de l'opérette, ne lui répugnait nullement à condition que l'illusion soit corrigée par la distance: *plaisir* critique, voulait-il, pas seulement *critique*, encore moins didactisme ou propagande. C'est par la récupération critique de formes considérées comme sous-théâtrales ou sous-culturelles que Brecht a réussi sa révolution.

«Ni adaptation stricte ni reconstitution nostalgique, mais translation véritable du maintenant dans le naguère, la paraphrase — par le biais d'une distanciation constante — se veut un genre de vision à double foyers (*sic*)...», écrit Germain à propos du vaudeville *les Faux Brillants* de l'ancien premier ministre Marchand[5]. Traductions, adaptations, «tradaptations», transpositions, paraphrases témoignent de la puissance d'assimilation du théâtre québécois. Le phénomène date de dix ans à peine. La première adaptation à signaler est celle de *Pygmalion* par Éloi de Grandmont en 1967. Tremblay, à la suite du succès de ses propres pièces, s'est emparé de Zindel, Athayde, Aristophane, Tennessee Williams, Dario Fo (inédits). Quant aux *Héros de mon enfance*, ils sont moins une parodie des contes de Perrault que des «imitations de Français évoluant dans un décor français factice et parlant un "français de France" emprunté, faux mais évidemment très châtié [...] Mes personnages sont, comme toujours, névrosés, mais cette fois ils sont cultivés. Ils choquent le bon sens mais pas l'oreille[6]!»

Une adaptation peut aussi bien intensifier le choc que l'amortir, réduire ou aviver l'anachronisme, l'exotisme[7]. L'adaptation transpose des niveaux de langue à fortes connotations (*cockney-joual*); elle peut aussi déplacer le temps et l'espace, trouver un équivalent aux systèmes socioculturels. À côté d'un professionnel comme René Dionne, spécialisé dans le théâtre américain et canadien-anglais, plusieurs écrivains, comédiens et dramaturges s'essaient à la traduction-adaptation. Nous avons deux versions de l'épopée sumérienne de Gilgamesh, une *Folle du Quartier latin* d'après Giraudoux, *les Trois Sœurs* dans l'Abitibi de 1950, *l'Ouvre-boîte* (de soupes de marque «Habitant») de Roux-Deschamps au lieu du *Tourniquet* parisien...

Le théâtre n'est plus servi, à la façon de Madame ou de Dieu; il sert, en bon outil, à créer des créateurs[8], à organiser des rêves, à essayer des actions. Désacralisé, conçu relatif, le théâtre n'a ni plus ni moins d'importance que tout autre moyen de communication aussi bien pour Languirand ou Loranger que pour les militants révolutionnaires ou les «artisans d'un théâtre d'alternatives». Dans (presque) tous les cas, cependant, «le nouveau théâtre demeure du théâtre même s'il en inverse la signification[9]». Malraux présentait ses Maisons de la Culture comme les «cathédrales du XXᵉ siècle», Gilbert David voit des «Holiday Inn[10]», des motels, des autobus, des auberges espagnoles (où chacun apporte ce qu'il consomme) dans nos diverses salles et formes de théâtre. Est-il possible d'arriver à une dramaturgie à la fois populaire et créatrice? La plupart des nouveaux auteurs et des jeunes troupes veulent décloisonner (le corps et l'esprit, le quotidien personnel et le politique), déprofessionnaliser, démocratiser.

Pour un Européen, le théâtre classique représente le Passé: «en finir avec les chefs-d'œuvre» (Artaud). Pour un Québécois, le théâtre étranger, classique ou moderne, représente l'Ailleurs ou le Nulle-Part. Il lui faut se situer pour le situer: imaginer *Hamlet, prince du Québec*, découronner *Lear. Le Cid maghané* de Ducharme n'est pas le *Cid mis en pièces* par Planchon. L'œuvre classique universelle pousse «le renom et la célébrité d'une nation à l'extérieur de ses frontières[11]»; l'œuvre québécoise ou acadienne[12] sert d'abord à identifier un homme et un espace, à montrer une société possible, à faire une expérience[13] de solidarité et de liberté. Le théâtre pourrait être «la seule manière dont ces sociétés incomplètes ou inachevées trouveraient leur achèvement», d'après Duvignaud, qui voit dialectiquement le théâtre comme «une sorte d'échappatoire des luttes sociales et une incarnation de ces luttes[14]». Le théâtre lance des noms, organise des figures, des luttes, sans s'y enfermer. Il nie les frontières qu'il a lui-même tracées.

* * *

Tantôt le décor du théâtre québécois est encombré comme un entrepôt, surchargé de meubles, de cordes à linge, de balcons, de poteaux-clochers; tantôt il est dépouillé, nu, noir ou blanc. Dans le premier cas — refus d'héritage, crises, déménagements, «ventes de feu» à la Germain — les objets et accessoires envahissent la conscience, les souvenirs et réminiscences obstruent la mémoire, les «scènes» se multiplient comme dans *la Vie exemplaire d'Alcide 1er le pharamineux et de sa proche descendance* (André Ricard), ou dans *les Sansoucis* de Germain où une table de cuisine occupe tout l'espace mental. Dans le second cas, plus rare, le plateau a été balayé par l'hiver ou par le vent de l'Histoire[15], aseptisé par la science (*Api 2967*). Dans le premier cas, les arbres cachent la forêt (*On n'est pas sorti du bois*); dans le second, on est mis en serre, sous cloche (*Impromptu pour deux virus*) ou placé en réserve comme les Indiens. Certains spectacles font alterner l'étendue vide, le dépouillement gris-beige, et les couleurs bruyantes de la fête. *La Guerre, yes sir!* avait des tableaux austères à la Lemieux et des scènes truculentes à la Brueghel. *Le Marquis qui perdit* faisait arpenter l'immense plateau (de la Nouvelle-France) par des serviteurs «habitants» pendant qu'administrateurs et cocottes tourbillonnaient dans leurs vêtements de (basse-) cour.

Le décor représenterait «ce qui échappe au personnage et qu'il pense pouvoir retenir en allant chercher les moyens ailleurs[16]». Ce qui échappe au personnage, c'est d'abord lui-même, son identité, sa situation. Il traîne avec lui des lambeaux de décor qui ne sauraient tenir lieu d'espace habitable. Le décor, ici, est moins un miroir qu'une valise: la malle-armoire d'*Un pays dont la devise est je m'oublie*, caverne d'Ali Baba dont les trésors doivent quitter le musée

305

(l'«Histoire du Canada») pour le théâtre. La chambre à coucher n'est pas «le lieu symbolique par excellence[17]» du théâtre québécois, malgré Dubé et Tremblay; c'est un lieu-objet, un «réceptacle». La cuisine, la maison elle-même — un objet de rêve, ou plutôt de nostalgie: on va la quitter, elle croule, on meurt... — ne semblent pas aussi centrales ou axiales qu'on l'a dit. Elles le sont, en tous cas, de moins en moins, remplacées parfois par la taverne, le bordel ou le bar, lieux privés/publics pleins de contradictions, de «duplicité». Le décor québécois est déchiré entre le familial et le national, le détail et la banquise (ou le fleuve). Il est un trou (de mémoire) entre le passé et l'avenir. Le voyage auquel font allusion plusieurs titres de pièces (départs, retours, chemins...) est à peine un déplacement, rarement une exploration, presque jamais une conquête. La Sagouine se mire dans l'«eau trouble» de son seau, Évangéline Deusse transplante son sapin et appelle son goéland, Hosanna a sa perruque et ses fards, Citrouille son sexe et son balai... On change d'«images» comme de vêtements, d'attitudes, on ne change ni de peau ni d'espace. On traîne avec soi son décor-valise.

La tentation est évidemment, pour le personnage divisé et inachevé comme l'espace, de nier son statut, de faire un saut (politique, psychologique, métaphysique) dans l'Anarchie, le Grand Soir, l'Ailleurs, l'Absolu... de refuser l'aventure et le risque pour l'Aventure et la sécurité idéologique. Les deux moitiés de *Monsieur Zéro*, de Victor-Lévy Beaulieu, se contredisent, s'annulent l'une l'autre. «Ce que je déteste en lui, c'est moi...», dit Antonin de son double Antoine[18]. À la fin, Monsieur Zéro est mort, vive (l'autre, le même, moi) Monsieur Zéro! Cette lucidité, cette efficacité sont exceptionnelles. La plupart du temps, un mur infranchissable existe sur la scène du théâtre québécois. Naguère, chez Dubé ou Thériault (*Terres neuves*), il était naïvement mythique: envers du paysage, poursuite de l'horizon, autre planète, paradis rêvé. *La Palissade* de Gurik reprend cette formule, cette structure, et la déconstruit: la palissade est écran de fumée, voile, puis hublot, cinéma ou télévision, clichés, lapalissades...

«Les objets en définitive sont des miroirs, les supports du rêve des personnages, le réceptacle des images successives opposées que se font d'eux-mêmes les personnages[19]». À ce point de vue, nul objet n'est plus miroitant que l'appareil de télévision. On voit parfois des tableaux au mur, des photos agrandies (*Marie-Lou*), des diapositives ou des montages cinématographiques (chez Gurik), mais c'est la télé ou TV qui domine de haut et en très gros le salon ou la cuisine. Elle trône, elle annonce, ordonne, clignote, éructe, réveille, endort. Elle est mère, putain, maîtresse, rivale, patronne. Les personnages (de Tremblay, de Barbeau...) se situent *devant* leur propre vie, leurs désirs, leurs rêves, comme devant la télévision: ils les regardent passer, couler. Il ne leur viendrait pas à l'esprit de détourner ou de contrôler le flux d'images qui les noie. La télévision est le refrain, le slogan[20]. Le rythme? Non: la répétition, l'écran inerte, le retour stérile, la surface de projection (et non l'espace de réalisation), la société comme spectacle. On ne voit jamais des gens travailler à ou dans la télévision, comme on voit à l'œuvre des animateurs radiophoniques (*les Tourtereaux*), des musiciens, des comédiens.

La télévision est l'anti-jeu, l'anti-théâtre, la passivité et le statisme. Elle se résume finalement à la publicité, au «murmure marchand» dont parlait Godbout. La publicité, c'est le cliché, l'usure, la sclérose. Le théâtre québécois se débat donc contre l'envahissement de cette langue morte, artificielle et vulgaire qu'est la publicité-télévision. C'est évident dans *la Chanson d'amour de cul*, de Garneau, où deux employés d'agence réagissent l'un sur l'autre comme des formules chimiques (Baribeau/Faribeau). C'est encore plus fort dans *Wouf wouf* et *le Roi des mises à bas prix* qui (dés)incarnent la Télévision en caméléon asexué.

* * *

«Rien ne peut changer que les mots!», déclare l'actant numéro 1 de l'*Arme au poing ou larme à l'œil*, de Dominique de Pasquale. Or, si les mots changent, rien n'est plus pareil: arme, alarme, larme ne sont pas synonymes. Les mots changent pour que le mouvement reprenne et parce qu'il est repris. D'où l'importance des anti-clichés, des anti-automatismes (qui peuvent être automatismes ou automatiques), des fatrasies, des créations et folies verbales.

Le principal *double* du fou dans la dramaturgie québécoise, c'est son langage, les paroles qui lui échappent, les blasphèmes, ânonnements, litanies, exorcismes (*Médium saignant*) qui l'entraînent dans un imaginaire compensatoire ou utopique. Le langage est plus *fou*, plus déviant, plus marginal que les personnages. Les femmes et les homosexuels de Tremblay portent leur langue comme un vêtement qui à la fois les traduit et les trahit; *Joualez-moi d'amour*, demande à la prostituée parisienne l'impuissant infantile de Barbeau. Le langage, opaque, bloqué, est bien «l'objet dernier, le véritable objet[21]» du théâtre québécois. Il n'est pas encore (tout à fait) son espace.

L.M.

Références

1. Il est vrai que la question d'H. Beauchamp Rank dans l'enquête du *Théâtre canadien-français* invitait à répondre dans ce sens: cf. G. Gélinas (p. 724), Barbeau (p. 802). «Le théâtre est le miroir du monde», et en même temps «une technique d'éveil qui doit susciter une prise de conscience», selon Languirand. (p. 756) «Le théâtre n'est théâtre que dans la mesure où il brise le paravent de la réalité apparente d'un milieu, d'une époque, pour révéler la vérité», affirme Gurik. (p. 787) Quelle *vérité?* Et surtout quelle *révélation?*
2. *Le Fonne c'est platte, ou la Chair est triste et j'ai vu tous les films de Jerry Lewis*, d'après *l'Hiver de force*, fut créée au Centre d'essai de l'Université de Montréal en 1977.
3. Dont une des techniques était d'utiliser «la transformation d'un nom, ou d'un mot, pour en construire un nouveau chargé

de références et de connotations», et ainsi forger une langue «populaire, mais non vulgaire et triviale». R. Demarcy, *Éléments d'une sociologie du spectacle*. U.G.E., 10/18, 1973, p. 319-320.

4. On sait que Brecht travailla à ses débuts avec Karl Valentin, comique munichois dont les sketches étaient célèbres dans les brasseries.

5. J.-C. Germain, *les Faux Brillants de Félix-Gabriel Marchand*, paraphrase. VLB, 1977 («Du décor et des costumes»). En postface, Germain note que, Marchand «ayant écrit du théâtre et, qui plus est dans la veine comique, il eut beaucoup moins tendance que la plupart de ses contemporains à prendre le parlement pour une scène et surtout aucun goût pour le mélodrame politique». (p. 175)

6. M. Tremblay, Introduction aux *Héros de mon enfance*. Leméac, 1976, p. 8.

7. «...Sous des dehors québécois, une adaptation peut projeter une image faussée de la réalité...» et témoigner d'une aliénation ou d'un complexe, dans le cas de ceux qui «considèrent leur langue comme incapable de traduire un langage étranger de niveau équivalent». Paul Lefebvre, «L'adaptation québécoise au théâtre». *Jeu*, n° 9, p. 47.

8. «Le peuple a déifié le créateur parce qu'il a perdu le sens de sa propre créativité», dit le Manifeste du Théâtre d'environnement, 1971. *Jeu*, n° 7, 1978, p. 45.

9. *Ibid.*

10. *Jeu*, n° 2, 1976, p. 6. G. David invite les improvisateurs à dépasser le parachutage et l'interventionnisme primaire pour «ancrer davantage leur travail théâtral dans un milieu spécifique, sans s'y enfermer». «Topo d'un fait divers». *Jeu*, n° 3, 1976, p. 11. Cependant, pour les groupes d'*agit-prop*, «le politique prime volontairement (*sic*) sur le culturel, le fond sur la forme [...] Il n'y a pas d'art au-dessus des classes et de la lutte des classes». «Manifeste pour un théâtre au service du peuple». *Jeu*, n° 7, 1978, p. 85 et 87. Voir aussi *Jeu*, n° 8, «Dramaturgie actuelle», 1978, pour d'autres témoignages et intentions.

11. R. Demarcy, *op. cit.*, p. 127.

12. Mais où ne retrouve-t-on pas ce grand courant d'appropriation et d'expression? Même le théâtre *canadian* y vient, comme en témoignent l'intense activité théâtrale de Toronto et de Vancouver ces dernières années et la réflexion critique poursuivie

par la *Canadian Theatre Review*. Il est évident, par ailleurs, que ce renouveau a commencé avec un certain retard par rapport au théâtre québécois. Voir Tom Hendry, «The Canadian Theatre's sudden explosion». *Saturday Night*, janvier 1972, p. 23-28. Lors d'un colloque à Montréal, en 1975, John Herbert déclarait: *«Quebec writers in French are firmly rooted in a cultural tradition that should make English-language writers anywhere in Canada apoplectic form envy»*. «Mask to mask in Montreal». *Canadian Drama / L'art dramatique canadien*, vol. 1, n° 2, automne 1975, p. 11.

13. «...Un milieu effervescent, au sens qu'Émile Durkheim fait à ce mot, réalise son existence collective en jouant le drame de sa cohésion mythique ou en jouant le scénario de son action.» Jean Duvignaud, *Sociologie du théâtre*. Paris, P.U.F., 1965, p. 9; cf. p. 559, et *passim*.

14. J. Duvignaud, *Spectacle et Société*. Denoël-Gonthier, 1970, p. 23 et 139. «L'homme de théâtre n'a pas à chercher ses leçons auprès de l'État. L'État, au contraire, peut apprendre du dramaturge; il y a toujours des problèmes en effet que la société ne parvient pas à résoudre: c'est dans ce domaine-là que travaille l'écrivain; son imagination peut aider à accomplir ces tâches; il peut aussi en découvrir de nouvelles», écrivait Brecht vers la fin de sa vie. Cité par B. Dort, *Lecture de Brecht*. Seuil, «Points», 1960, p. 117, n. 3. À l'instar des cérémonials de Ferron, le nouveau théâtre québécois porte «moins sur le pays proprement dit que sur les rapports critiques entre la théâtralité conçue comme scène de la conscience collective et le pays conçu comme un spectacle». J. Marcel, «Jacques Ferron ou le drame de la théâtralité». *Le Théâtre canadien-français*, p. 589

15. «Le décor ou lieu de jeu doit suggérer plutôt que représenter [...] Les actions se déroulent dans des lieux imaginés que ne devra jamais détruire le décor d'ambiance... J.-R. Rémillard, *Cérémonial funèbre sur le corps de Jean-Olivier Chénier*. Leméac, 1974, p. 10.

16. M. Laroche, «Les techniques théâtrales des dramaturges québécois: la mise en scène». *Le Théâtre canadien-français*, p. 373.

17. *Ibid.*, p. 375.

18. *Monsieur Zéro*. Montréal, VLB, 1977, p. 93.

19. M. Laroche, *loc. cit.*, p. 380.

20. «Pis le soir, on regarde la télévision!» (*Les Belles-Sœurs*). «Maudite TV!» et scène des personnages «déguisés en TV... Masques de TV» dans *On n'est pas sorti du bois*, dont chacun des personnages-caméléons «est, jusqu'à un certain degré, le reflet des autres qu'à son tour, il réfléchit». G. David, introduction à cette pièce de D. de Pasquale, Leméac, 1972, p. 9.
21. M. Laroche, *loc. cit.*, p. 384. «Des pièces, comme *les Grands Soleils* ou *À toi pour toujours, ta Marie-Lou*, sont pur dialogue, effort pour maîtriser le réel à l'aide du seul langage.» (p. 385) Que dire des monologues! Sur l'écartèlement langue parlée/ langue écrite, ici/ailleurs, au Québec, cf. B. Dort, «Entretien sur le travail théâtral». *Chroniques*, p. 17. Or, on sait que «le langage dramatique constitue, par nature, un compromis entre deux langues, l'écrit et le dit». P. Larthomas, *Le Langage dramatique*. Paris, A. Colin, 1972, p. 25. Ce qui est vrai pour le langage «dramatique» l'est-il aussi bien pour le langage «théâtral»?

Bibliographie*

I .Ouvrages et articles généraux sur le théâtre

ARRABAL, *Théâtre panique*. Paris, Christian Bourgois, 1968.

ARTAUD, Antonin, *le Théâtre et son double*. Paris, Gallimard, «Idées», 1966.

ASLAN, Odette, *l'Acteur au XXe siècle*. Paris, Seghers, «L'Archipel», 1974.

BINER, Pierre, *le Living Theatre*. Lausanne, La Cité, «Théâtre vivant», 1970.

BOGATYREV, Petr, «Les signes du théâtre» (1938). *Poétique*, II: 8 (1971), p. 518-530.

BRECHT, Bertolt, *Écrits sur le théâtre*. Paris, l'Arche, 1963.

—, *Petit Organon pour le théâtre*. Paris, l'Arche, 1970.

COPFERMANN, Émile, *le Théâtre populaire pourquoi?* Paris, Maspero, «Cahiers libres», 1965.

—, *La Mise en crise théâtrale*, Paris, Maspero, 1972.

CORVIN, Michel, «Approche sémiologique d'un texte dramatique: *la Parodie* d'Arthur Adamov». *Littérature*, n° 9, février 1973, p. 86-100.

—, *le Théâtre nouveau en France*. Paris, P.U.F., «Que sais-je?», 1966.

—, *le Théâtre nouveau à l'étranger*. Paris, P.U.F., «Que sais-je?», 1967.

DAVID, Gilbert, *la Théâtralité du texte dramatique* (sémiologie du projet scénique), mémoire de maîtrise. Université de Montréal, 1974.

DEMARCY, Richard, *Éléments d'une sociologie du théâtre*. Paris, U.G.E., «10/18», 1973.

DOMENACH, Jean-Marie, *le Retour du tragique*. Paris, Seuil, 1967.

DORT, Bernard, *Lecture de Brecht*. Paris, Seuil, «Pierres vives», 1960.

---

* Nous ne reprenons pas ici les titres déjà mentionnés dans la bibliographie de *Théâtre québécois I*.

—, *Théâtre public, (Essais de critique, 1953-1966)*. Paris, Seuil, 1967.

—, *Théâtre réel (1967-1970)*. Paris, Seuil, 1971.

DUVIGNAUD, Jean, *l'Acteur, esquisse d'une sociologie du comédien*. Paris, Gallimard, 1965.

—, *Sociologie du théâtre*. Paris, P.U.F., 1965.

—, *Spectacle et Société*. Paris, Denoël-Gonthier, 1969.

—, *le Théâtre, et après*. Paris, Casterman, 1971.

FANCHETTE, Jean, *Psychodrame et théâtre moderne*. Paris, Buchet-Chastel, 1971.

GIRARD, OUELLET et RIGAULT, *l'Univers du théâtre*. Paris, P.U.F. «Littératures modernes», 1978.

GROTOWSKI, Jerzy, *Vers un théâtre pauvre*. Lausanne, La Cité, 1972.

HONZL, Jindwich, «La mobilité du signe théâtral» (1940). *Travail théâtral*, n° 4, 1971, p. 5-20.

INGARDEN, Roman, «Les fonctions du langage au théâtre» (1958). *Poétique*, II: 8 (1971), p. 531-538.

JANSEN, Steen, «Esquisse d'une théorie de la forme dramatique». *Langages*, n° 12, décembre 1968, p. 71-93.

JOTTERAND, Franck, *le Nouveau Théâtre américain*. Paris, Seuil, «Points», 1970.

KOURILSKY, Françoise, *le Bread and Puppet*. Lausanne, La Cité, 1971.

LARTHOMAS, Pierre, *le Langage dramatique*. Paris, Armand Colin, 1972.

PASQUIER, ROUGIER et BRUGIÈRE, *le Nouveau Théâtre anglais*. Paris, A. Colin, «U2», 1969.

PAVIS, Patrice, *Problèmes de sémiologie théâtrale*. Montréal, P.U.Q., 1976.

PISCATOR, Erwin, *le Théâtre politique* (1962) suivi de *Supplément au théâtre politique*. Paris, l'Arche, 1972.

TARRAB, Gilbert, *le Théâtre du nouveau langage*. Montréal, Cercle du Livre de France, 1973 et 1974, (2 tomes).

UBERSFELD, Anne, *Lire le théâtre*. Paris, Éditions sociales, 1977.

VAÏS, Michel, *l'Écrivain scénique*. Montréal, P.U.Q., 1978.

VEINSTEIN, André, *la Mise en scène théâtrale et sa condition esthétique*. Paris, Flammarion, 1968.

II. Sur le théâtre québécois contemporain:

A. Ouvrages

BÉLAIR, Michel, *le Nouveau Théâtre québécois*. Montréal, Leméac, 1973.

COTNAM, Jacques, *le Théâtre québécois, instrument de contestation sociale et politique*. Montréal, Fides, 1976.

DASSYLVA, Martial, *Un théâtre en effervescence: critiques et chroniques 1965-1972*. Montréal, La Presse, 1975.

DAVID, Gilbert, DES LANDES, Claude et Marie-Francine, *Centre d'essai des auteurs dramatiques, 1965-1975*. C.E.A.D., 1975.

DESCHAMPS, Marcel et TREMBLAY, Denys, *Dossier en théâtre québécois: bibliographie*. Jonquière, cégep de Jonquière, 1972.

DOAT, Jan, *Anthologie du théâtre québécois*. Québec, La Liberté, 1973.

DUVAL, Étienne-F., (compilateur), *Aspects du théâtre québécois,* actes du 45e congrès de l'ACFAS. Trois-Rivières, U.Q.T.R., 1978.

GOBIN, Pierre, *le Fou et ses doubles, figures de la dramaturgie québécoise*. Montréal, P.U.M., «Lignes québécoises», 1978.

HÉBERT, Lorraine, *la Fonction de l'acteur québécois dans la création collective*. Mémoire de maîtrise, Université de Montréal, 1976.

LAPIERRE, Laurent et PARADIS, André, *Rapport d'un teach-in sur la création et la recherche dans le théâtre québécois*, tenu à Québec le 12 avril 1969. La Société artistique de l'Université Laval, 1971. (Dactylographié, épuisé).

LAROCHE, Maximilien, «Le langage théâtral» et «Le héros ambigu et le personnage contradictoire». *Voix et images du pays, nᵒˢ* III et IV; repris dans *le Miracle et la Méta-morphose.* Montréal, éditions du Jour, 1971.

LAVOIE Pierre, *Pour suivre le théâtre au Québec*, «les ressources documentaires». Québec, IQRC, 1985, 521 p.

LAVOIE, Pierre et PLANTE, Jacques, *le Théâtre québécois (1965-1973), Recensement des créations et des représentations théâtrales sous diverses rubriques.* Mémoire de maîtrise, Université de Montréal, 1975.

PONTAUT, Alain, *Dictionnaire critique du théâtre québécois.* Montréal, Leméac, 1972.

RINFRET, Édouard-G., *le Théâtre canadien d'expression française; répertoire analytique des origines à nos jours.* Montréal, Leméac, 1976, 1977, 1978, 4 tomes.

Théâtre canadien-français (Le) (en collaboration). Fides, «Archives des Lettres canadiennes», V, 1976.

B. Périodiques

Cahiers de la NCT

Canadian Drama/L'art dramatique canadien (University of Waterloo, Ontario), surtout I: 2, automne 1975, actes du colloque de l'Association des littératures canadienne et québécoise.

Canadian Literature (U.B.C., Vancouver), nᵒ 58, automne 1973: Laurent Mailhot, «Le monologue québécois», p. 26-38.

Canadian Theatre Review (York University, Toronto): entre autres, J.-C. Germain, «Théâtre québécois *or* théâtre protestant?», nᵒ 11, été 1976.

Chroniques (de janvier 1975 à l'hiver 1978): chroniques mensuelles, interviews et articles sur M. Tremblay, le Théâtre Euh! etc.

Envers du décor (L') (T.N.M.)

Études françaises (P.U.M.), chroniques annuelles de 1971 à 1975 inclusivement; N. Leroux, 13: 3-4 («Petit manuel de littérature québécoise»), octobre 1977, p. 339-363.

Jeu

Jeune Théâtre, (A.Q.J.T.)

Lettres québécoises (depuis mars 1975): chroniques du théâtre joué et publié.

Livres et auteurs québécois: comptes rendus annuels et quelques articles.

Magazine Maclean (*L'Actualité*, depuis septembre 1976): chroniques (par J.-C. Germain, M.-F. Gélinas, etc.)

Nord (éd. de l'Hôte, Québec), 1:1, 1971 («Michel Tremblay») et 1: 4-5, 1973, («Le théâtre au Québec, 1950-1972»).

Pays théâtral (Le), «Théâtre d'aujourd'hui» (J.-C. Germain).

Stratégie, n° 9, été 1974 («Théâtre populaire et théâtre militant») et n° 11, printemps-été 1975 («Entretiens avec le théâtre Euh!»).

Théâtre-Québec et les diverses publications (entretiens, cahiers...) du C.E.A.D.

University of Toronto Quarterly: chronique sur le théâtre québécois, depuis 1973, par L. Mailhot, dans chaque numéro spécial d'été («Letters in Canada»).

Voix et images du pays, puis *Voix et images* (P.U.Q.) depuis septembre 1975: Louis Francœur, «Le théâtre québécois: stimulation ou communication?», I: 2, décembre 1975, p. 220-240; chroniques du théâtre québécois, par Bernard Andrès, depuis I: 3 (avril 1976).

Chapitre I: Théâtre sur théâtre

A. Principales œuvres:

BOUCHER, Yvon, *L'Ouroboros*. Montréal, Grandes Éditions du Québec, 1973, 82 p. D'abord intitulée *les Séquestrés de Daytona*, cette pièce écrite en 1970 a été lue à la NCT (Théâtre du Gesù), le 17 mai 1971.

DUCHESNE, Jacques, *le Quadrillé*, présentation par l'auteur. «Théâtre Leméac», 1975, 190 p. Créée au Centre d'Art de Saint-Fabien-sur-mer, à l'été 1963.

DUMAS, Roger, *les Comédiens*. «Théâtre vivant», n° 7,

Holt, Rinehart et Winston, 1969, 71p. Créée le 14 décembre 1968, par l'Atelier libre du Conservatoire d'art dramatique.

LEPAGE, Roland, *la Folle du Quartier-latin*. Texte dactylographié, déposé au Centre de documentation des études québécoises, Université de Montréal. Créée à l'automne 1976, par le théâtre du Trident.

MORIN, Jean, *«Vive l'Empereur»*. *Théâtre vivant*, n° 1, novembre 1966, Holt, Rinehart et Winston, p. 61-103. Lue au Centre d'Essai des auteurs dramatiques en mai 1966.

B. Études et documents:

CLAING, Robert, «Le visage à deux faces du théâtre de Jean-Claude Germain». *Voix et images du pays*, n° IX, 1975, p. 201-208.

COPFERMANN, Émile, *Théâtres de Roger Planchon*. Paris, U.G.E., «10/18», 1977, 446 p. Voir «Une remise théâtrale», p. 11-66.

DES LANDES, Claude, «Remise en cause de l'auteur». *Jeu*, n° 8, printemps 1978, p. 3-6.

HÉBERT, Lorraine, *La fonction de l'acteur québécois dans la création collective*. Mémoire de maîtrise, Université de Montréal 1976, 152 p.

LAROCHE, Maximilien, «Le héros ambigu et le personnage contradictoire». *Voix et images du pays*, n° IV, 1971, p. 27-52.

—, «Les techniques théâtrales des dramaturges québécois: la mise en scène». *Le Théâtre canadien-français, Archives des Lettres canadiennes* V, p. 369-398.

VAÏS, Michel, «Auteur/création collective: mythe et réalité». *Jeu*, n° 4, hiver 1977, p. 72-78.

Chapitre II: De l'actualité à l'histoire (ou l'inverse)

A. Pièces:

BERGERON, Léandre, *l'Histoire du Québec en trois régimes*. Montréal, l'Aurore, 1974. Créée à l'été de 1973.

GERMAIN, Jean-Claude, *Un pays dont la devise est je m'oublie*. Montréal, VLB éditeur, 1976. Créée au Théâtre d'aujourd'hui, le 25 mars 1976.

LEPAGE, Roland, *la Complainte des hivers rouges*. Montréal, Leméac, 1974. Créée à Montréal, le 27 mars 1974, au Studio du Monument national.

MCDONOUGH, John Thomas, *Charbonneau et le Chef*, traduction et adaptation par Paul Hébert et Pierre Morency. Montréal, Leméac, 1974. Créée en anglais (version originale) à CBM-FM, le 4 août 1968, et en français, le 11 mars 1971, par le Trident à Québec. Le texte anglais a paru à Toronto, chez McLelland and Stewart.

PROVENCHER, Jean et LACHANCHE, Gilles, *Québec, printemps 1918*. Montréal, l'Aurore, 1974. Créée le 11 octobre 1973.

RÉMILLARD, Jean-Robert, *Cérémonial funèbre sur le corps de Jean-Olivier Chénier*. Montréal, Leméac, 1974. Créée au cégep Lionel-Groulx, le 10 mai 1974.

B. Études et documents:

BAUDOUIN, Réjean, «*Québec, printemps 1918* de Provencher et Lachance: Une pièce faible sur un document fort». *Le Jour*, 16 octobre 1974, p. 12.

BÉLAIR, Michel, «Le Trident *vs* l'immobilisme!» *Le Devoir*, 17 avril 1971, p. 16.

BERGERON, Léandre, *Petit Manuel d'histoire du Québec*. Montréal, éd. Québécoises, 1970.

BRIE, Albert, «Arracher à l'oubli les tragiques journées de 1918». *Le Devoir*, 27 octobre 1973, p. 19.

—, «*Charbonneau et le Chef* ou le temps de la grande noirceur». *Le Devoir*, 24 novembre 1973, p. 22.

Dassylva, Martial, «Le jeu conscient de l'ambiguïté... des élites» et «Spectacle grave et prenant». *La Presse*, 27 octobre 1973, p. E 6.

—, *Un théâtre en effervescence*. Montréal, la Presse, 1975, p. 132-133.

Felteau, Cyrille, «Mgr Charbonneau et le chef: théâtre et vérité». *La Presse*, 10, 11, et 12 septembre 1974, p. A 5.

Fournier, Louis, «Asbestos 1949, raconté par un témoin vivant, Rodolphe Hamel». *Québec-Presse*, 17 mars 1974.

Garon, Jean, «De l'anecdote à la tragédie» et «Une première expérience». *Le Soleil*, 12 mars 1971, p. 38.

Hamel, Réginald, «La dramaturgie et l'histoire». *Livres et auteurs québécois 1974*, P.U.L. 1975, p. 181-185.

Provencher, Jean, *Québec sous la loi des mesures de guerre, 1918*. Trois-Rivières, Boréal Express, 1971.

Trudeau, Pierre-Elliott, *la Grève de l'amiante*. Montréal, éditions du Jour, 1970.

Weinmann, Heinz, «Je me souviens...» *Le Devoir*, 25 mars 1978, p. 36.

Chapitre III: Sauvageau

A. Œuvres dramatiques:

(sous le nom d'Yves Hébert), «*Les enfants et le rôle*». *Écrits du Canada français*, n° 21, 1966, p. 169-188 et 221-254.

Wouf wouf, machinerie-revue. Montréal, Leméac, 1970. Créée par le Théâtre de l'Université de Montréal, le 25 février 1971; nouvelle création par la NCT au Gesù, le 24 octobre 1974.

Théâtre. Montréal, Librairie Déom, 1977. Cette édition comprend les pièces suivantes: *les Enfants, Je ne* veux*

---

* Le spectacle créé au théâtre d'Aujourd'hui, le 20 janvier 1977, sous le titre *Chpeux pas rester, on m'attend*, est composé d'extraits de plusieurs pièces de Sauvageau.

pas rentrer chez moi, maman m'attend... Jean et Marie, Papa, les Mûres de Pierre. Pour les inédits de Sauvageau, voir le Centre d'études québécoises de l'Université de Montréal.

B. Études et documents:

BÉLAIR, Michel, «Un peu trop tard: *Wouf wouf* d'Yves Sauvageau». *Le Devoir*, 24 octobre 1970, p. 10.

DASSYLVA, Martial, «Le triomphe de la machinerie». *Un théâtre en effervescence*, p. 139-140.

—, «Montmorency et le grand flot d'Yves Sauvageau». *La Presse*, 26 octobre 1974, p E 4.

—, «À voir à tout prix, sans faute, absolument». *La Presse*, 30 octobre 1974, p. D 10.

GÉLINAS, Marc-F., «Sauvageau, mordu de théâtre». *Maclean*, août 1970, p. 42.

GERMAIN, Jean-Claude, «Sauvageau, poète et comédien (1946-1970)». *L'Envers du décor*, 3: 2, novembre 1970, p. 13.

GOBIN, Pierre, *le Fou et ses doubles, figures de la dramaturgie québécoise,* p. 45-46, 193-197.

GODIN, Jean-Cléo, «*Wouf wouf*, de Sauvageau». *Livres et auteurs québécois 1970*, p. 84.

GRUSLIN, Adrien, «*Wouf wouf*, le *«freak for all»* de l'Atelier-Minuit NCT». *Le Devoir*, 2 novembre 1974, p. 18.

HELLER, Zelda, «The World through the eyes of a contemporary Candide». *The Montreal Star*, 26 février 1974.

LÉVESQUE, Robert, «*Wouf wouf* au Gesù: Un coup de vent sur le théâtre». *Québec-Presse*, semaine du 3 au 9 novembre 1974, p. 26.

L[ÉVY], B[ernard], «*Wouf wouf* et la critique». *Forum* (Université de Montréal), 5: 24, 5 mars 1971.

SAUVAGEAU, Yves, «Réponse à M. Guy Désautels sur le *joual*». *Le Devoir*, 22 avril 1970.

Chapitre IV: Levac et Loranger

A. Pièces:

GURIK, Robert, *Hamlet, prince du Québec*. Montréal, éditions de l'Homme, 1968 et Leméac, 1977. Créée au bateau-théâtre l'Escale, le 17 janvier 1968.

LEVAC, Claude et LORANGER, Françoise, *le Chemin du roy*, présentation par les auteurs. Montréal, Leméac, 1969. Créée par l'Égrégore au Gesù, le 29 avril 1968.

B. Études et documents:

BÉRUBÉ, Renald, «Les Québécois, le hockey et le Graal». *Voix et images du pays*, n° VII, 1973, p. 191-202.

—, «Le Cid et Hamlet: Corneille et Shakespeare lus par Ducharme et Gurik». *Voix et images*, I: 1, septembre 1975, p. 35-56.

BOURQUE, Gilles, «De Gaulle, politique et stratégie». *Parti pris*, 5: 1, septembre 1967, p. 3-17 et 27-43.

DASSYLVA, Martial, «*Hamlet, prince du Québec*». *Un théâtre en effervescence*, p. 111-112.

DUCIAUME, Jean-Marcel, «Françoise Loranger: du théâtre libre au problème de la liberté». *Le Théâtre canadien-français*, p. 531-550.

DUMOUCHEL, Thérèse, «Levac, Loranger: théâtre... événement vécu par la collectivité». *Parti pris*, 5: 5, février 1968, p. 55-58.

FILION, J., «De Gaulle, la France et le Québec». *Revue de l'Université d'Ottawa*, 45: 3; juillet-septembre 1975, p. 295-319.

GUERTIN, Pierre-Louis, *Et de Gaulle vint...* Montréal, Claude Langevin, 1970.

LEROUX, Normand, «*Hamlet, prince du Québec*». *Livres et auteurs québécois 1968*, p. 69.

Québec 67 (Paris), vol. 4, n° 11, dossier sur «Le voyage du général de Gaulle au Québec».

ROMPRÉ, Paul et SAINT-PIERRE, Gaétan, «Essai de sémiologie

du hockey». *Stratégie*, nᵒ 2, printemps-été 1972, p. 19-54.

RYNGAERT, Jean-Pierre, «Françoise Loranger: À la recherche d'un nouveau théâtre». *Livres et auteurs québécois 1972*, p. 341-352.

TAINTURIER, Jean, *De Gaulle au Québec*. Montréal, éditions du Jour, 1967.

TARRAB, Gilbert, «*Le Chemin du roy*». *Livres et auteurs québécois 1969*, p. 70-71.

Chapitre V: le Grand Cirque Ordinaire

A. Spectacles:

T'es pas tannée, Jeanne d'Arc? Créée le 13 novembre 1969. Un enregistrement du spectacle est conservé au Centre audiovisuel de l'Université de Montréal.

La Famille transparente. Créée le 28 juin 1970.

La Soirée d'improvisation. Créée le 2 juillet 1970.

Alice au pays du sommeil. Créée le 7 novembre 1970.

T'en rappelles-tu Pibrac? ou le Québécoi? Création collective, en collaboration avec Georges Dor, le 15 novembre 1971.

L'Opéra des pauvres. Créée le 4 avril 1973.

Un prince, mon jour viendra. Création collective par les comédiennes du GCO, le 10 janvier 1974.

La Tragédie américaine de l'enfant prodigue. Créée le 10 avril 1975. Une copie — incomplète — du texte a été déposée au Centre de documentation des études québécoises de l'Université de Montréal. «Les textes des chansons sont tous de Raymond Cloutier, à l'exception de la chanson *Beau malaise*, écrite par Paule Baillargeon». *Jeu*, nᵒ 5, p. 97.

La Stépette impossible. Improvisation présentée pour la première fois le 18 janvier 1976.

Mandrake chez lui. Textes et chansons de Raymond Cloutier. Création le 25 novembre 1976.

Les Fiancés de Rose Latulippe. Création collective des comédiens du GCO, en octobre 1977.

B. Films

Le Grand film ordinaire ou Jeanne d'Arc n'est pas morte, se porte bien et vit au Québec. Scénario du GCO et de Roger Frappier; réalisation de R. Frappier. Présenté pour la première fois le 26 février 1971.

Montréal Blues. Scénario de Raymond Cloutier, Pascal Gélinas et Claude Laroche, d'après une idée du GCO. Présenté pour la première fois le 14 septembre 1972.

Anastasie oh! ma chérie! Scénario et réalisation de Paule Baillargeon. Présenté pour la première fois en août 1977, dans le cadre du Festival international du film de Montréal.

C. Disques et documents sonores:

Le Grand Cirque Ordinaire. Disque Capitol Emi, n° SKAO 70.041. Ce disque contient les chansons de *La Tragédie américaine de l'enfant prodigue*, «l'Atlantide» (tirée de *l'Opéra des pauvres*) et une chanson originale de Michel Hinton.

Certains enregistrements de spectacles sont disponibles en distribution privée ou au Vidéographe. Voir la liste donnée dans *Jeu*, n° 5, p. 100-102.

D. Études et documents bibliographiques:

BEAULIEU, Michel, «Le nouveau spectacle du Grand Cirque Ordinaire, un mélodrame pour vieux hippies». *Dimanche-matin, Perspectives-Dimanche*, 13 avril 1975, p. 10, 12-13.

BÉLAIR, Michel, «Le Grand Cirque Ordinaire et la fabulation de l'univers québécois». *Le Nouveau théâtre québécois*, p. 142-154.

CHEVRIER, Pierrette, «Entretien: le Grand Cirque Ordinaire». *Stratégie*, n° 9, été 1974, p. 35-40.

CLOUTIER, Raymond, «Le Grand Cirque Ordinaire: réflexions sur une expérience». *Études françaises,* 15: 1-2, avril 1979, p. 187-193.

CORRIVEAU, Martine, «Marier Anouilh et Latulippe au Grand Cirque Ordinaire». *Le Soleil*, 31 mai 1975.

DAVID, Gilbert, «La Stépette impossible». *Jeu,* n° 2 printemps 1976, p. 95-97.

DOSTIE, Bruno, «Les athlètes de l'improvisation au bord de la stépette possible». *Le Jour*, 18 février 1976, p. 16-17.

GARON, Jean, «Grand Cirque et Théâtre Euh! La confrontation de deux conceptions du théâtre». *Le Soleil*, 17 novembre 1970.

GRUSLIN, Adrien, «Les Fiancés de Rose Latulippe. Le cul-de-sac de l'improvisation». *Le Devoir*, 12 octobre 1977, p. 27.

HÉBERT, Lorraine, «Mandrake chez lui». *Jeu,* n° 5, printemps 1977, p. 139-141.

—, «Pour une définition de la création collective». *Jeu,* n° 6, été-automne 1977, p. 38-46.

—, «Pas encore l'histoire d'Adam et Ève! *Les Fiancés de Rose Latulippe*». *Jeu,* n° 7, hiver 1978, p. 93-96.

Jeu, n° 5, printemps 1977. On y trouvera une importante analyse de chaque spectacle, une «petite histoire» du GCO et un entretien de Gilbert David avec certains membres de la troupe.

MACDONALD, Dawn, «*Actresses create revolutionnary play for women*». *The Montreal Star*, 8 janvier 1974, p. D 12.

PONTAUT, Alain, «Un grand carrosse assez éblouissant». *Le Jour*, 12 avril 1975, p. 13.

SABBATH, Lawrence, «*Rock musical captures Quebec's growing pride*». *The Montreal Star*, 15 avril 1975, p. D 15.

—, «*No faith in dreams*». *The Montreal Star*, 26 avril 1975, p. D 8 et D 13.

Chapitre VI: Jean Barbeau

Pour une bibliographie complète et détaillée jusqu'en 1974, voir Pierre Lavoie, «Bibliographie sur Jean Barbeau, dramaturge québécois» (dactylographiée). Centre de documentation des études québécoises, Université de Montréal.

A. Œuvres dramatiques:

Caïn et Babel (en collaboration avec Serge Laliberté et Guy Tremblay). Inédit, 1966.

La Geôle (en collaboration avec Jacques Lessard et Guy Tremblay). Inédit, 1967.

Et Caetera, Les Temps tranquilles et *Le Frame all-dress*. Créations collectives jouées au Théâtre universitaire de l'Université Laval entre mars 1968 et novembre 1969.

Ben-Ur, présentation par Albert Millaire. Montréal, Leméac, «Répertoire québécois», 1971, 108 p. Un enregistrement sur cassette de cette pièce est conservé au centre audiovisuel de l'Université de Montréal.

Le Chemin de Lacroix, suivi de Goglu, présentation par Jean Royer. Montréal, Leméac, «Répertoire québécois», 1971, 74 p.

Manon Lastcall, suivi de *Joualez-moi d'amour*, présentation par Jacques Garneau. Montréal, Leméac, «Théâtre canadien», 1972, 98 p.

Le Chant du sink, présentation par Jean-Guy Sabourin. Montréal, Leméac, «Répertoire québécois», 1973, 82 p.

La Coupe Stainless, suivi de *Solange*. Montréal, Leméac, «Répertoire québécois», 1974, 120 p.

Citrouille, présentation par l'auteur. Montréal, Leméac, «Répertoire québécois», 1974, 105 p.

Une brosse, présentation par Jean Royer. Montréal, Leméac, «Théâtre/Leméac», 1975, 113 p.

Le Théâtre de la maintenance, présentation par Laurent Mailhot. Montréal, Leméac, «Théâtre/Leméac», 1978, 103 p.

Le Jardin de la maison blanche, présentation par Jean-Pierre Leroux. Montréal, Leméac, «Théâtre/Leméac», 1978, 129 p.

Une marquise de Sade et un lézard nommé King-Kong, présentation par Jean-Cléo Godin. Montréal, Leméac, «Théâtre/Leméac», 1979, 98 p.

Émile et une nuit, présentation par Michèle Marineau. Montréal, Leméac, «Théâtre/Leméac», 1971, 99 p.

B. Études

BEAULIEU, Michel, «Québec a son auteur à succès». *La Presse, Perspectives*, 17 avril 1971, p. 14, 17-19.

—, «Le joual, c'est la substance même de notre drame». Entrevue avec Barbeau, *la Presse, Perspectives*, 17 février 1973, p. 6-9.

BÉLAIR, Michel, «*Ben-Ur* à Terre des Hommes. Une fable... presque trop vraie». *Le Devoir*, 15 juin 1971, p. 12 et 6.

—, «Jean Barbeau... un enfant de l'Osstidcho». *Le Devoir*, 17 mars 1973, p. 19.

BOLDUC, Yves, «Jean Barbeau ou la mise à mort du héros vaincu». *Livres et auteurs québécois 1972*, p. 353-362.

CORRIVAULT, Martine, «Jean Barbeau et la création dramatique». *Le Soleil*, 23 avril 1977, p. E 3.

DASSYLVA, Martial, *Un théâtre en effervescence: critiques et chroniques 1965-1972*. Montréal, La Presse, 1975, 283 p.

—, «L'abâtardissement d'un bon petit gars de chez nous». *La Presse*, 14 juin 1971, p. A 10.

—, «Jean Barbeau, sa plomberie et celle des autres». *La Presse*, 17 mars 1973, p. D 4.

—, «Une brosse avec Barbeau et le Trident». *La Presse*, 1er mai 1975, p. C 15.

—, «Jean Barbeau et l'au-delà du réel québécois». *La Presse*, 10 mai 1975, p. D 14.

GARON, Jean, «*0-71*, de Jean Barbeau. Le temps de l'innocence est révolu». *Le Soleil*, 30 janvier 1971, p. 47.

Gruslin, Adrien, «Jean Barbeau: *gentleman-farmer* et quasi classique». *Le Devoir*, 17 mai 1975, p. 34.

—, «...et les types de femmes dans l'œuvre de Jean Barbeau». *Le Devoir*, 7 juin 1975, p. 18.

Pontaut, Alain, «Au Théâtre d'été de Saint-Donat. Un véritable auteur comique». *Le Devoir*, 16 août 1971, p. 8.

Sabbath, Lawrence, «Barbeau's band wagon». *The Montreal Star*, 3 mars 1973, p. C 8.

Séguin, Daniel, «Une brosse de Jean Barbeau. Du système-poubelle à la solidarité». *Le Jour*, 30 avril 1975, p. 13.

Smith, Donald, «Jean Barbeau, dramaturge». *Lettres québécoises*, n° 5, février 1977, p. 34-39.

Chapitre VII: Robert Gurik

A. Pièces:

«Le chant du poète». *Les Cahiers de l'A.C.T.A.* 2: 4, 1963, p. 13-27.

«Les louis d'or». *Théâtre vivant*, n° 1, 1966, p. 11-60.

Api 2967, suivie de *la Palissade*, présentation de Réginald Hamel. Montréal, Leméac, 1971. Créée au DDF, le 30 mars 1966, sous le titre *Api or not Api;* 2ᵉ version, (*Api 2967*) créée par l'Égrégore en 1977.

Le Pendu, présentation par Hélène Bernier. Montréal, Leméac, 1970. Créée au DDF, le 24 mars 1967.

Hamlet, prince du Québec. Montréal, éditions de l'Homme, 1968; présentation par Laurent Mailhot; Montréal, Leméac, 1977. Créée au bateau-théâtre l'Escale, le 17 janvier 1968.

À cœur ouvert. Montréal, Leméac, 1969. Créée au Quat'Sous, le 14 novembre 1969.

Allô... police! (avec Jean Morin), Montréal, Leméac, 1974. «Comédie à couplets», créée au Gesù, le 23 mars 1970.

Les Tas de sièges. Montréal, Leméac, 1971.

D'un séant à l'autre et *Face à face* furent créées au Gesù, le 24 janvier 1971.

Le Procès de Jean-Baptiste M. Montréal, Leméac, 1972.
Créée au TNM, le 12 octobre 1972.
Le Tabernacle à trois étages. Montréal, Leméac, 1972.
Créée à Vaudreuil, le 26 octobre 1973.
Sept courtes pièces. Montréal, Leméac, 1974. Comprend:
*Play-Ball, Phèdre, la Sainte et le Truand, Un plus un
égale zéro, «63», le Signe du Cancer, le Trou.*
Lénine, présentation par Marie-Rose Deprez. Montréal,
Leméac, 1975.
Le Champion, présentation par Yves Dubé. Montréal,
Leméac, 1977.

B. Études et documents:

BASILE, Jean, «*Api or not Api* de Robert Gurik». *Le Devoir*,
1ᵉʳ avril 1966, p. 10.
BEAUCHAMP-RANK, Hélène, «*La Palissade* de Robert Gurik
et *les Terres-neuves* d'Yves Thériault: un thème en
deux structures». *Co-incidences*, 3:2, mars-avril 1973,
p. 30-38.
—, «*Le Procès de Jean-Baptiste M.*». *Livres et auteurs
québécois 1972*, p. 112-114.
—, «Pour un réel théâtral objectif* — le théâtre de Robert
Gurik». *Voix et images du pays*, nº VIII, 1974, p. 173-
192.
—, «*Lénine*». *Jeu*, nº 1, hiver 1976, p. 17-24.
BOLDUC, Yves, «*le Tabernacle à trois étages*». *Livres et
auteurs québécois 1972*, p. 112-114.
DASSYLVA, Martial, «Un cas de géométrie sidérale». *La
Presse*, 21 mars 1966, p. 34.
—, «Une phrase de Marcuse a inspiré *À cœur ouvert*». *La
Presse*, 15 novembre 1969, p. 30.
D'AUTEUIL, Georges-Henri, «Le théâtre — *Api 2967*».
Relations, nº 316, mai 1967, p. 45.

---

* Pour plus de détails, cf. Réginald Hamel, bibliographie en
préface à *Api 2967* et *La Palissade*.

Envers du décor (L'), 5:1, octobre 1972: *le Procès de Jean-Baptiste M.*

GERMAIN, Jean-Claude, «Robert Gurik: l'auteur qui n'a rien à enseigner». *Digest Éclair*, novembre 1968, p. 17-20.

GOBIN, Pierre, *le Fou et ses Doubles, figures de la dramaturgie québécoise,* p. 145-158.

GRUSLIN, Adrien, «Robert Gurik: "Mon théâtre pose des questions"». *Le Devoir*, 13 mai 1978, p. 14.

GURIK, Robert, «Le théâtre et les mass média». *Théâtre-Québec* (C.E.A.D.), 1:2, 1970, p. 20-21.

GURIK, Robert, HÉBERT, Marie-Francine et le Théâtre Parminou, «Théâtre et engagement». Entretien n° 2, Centre d'essai des auteurs dramatiques, 1976.

JULIEN, Bernard, *«les Louis d'or»*. *Livres et auteurs canadiens 1966*, p. 63-64.

PARADIS, André, «Gurik: le théâtre de l'anarchie». Supplément de *Québec-Presse*. 1ᵉʳ avril 1973, p. 4-5.

PERRAULT, Luc, «Centre d'essai des auteurs dramatiques». *La Presse*, 22 octobre 1966, p. 7 et 12.

TOURANGEAU, Rémi, *«le Pendu* de Robert Gurik ou le jeu illusoire du bonheur». *Le Théâtre canadien-français*, p. 675-684.

Chapitre VIII: Jean-Claude Germain*

A. Œuvres dramatiques:

Diguidi, diguidi, ha! ha! ha! suivie de *Si les Sansoucis s'en soucient, ces Sansoucis-ci s'en soucieront-ils? Bien parler, c'est se respecter!* Introduction de Robert Spickler, Montréal, Leméac, 1972. *Diguidi...* dont une première version a paru dans le supplément de *l'Illettré*, 1: 1, 1970, fut créée au Théâtre d'aujourd'hui, le 26

---

* Pour une bibliographie systématique et quasi exhaustive des écrits de Germain (y compris les spectacles inédits, les articles, chroniques, préfaces, etc.) et des études sur son œuvre, voir le mémoire de Roseline Vaillancourt.

novembre 1969. *Les Sansoucis...* au même endroit, le 2 mars 1971.

Le Roi des mises à bas prix. Montréal, Leméac, 1972. Créée à la Bavasserie, le 3 juin 1971.

Les Tourtereaux ou la Vieillesse frappe à l'aube. Montréal, l'Aurore, 1974. Créée Chez Clairette, le 30 novembre 1970.

Les Hauts et les bas d'la vie d'une diva: Sarah Ménard par eux-mêmes. Montréal, VLB éditeur, 1976. Créée au Théâtre d'aujourd'hui, le 6 novembre 1974.

Un pays dont la devise est je m'oublie. Montréal, VLB éditeur, 1976. Créée au Théâtre d'aujourd'hui, le 25 mars 1976.

Les Faux Brillants de Félix-Gabriel Marchand, paraphrase. Montréal, VLB éditeur, 1977. Créée au Théâtre d'aujourd'hui, le 24 mars 1977.

B. Études et documents:

BEAULIEU, Michel, «Jean-Claude Germain, bourreau de théâtre» (interview). *Perspectives*, 29 octobre 1972, p. 10, 12, 14, 16, 17.

BÉLAIR, Michel, *le Nouveau Théâtre québécois*. Montréal, Leméac, 1973, p. 128-142.

CLAING, Robert, «Le théâtre à deux faces de Jean-Claude Germain». *Voix et images*, n° IX, 1975, p. 201-208.

DASSYLVA, Martial, «Quelques articles du credo théâtral de Jean-Claude Germain». *La Presse*, 6 mai 1972, p. D 5, D 7.

—, *Un théâtre en effervescence*. Montréal, la Presse, 1975, p. 97-110.

GERMAIN, Jean-Claude, «C'est pas Mozart, c'est le Shakespeare québécois qu'on assassine». *L'Illettré*, 1:1, janvier 1970, p. 2-3, reproduit dans *Jeu*, n° 7, hiver 1978, p. 9-19.

—, «Ite, missa est». *Maclean*, décembre 1972, p. 80.

—, «Théâtre québécois *or* théâtre protestant». *Canadian Theatre Review*, n° 11, été 1976, p. 8-21.

—, «Un pays, c'est avant tout un rêve commun». *Le Pays théâtral*, I: 2, 1977-78, s.p. (4p.).

GOBIN, Pierre, «*Le Roi des mises à bas prix* de Jean-Claude Germain». *Le Théâtre canadien-français*, p. 685-695.

—, *Le Fou et ses Doubles, figures de la dramaturgie québécoise*. P.U.M., 1978, p. 235-247.

GRUSLIN, Adrien, «Jean-Claude Germain... dérision, exorcisme, humour». *Le Devoir*, 19 juillet 1975, p. 9.

—, «Jean-Claude Germain: le rire contre la bêtise». *Le Devoir*, 8 avril 1978, p. 49.

LÉVESQUE, Robert, «De vieux tourtereaux, un drôle de roi et une Charlotte électrique». *Québec-Presse*, 24 septembre 1972, p. 25.

—, «Avec *Dédé Mesure*, les P'tits Enfants Laliberté sortent de la cuisine». *Québec-Presse*, 23 avril 1972, p. 27.

RUDEL-TESSIER, «J.-C. Germain raconte l'histoire des Québécois» (interview). *La Presse*, 27 mars 1976, p. D 7.

VAILLANCOURT, Roseline, *le Théâtre de Jean-Claude Germain et de sa troupe*. Mémoire de maîtrise, Université de Montréal, 1978.

—, «Bibliographie», *Voix et images,* VI, 2, hiver 1981, p. 189-204.

Chapitre IX: Antonine Maillet

Pour une bibliographie plus complète (jusqu'en 1974), voir Lauraine LÉGER et Claudette MAILLET, «Bibliographie». *Revue de l'Université de Moncton*, vol. 7, n° 2, p. 83-90.

A. Œuvres dramatiques:

Entr'acte. Inédit, 1957.

Poire âcre. Inédit, Université de Moncton, 1958.

Les Jeux d'enfants sont faits. Inédit, Université de Moncton, 1960.

Les Crasseux. Montréal, Holt, Rinehart et Winston, «Théâtre vivant», n° 5, 1968, 72 p. Précédée d'une «interview avec Antonine Maillet», et d'une présentation par Jacques Ferron (édition citée). Nouvelle édition: Montréal, Leméac, «Théâtre canadien», 1973.

La Sagouine, préface de l'auteur. Montréal, Leméac, «Répertoire acadien», 1971, (édition citée). Nouvelle édition, revue et augmentée (Montréal, Leméac 1974, 218 p.) Le texte est précédé de «Notes et hommages» de Léonard Forest, Michel Tétu, Marcel Dubé, Alain Pontaut, Claudette Maillet, André Belleau, Martial Dassylva.

Gapi et Sullivan, présentation par Yves Dubé. Montréal, Leméac, «Théâtre acadien», 1973, 73 p. Nouvelle édition, sous le titre de *Gapi*, présentation par Pierre Filion. Montréal, Leméac, «Théâtre Leméac», 1976, 108 p., (édition citée).

Évangéline Deusse, présentation par Henri-Paul Jacques. Montréal, Leméac, «Théâtre/Leméac», 1977, 177 p.

La Veuve enragée, présentation par Jacques Ferron. Montréal, Leméac, «Théâtre/Leméac», 1977, 173 p.

Le Bourgeois gentleman. Montréal, Leméac, «Théâtre/Leméac», 1978, 186 p.

B. Études et documents:

ANDRÈS, Bernard, «*Évangéline Deusse*». *Jeu,* n° 2, printemps 1976, p. 101-102.

ARCAND, Pierre-André, «*La Sagouine*, de Moncton à Montréal». *Études françaises*, 10: 2, mai 1974, p. 193-199.

BOURQUE, Paul-André, «Entrevue avec Antonine Maillet». *Nord*, n° 4-5, p. 111-128.

BRIE, Albert, «La Sagouine raconte la femme qui "labeure". *Le Devoir*, 25 septembre 1973, p. 15.

CHESNEAU, Germaine, «Les modalités de socialisation du Je de la récitante dans *la Sagouine* d'Antonine Maillet». *Le Théâtre canadien-français*, *Archives des lettres canadiennes*, tome V, p. 607-715.

CORRIVAULT, Martine, «La petite cuisine littéraire d'Antonine Maillet». *Le Soleil*, 29 janvier 1977, p. D 5.

DASSYLVA, Martial, «Au Rideau Vert, Gapi, le philosophe des petits sujets». *La Presse*, 27 novembre 1976, p. E 9

DEMERS, Jeanne, «*Don l'Orignal* d'Antonine Maillet». *Livres et Auteurs québécois 1972*, p. 34-38.

DROLET, Bruno, *Entre dune et aboiteaux... un peuple*. Montréal, Pleins Bords, 1975.

DUHAIME, Colette, «Un besoin pressant de raconter deux siècles de vie — réprimée». *Le Droit*, 15 janvier 1977, p. 7.

FERRON, Jacques, «Antonine Maillet, écrivain d'Acadie». *Magazine littéraire*, n° 134, mars 1978, p. 92-93.

DE FINNEY, James, «*Mariaagélas* ou l'épopée impossible». *Revue de l'Université de Moncton, Si Que*, vol. 8, n° 2, mai 1975, p. 37-46.

GOBIN, Pierre-B., «*La Sagouine*: récitante et représentante». *Bulletin de l'APFUC*, 1976-77, p. 224-226.

GRUSLIN, Adrien, «Des *Cordes-de-Bois* à *la Veuve enragée*, du roman au théâtre». *Le Devoir*, 10 décembre 1977, p. 47.

LEBEL, Michel, «*Évangéline Deusse*». *Livres et Auteurs québécois 1975*, p. 156-157.

MAILLOT, Pierre, «*Gapi*». *Jeu,* n° 4, hiver 1977, p. 90-92.

MAILLET, Antonine, «Mon pays c'est un conte». *Conte parlé, conte écrit, Études françaises*, 12: 1-2, avril 1976, p. 79-83.

MAJOR, André, «Entretien avec Antonine Maillet». *Écrits du Canada français*, n° 36, 1973, p. 9-26.

DE PASQUALE, Dominique, «Une acadienne nous dit: "Je n'ai de comptes à rendre qu'à mes ancêtres"». *Forum* (Université de Montréal), 10: 4, 12 décembre 1975, p. 3.

Revue de l'Université de Moncton, Si Que, vol. 7, n° 2, mai 1974, 238 p. On trouvera dans l'important «Dossier Antonine Maillet» que contient ce numéro un entretien avec le dramaturge (par Simone Le Blanc-Rainville), une chronologie établie par Laurent Lavoie, une bibliographie préparée par Lauraine Léger, des articles d'Alice Maillet, Simone Le Blanc-Rainville, Pierre l'Hérault, Raymond LeBlanc, Louise Després-Péronnet et Pierre-André Arcand. «Souvenirs d'enfance», inédit d'Antonine Maillet et une iconographie complètent ce dossier.

SAINT-JACQUES, Denis, «*La Sagouine* d'Antonine Maillet». *Voix et images du pays*, n° VIII, 1974, p. 193-196.

SHEK, Ben Z., «Thèmes et structures de la contestation dans *la Sagouine* d'Antonine Maillet». *Voix et images*, vol. I, n° 2, décembre 1975, p. 206-219.

WEISS, Jonathan M., «Acadia Transplanted: The Importance of *Évangéline Deusse* in the Work of Antonine Maillet». *Colby Library Quarterly*, 13: 3, septembre 1977, p. 173-185.

Chapitre X: Michel Tremblay

A. Œuvres dramatiques:

Le Train, pièce en un acte. Radio-Canada, Concours des jeunes auteurs, 1964.

Les Belles-Sœurs. Montréal, Holt, Rinehart et Winston, «Théâtre vivant», n° 6, 1968, 71 p. Rééditée avec présentation par Alain Pontaut, Montréal, Leméac, «Théâtre canadien», 1972, 156 p.

Lysistrata, d'après Aristophane, en collaboration avec André Brassard. Montréal, Leméac, «Répertoire québécois», 1969, 93 p.

En pièces détachées et *la Duchesse de Langeais*, présentation par Jean-Claude Germain. Montréal, Leméac, «Répertoire québécois», 1970, 94 p. *En pièces détachées* a été rééditée en 1972. Le texte de cette deuxième édition est celui utilisé pour la présentation télévisée dans le cadre des «Beaux Dimanches» de Radio-Canada, le 6 mars 1971, reprise le 23 juillet 1972.

L'Effet des rayons gamma sur les vieux garçons, traduction-adaptation de *The Effect of Gamma Rays on Man-in-the-Moon Marigolds* de Paul Zindel. Montréal, Leméac, «Traduction et adaptation», 1970, 71 p.

Les Paons. Inédit, texte dactylographié déposé à la bibliothèque de l'Université de Montréal.

Trois petits tours (Berthe, Johnny Mangano and his Astonishing Dogs, Gloria Star). Montréal, Leméac, «Répertoire québécois», 1971, 64 p.

À toi pour toujours, ta Marie-Lou, présentation par Michel Bélair. Montréal, Leméac, «Théâtre canadien», 1971, 94 p.

...Et mademoiselle Roberge boit un peu, traduction et adaptation d'une pièce de Paul Zindel. Montréal, Leméac, «Traduction et adaptation», 1971, 95 p.

Demain matin, Montréal m'attend. Montréal, Leméac, «Répertoire québécois», 1972, 90 p.

Au pays du dragon, traduction-adaptation d'une pièce de Tennessee Williams. Inédite, 1972.

Hosanna, suivi de *la Duchesse de Langeais*. Montréal, Leméac, «Répertoire québécois», 1973, 106 p.

Mistero Buffo, adapté d'une pièce de Dario Fo. Inédit, 1973.

Bonjour là, bonjour, présentation par Laurent Mailhot. Montréal, Leméac, «Théâtre canadien», 1974, 108 p.

Mademoiselle Marguerite, traduction-adaptation d'une pièce de Roberto Athayde. Montréal, Leméac, «Traduction et adaptation», 1975, 96 p.

Les Héros de mon enfance, présentation par l'auteur. Montréal, Leméac, «Théâtre/Leméac», 1976, 103 p.

Sainte Carmen de la Main, présentation par Yves Dubé. Montréal, Leméac«Théâtre/Leméac», 1976, 83 p.

Damnée Manon, sacrée Sandra suivi de *Surprise! Surprise!*, présentation par Pierre Filion, Montréal, Leméac, «Théâtre/Leméac», 1977, 117 p.

B. Études et documents:

Il était une fois dans l'est, film d'André Brassard, scénario d'A. Brassard et M. Tremblay, dialogue de M. Tremblay. Montréal, l'Aurore, «Les grandes vues», 1974, 108 p.

Andrès, Bernard, «Le cycle inachevé de Michel Tremblay». *Le Jour*, 4 mars 1977, p. 36-37.

Beaulieu, Michel, «Le joual c'est la substance même de notre drame». *Le Devoir*, 17 février 1972, p. 6 et 8.

Bélair, Michel, *Michel Tremblay*. P.U.Q. et «Studio», 1972, 95 p.

—, «La marquise et la duchesse, deux grandes sœurs». *Le Devoir*, 21 février 1970, p. 17.

—, «Je pars avant de m'effouerrer». *Le Devoir*, 3 juillet 1971, p. 11.

Cahiers de la NCT, vol. 9, n° 2, octobre 1974, *À toi pour toujours, ta Marie-Lou*.

Dassylva, Martial, «Quand Michel Tremblay traite du fanatisme en religion et en sexe». *La Presse*, 26 février 1977, p. D 4.

—, «Une pièce inspirée de la tragédie grecque». *La Presse*, 13 mai 1978, p. D 5.

D'Auteuil, Georges-Henri, «*Les Belles-Sœurs*». *Relations*, octobre 1968, p. 286-287.

David, Gilbert, «*Sainte Carmen de la Main*». *Jeu,* n° 3, été-automne 1976, p. 70-73.

—, «Le premier cycle de Michel Tremblay». Émission d'une heure dans la série «Documents», diffusé par CBF-FM, le 20 décembre 1977. L'enregistrement de cette émission est conservé au centre audiovisuel de l'Université de Montréal.

Gruslin, Adrien, «*Avec Damnée Manon, sacrée Sandra*, Michel Tremblay achève un premier cycle». *Le Devoir*, 26 février 1977, p. 15.

—, «*Bonjour là, bonjour*, un spectacle d'une sobriété peu fréquente». *Le Devoir*, 29 octobre 1977, p. 39.

Lavoie, Pierre, «Bibliographie commentée». *Voix et images, VII*, 2, hiver 1982, p. 225-306.

Joly, Raymond, «Une douteuse libération. Le dénouement d'une pièce de Michel Tremblay». *Études françaises*, 8: 4, novembre 1972, p. 363-374.

LEBEL, Michel, «Pour analyser le rôle de Michel Tremblay dans l'évolution du théâtre au Québec». *Les Cahiers de l'ISSH*, Université Laval, n° 5, avril 1976, p. 91-108.

MARTEL, Réginald, «En deçà de la conscience». *La Presse*, 5 mai 1973, p. D 2.

Nord, n° 1, «*Michel Tremblay*», éditions de l'Hôte, 1971. Études par René Berthiaume, Guy Cloutier, Andrée Fosty, Michel Girard, Christiane Houde et Paul-André Bourque. Inédit de M. Tremblay. Entrevue réalisée par Rachel Cloutier, Marie Laberge et Rodrigue Gignac.

RYNGAERT, Jean-Paul, «Du réalisme à la théâtralité: la dramaturgie de Michel Tremblay dans *les Belles-Sœurs* et *À toi pour toujours, ta Marie-Lou*». *Livres et auteurs québécois*, 1971, p. 97-108.

SAINT-JACQUES, Denis, «Damné Michel, sacré Tremblay». *Lettres québécoises*, n° 8, novembre 1977, p. 22-23.

USMIANI, Renate, «Michel Tremblay's *Sainte Carmen*; synthesis and orchestration». *L'Art dramatique canadien/ Canadian Drama*, 2: 2, automne 1976, p. 204-216.

VANASSE, André, «Les Bibittes des autres». Entrevue avec Michel Tremblay, *MacLean*, septembre 1972, p. 20-23 et 39.

VILLEMAIRE, Yolande, *Éléments d'une morphologie de l'œuvre dramatique de Michel Tremblay (À toi pour toujours, ta Marie-Lou)*. Mémoire de maîtrise, UQAM, 1973, 181 p.

—, «*Les héros de mon enfance*». *Jeu,* n° 3, été-automne 1976, p. 74-77.

—, «*Damnée Manon, sacrée Sandra*». *Jeu,* n° 5, printemps 1977, p. 104-106.

—, «Il était une fois dans l'est: l'empire des mots». *Jeu,* n° 8, printemps 1978, p. 61-75.

Chapitre XI: Michel Garneau

A. Œuvres dramatiques*:

La Chanson d'amour de cul. Montréal, l'Aurore, 1974. Créée à Sainte-Agathe-des-Monts, été 1971.

Sur le matelas. Montréal, l'Aurore, 1974. Créée par le Huitième Étage au Galendor, Île d'Orléans, le 15 juin 1972.

Quatre à quatre. Montréal, l'Aurore, 1974. Créée au cégep Lionel-Groulx, le 15 mars 1973.

Strauss et Pesant (et Rosa). Montréal, l'Aurore 1974 et VLB éditeur, 1979. Créée au Théâtre d'aujourd'hui, le 12 septembre 1974.

Les Voyagements, suivi de *Rien que la mémoire*. Montréal, VLB éditeur, 1977. Créées à la Maison des Arts de La Sauvegarde, respectivement les 28 février 1975 et 24 mars 1976.

Gilgamesh. Montréal, VLB éditeur, 1976. Créée par l'ÉNT au Monument National, le 1er avril 1975.

Les Célébrations suivi de *Adidou Adidouce*. Montréal, VLB éditeur, 1977. Créées respectivement au Théâtre du Horla (Saint-Bruno), le 5 août 1976 et à la Maison des arts de la Sauvegarde (Montréal), le 4 février 1977.

Macbeth (d'après Shakespeare). Montréal, VLB éditeur, 1978. Créée par le Théâtre de la Manufacture, 31 octobre 1978.

Abriés désabriés suivi de *l'Usage du cœur dans le domaine réel*. Montréal, VLB éditeur. Créées respectivement par l'É.N.T. au Monument National, le 11 novembre 1975, et par le Théâtre de la Rallonge à l'Université de Montréal, le 11 septembre 1975.

---

* Pour une «Théâtrographie» comprenant les inédits — du *Ravi* (1969) à *Joséphine la plus fine* et *Itoff le toffe* (1976), (pièce publiée en 1979) — voir l'annexe de l'article de Claude des Landes, Jeu, n° 3, 1976, p. 60-61. Cette liste comporte cependant quelques erreurs: date de création de *La Chanson...*, publication (?) du *Bonhomme Sept-Heures...*

338

B. Études et documents:

ANDRÈS, Bernard, «Quand le théâtre joue au cirque avec Garneau». *Le Jour*, 11 février 1977, p. 41.

BEAULIEU, Victor-Lévy, «Les libres propos (et propos libres) de Michel Garneau» (interview). *Le Devoir*, 9 février 1974, p. 16.

DASSYLVA, Martial, «*Sur le matelas*: une pièce d'été jouée à l'automne». *La Presse*, 29 septembre 1973, p. E 6.

—, «Quand un Taureau, ascendant Taureau, s'appelle Garneau». *La Presse*, 1974.

—, «Les quatre femmes en or de Michel Garneau». *La Presse*, le 23 novembre 1974, p. D 4.

—, «Gabriel Garran, entre le succès de *Quatre à quatre* et l'anxiété conquérante». *La Presse*, 14 mai 1977, p. D 8.

DES LANDES, Claude, «Garneau, écrivain public», *Jeu*, n° 3, été-automne 1976, p. 46-61.

DIONNE, René, «Michel Garneau et le lieu de la culture» (interview). *Lettres québécoises*, n° 11, septembre 1978, p. 50-54.

FORTIER, André, «L'œuvre de Michel Garneau: Voyage théâtral». *Le Droit*, 23 septembre 1978, p. 21.

GARON, Jean, «Le 8e Étage n'attend plus qu'une occasion» et «Tout le monde en place... pour l'avenir». *Le Soleil*, 1er juillet 1972, p. 54.

GRUSLIN, Adrien, «Le triangle québécois selon Garneau». *Le Devoir*, 16 septembre 1974, p. 10.

—, «L'année Michel Garneau». *Le Devoir*, 1er mars 1975, p. 15.

—, «*Sur le matelas*: un combat inégal». *Le Devoir*, 10 août 1976, p. 10.

—, «Garran raconte l'aventure française de *Quatre à quatre*». *Le Devoir*, 7 mai 1977, p. 19.

—, «Michel Garneau et son Théâtre Public au Festival d'Avignon». *Le Devoir*, 30 juin 1978, p. 29.

KRAVETZ, Marc, «Michel Garneau ou le plaisir par l'écriture». *Le Magazine littéraire*, n° 134, mars 1978, p. 91.

LACHANCE, Micheline, «*Strauss et Pesant*: le petit monde «brainwashé» de Michel Garneau». *Québec-Presse*, le 29 septembre 1974, p. 23.

LARUE-LANGLOIS, Jacques, «Michel Garneau, profession: poète». *L'Actualité*, 2: 7, juillet, p. 39-42.

RICARD, François, «Michel Garneau, poète et dramaturge». *Liberté*, n° 97-98, janvier-avril 1975, p. 303-316.

RUDEL-TESSIER, «Au théâtre, 1976-1977 aura été l'année de Michel Garneau». *La Presse*, 30 octobre 1976, p. C 6.

SAINT-JACQUES, Denis, «Michel Garneau, un prix mérité». *Lettres québécoises*, n° 11, septembre 1978, p.48-50.

SMITH, André, «Michel Garneau». *Livres et auteurs québécois 1974*, p. 156.

TRAIT, Jean-Claude, «Michel Garneau: parler avec, par et pour le monde». *La Presse*, 20 avril 1974, p. C 3.

Index analytique

Index des noms

ABRAHAMI, Izzi: 174
AJAR, Émile: 295
ALTHUSSER, Louis: 46
ANDRÈS, Bernard: 278 n.72
ANOUILH, Jean: 26, 50, 129 n.38
AQUIN, François: 87, 92-94
AQUIN, Hubert: 47, 97, 110 n.36
ARBIC, Thérèse: 278 n.80
ARCAND, Pierre-André: 240 n.32
ARTAUD, Antonin: 21 n.8, 67, 73, 74, 81 n.27, 304, 306
AUGER, Roger: 16

BACHELARD, Gaston: 58
BAILLARGEON, Paule: 114, 128 n.9, 130 n.41
BARBEAU, Jean: 15, 19, 39, 43 n.13, 59, 63 n.29, 88, 89, 133-
    153, 192, 204, 301, 307, 308, *Ben-Ur:* 145-147, 244;
    Brosse (Une): 140-141, 151 n.30; *Chant du sink (Le):*
    133, 148, 152 n.43; *Chemin de Lacroix (Le):* 135, 142-
    145, 147-148, 152 n.36; *Citrouille:* 133, 135-136;
    Goglu: 133, 138-140, 151 n.30; *Joualez-moi d'amour:*
    138; *Manon Lastcall:* 137; *Solange:* 39, 133, 137
BARTHES, Roland: 81 n.28
BASILE, Jean: 77
BEAUCHAMPS-RANK, Hélène: 157, 158, 185 n.5-11, 188 n.41,
    308 n.1

348

355

357

Jean-Cléo Godin
Chronologie

1936	Naissance à Petit-Rocher (Nouveau-Brunswick), le 13 août.
1949-1955	Il fait ses études classiques au collège Sainte-Marie.
1959	Il obtient un baccalauréat ès arts du Boston College (Boston).
1964	Il obtient une licence ès lettres de l'Université de Montréal.
1966	Il obtient un doctorat d'université (Aix-Marseille) avec une thèse sur Henri Bosco. Il est nommé professeur au département d'études françaises de l'Université de Montréal.
1969	Il reçoit le Prix du Québec pour son étude intitulée *Henri Bosco: une poétique du mystère*.
1973-1974	Il est boursier du Conseil des arts du Canada.
1974-1977	Il est directeur du département d'études françaises de l'Université de Montréal.
1977	Il est directeur du Centre de documentation des études québécoises de la même université.
1978	Il est président fondateur de la Société d'histoire du théâtre du Québec.
1983	Il est membre de la Fédération internationale de la recherche théâtrale.
1987	Il est membre de l'Association québécoise des critiques de théâtre.

| 1988 | Il effectue une mission d'exploration sur le théâtre en Afrique francophone. |

Jean-Cléo Godin a collaboré a plusieurs ouvrages collectifs dont le *Dictionnaire universel des littératures* (PUF), le *Dictionnaire des œuvres littéraires du Québec*, le *Dictionnaire des littératures de langue française* (Bordas), au *Oxford Companion to Canadian Drama*... Il a publié plusieurs études dans nombre de périodiques, dont *Études françaises*, *Jeu*, *Yale French Review*, *Livres et Auteurs québécois*, *Québec français*...

(Chronologie établie par Aurélien Boivin)

Œuvres de
Jean-Cléo Godin

Henri Bosco: une poétique du mystère. Montréal, Presses de l'Université de Montréal, 1968, 402 p.

Le Théâtre québécois. Introduction à dix dramaturges contemporains. Montréal, Hurtubise HMH, 1970, 254 p. En collaboration avec Laurent Mailhot.

Théâtre québécois II. Nouveaux auteurs, autres spectacles. Montréal, Hurtubise HMH, 1980, 247 p. En collaboration avec Laurent Mailhot.

Laurent Mailhot
Chronologie

1931	Naissance à Saint-Alexis-de-Montcalm le 22 septembre.
1951	Il obtient un baccalauréat ès arts du Séminaire de Joliette.
1956	Il obtient une maîtrise ès arts (lettres) de l'Université de Montréal avec une thèse intitulée «l'Influence d'Homère, d'Aristote et de Virgile sur la poétique de Racine, illustrée dans *Phèdre*».
1957-1958	Il enseigne au collège Sainte-Marie.
1958-1960	Il enseigne au collège Jean-de-Brébeuf.
1961-1962	Il fait sa scolarité de doctorat à l'Université de Montréal.
1962-1963	Il est professeur au Séminaire de Nicolet.
1963	Il est professeur au département d'études françaises à l'Université de Montréal.
1966	Il est candidat du RIN dans Joliette.
1970	Il est directeur de la collection «Lignes québécoises», aux Presses de l'Université de Montréal.
1972	Il obtient un doctorat d'université (Grenoble) avec une thèse sur Albert Camus.
1973	Il est professeur invité à l'Université de Toronto .
1978-1987	Il est directeur de la revue *Études françaises*.
1979	Il est membre du comité de rédaction de la revue d'*Histoire littéraire du Québec et du Canada français*.

1981	Il reçoit le prix France-Québec pour *la Poésie québécoise des origines à nos jours*, anthologie préparée en collaboration avec Pierre Nepveu.
1987-1988	Il est boursier de la fondation Killam pour rédiger une histoire littéraire du Québec à laquelle il travaille depuis quelques années.
1987	Il reçoit le prix André-Laurendeau de l'Association canadienne-française pour l'avancement des sciences (ACFAS). Il reçoit un certificat de mérite de l'Association des études canadiennes. Il est reçu à la Société royale du Canada.

Membre de la Société d'histoire du théâtre du Québec et de l'Union des écrivains québécois, Laurent Mailhot a écrit une quinzaine de préfaces, d'introductions et de présentations d'œuvres et études québécoises. Il a collaboré à plusieurs ouvrages collectifs, dont le *Dictionnaire des littératures de langue française* (Bordas), à titre de conseiller pour la littérature québécoise, au *Dictionnaire des œuvres littéraires du Québec*, au *Oxford Companion to Canadian Literature*, à la *New Canadian Encyclopedia*... Il a en outre collaboré à une foule de périodiques, dont *Études françaises*, *Voix et Images du pays*, *Livres et Auteurs canadiens (québécois)*, *la Barre du jour*, *la Nouvelle Barre du jour*, *Québec français*, *Canadian Literature*, *Revue des sciences humaines*, *Stanford French Review*, *Yale French Review*, *University of Toronto Quarterly*, *la Revue d'histoire littéraire du Québec et du Canada français*, *Questions de culture*..

(Chronologie établie par Aurélien Boivin).

Œuvres de
Laurent Mailhot

Le Théâtre québécois. Introduction à dix dramaturges contemporains. Montréal, Hurtubise HMH, 1970, 254 p. En collaboration avec Jean-Cléo Godin.

Albert Camus ou l'Imagination du désert. Montréal, Presses de l'Université de Montréal, 1973, 465 p.

La Littérature québécoise. Paris, Presses universitaires de France, 1974, 127 p. (Coll. «Que sais-je?», n° 1579).

Le Réel, le Réalisme et la Littérature québécoise. Montréal, Librairie de l'Université de Montréal, 1974, 185 p. Ronéotypé. En collaboration avec André Brochu et Albert Le Grand.

Anthologie d'Arthur Buies. Montréal, Hurtubise HMH, 1978, 250 p. (Cahiers du Québec, Collection Textes et Documents littéraires, n° 37).

Théâtre québécois II. Nouveaux auteurs, autres spectacles. Montréal, Hurtubise HMH, 1980, 247 p. En collaboration avec Jean-Cléo Godin.

Le Québec en textes, 1940-1980. Montréal, Boréal Express, 1980, 574 p. En collaboration avec Gérard Boismenu et Jacques Rouillard.

La Poésie québécoise des origines à nos jours, anthologie. Québec, Presses de l'Université du Québec et, Montréal, l'Hexagone, 1980, 714 p. En collaboration avec Pierre Nepveu.

Guide culturel du Québec. Montréal, Boréal Express, 1982, 533 p. En collaboration avec Lise Gauvin.

Monologues québécois 1890-1980. Montréal, Leméac, 1980, 420 p. En collaboration avec Doris-Michel Montpetit.

Essais québécois, 1837-1983, anthologie. Montréal, Hurtubise HMH, 1984, 658 p. (Cahiers du Québec, collection Textes et Documents littéraires). Avec la collaboration de Benoit Melançon.

Le Conseil des Arts du Canada, 1957-1982, Montréal, Leméac, 1982, 400 p. En collaboration avec Benoit Melançon.

Table des matières

Typographie et mise en pages sur ordinateur: MacGRAPH.

Achevé d'imprimer en décembre 1988 sur les presses de
l'Imprimerie Gagné, à Louiseville.